모세와 같이 권능있고 건강하게 사실 분의 책

자기관리 잘하는 법

강요셉 지음

자기관리는 건강과 성공의 열쇄

"너희 몸은…성령의 전인 줄을 알지 못하느냐 너희는 너희 자신의 것이 아니라 값으로 산 것이 되었으니 그런즉 너희 몸으로 하나님께 영광을 돌리라"(고전6:19~20)

성령

자기관리 잘하는 법

성령

들어가는 말

자기관리는 인생의 핵심과제입니다. 어려서부터 자기관리를 습관화시켜야 합니다. 하나님은 자기관리를 잘하여 "스스로 있는 자" "독립하는 자"로 양성하기 위하여 세상에서 불러내시어 광야 훈련을 시키시는 것입니다. 자기관리를 못하는 사람은 광야에서 살아남지 못합니다. 하나님은 광야훈련을 통하여 자기를 관리하여 살아남은 사람을 통하여 세상에 하나님의 나라를 건설하십니다. 하나님은 자신의 육신도 내 것 아닌 성령의 전이라고 말씀하십니다. 건강하게 관리하며 지켜야하고, 죄에 빠져 더러운 것에 오염되지 않게 지켜야 할 것입니다. 전문성을 개발하려고 정열을 투자하시는 분들이 있습니다. 필자는 전문성을 개발하기에 앞서서 자기관리를 잘하는 사람이 되어야 한다는 것입니다. 자기관리를 하지 못하는 사람은 자기가 온몸과 정신과 마음을 투자하여 개발한 전문성이 바람에 날리는 겨와 같을 수가 있는 것입니다.

성경에 보면 믿음이 좋은 부모에게서 태어난 자녀라도 17살이 되면 부모에게서 분리하여 광야로 들어가게 하십니다. 광야에서 혼자가 되어 자기 관리하는 훈련을 시키기 위해서입니다. 황망한 광야에서 혼자지내면서 삶에 찾아오는 온갖 고통을 극복해 가면서 자기관리를 하도록 하십니다. 하나님은 예수를 믿는 성도들이 광야나 이방 땅을 불문하고 어디에서나 잡초와 같이 뿌리를 내리고 살아가는 강한 자가 되기를 원하십니다.

이렇게 광야에서 온갖 어려움을 만날 때마다 보이지 않지만 살아계신 하나님께 기도하면 위기를 극복할 수 있는 지혜를 주십니다. 주신 지혜대로 순종할 때 기적적으로 위기를 극복하게 됩니다. 이렇게 위기를 극복하면서 자신의 눈에는 보이지 않지만 하나님께서 함께 하신다는 믿음이 생기게 하는 것입니다. 세상을 살면서 위기를 만나도 당황하거나 두려워하지 않고 하나님께 기도하여 해결하는 자로 성장시키십니다. 자기관리를 잘하는 사람이 됩니다.

전문성을 개발하기에 앞서서 자기를 관리하고 면역력을 관리하는 것이 먼저라는 것입니다. 자기관리와 면역력 관리가 되지 않으면 영적-정신적-육체적인 문제가 발생하여 전문성을 사용하지 못할 수가 있기 때문입니다. 자기관리와 면역력 관리가 먼저라는 것입니다. 하나님은 "너희 몸은 너희가 하나님께로 부터 받은바 너희 가운데 계신 성령의 전인 줄을 알지 못하느냐 너희는 너희 자신의 것이 아니라 값으로 산 것이 되었으니 그런즉 너희 몸으로 하나님께 영광을 돌리라"(고전6:19~20). 말씀하십니다.

이 책을 통하여 우리는 예수님을 믿을 때 죽었고 다시 사신 예수님으로 태어나 지금은 예수님의 인생을 살아가는 성도답게 자기관리를 잘해서 인생을 건강하게 성공하며 사시기를 바랍니다.

주후 2023년 9월 20일
충만한 교회 성전에서
저자 강요셉목사.

세부적인목차

1부 자기관리는 인생의 핵심과제이다.

1장 자기관리 잘함은 평생 재산이다.

(고전6:19~20)"너희 몸은 너희가 하나님께로 부터 받은바 너희 가운데 계신 성령의 전인 줄을 알지 못하느냐 너희는 너희 자신의 것이 아니라 값으로 산 것이 되었으니 그런즉 너희 몸으로 하나님께 영광을 돌리라"

하나님은 자기관리하여 "스스로 있는 자"로 독립하며 살아가는 사람으로 양성하기 위하여 세상에서 불러내어 광야훈련을 시키시는 것입니다. 자기관리와 홀로서기를 못하는 사람은 광야에서 살아남지 못합니다. 하나님은 광야훈련을 통하여 자기를 관리하여 살아남은 사람을 통하여 세상에 하나님의 나라를 건설하십니다. 자기관리와 홀로서기를 잘 한 성도가 일평생 건강하고 성공적인 인생을 살아갈 수가 있는 것입니다. 하나님은 자신의 육신도 내 것 아닌 성령의 전이라고 말씀하십니다. 건강하게 관리하며 지켜야하고, 죄에 빠져 더러운 것에 오염되지 않게 지켜야 할 것입니다.

내 몸이라고 내 마음대로 할 수 없음으로 깨끗하고 정결하게 하여 하나님께 영광을 돌리라고 하십니다. 필자는 얼마 전까지 먹는 것을 참 좋아했습니다. 워낙 어려서 굶기를 밥 먹듯 해서 음식을 보는 대로 닥치는 대로 주는 대로 먹었습니다. 결과 체중과 혈액

수치에 문제가 생겼습니다. 이것을 해결하는데 10년이 걸렸습니다. 필자는 10년을 절재하며 살다보니 지금 먹는 것을 두려워하게 되었습니다. 물론 지금은 건강을 위하여 하나님께서 허락하신 수명대로 오래살기 위하여 먹는 것을 주의하며 살아가고 있습니다. 건강하지 않은 육체로 인해 자신도 가족도 주변도 힘들게 할 때가 있음을 봅니다. "여러분은 하나님께서 값을 치르고 산몸입니다. 그러므로 여러분의 몸으로 하나님께 영광을 돌리십시오." (고전6:20). 값을 치르고 사신 내 몸, 그 값을 치르신 하나님께선 내 몸의 주인 되십니다. 나의 시간도 건강도 물질도 다 하나님의 것인데 자신이 주인 되어 무절제하며 살아갑니다. 내 몸 안에 계신 성령님의 음성을 들으며, 분별하며 하나님 기뻐하시는 삶을 살아가기를 원합니다. 제 자신을 잘 컨트롤 할 수 있는 성령의 능력을 부어 주시기를 매시마다 기도합니다. "너희 몸은 너희가 하나님께로부터 받은바 너희 가운데 계신 성령의 전인 줄을 알지 못하느냐 너희는 너희 자신의 것이 아니라"(고전6:19). 이 당연한 진리의 말씀을 너무나도 쉽게 까먹습니다. 내 몸은 나의 것이라 착각하며 내 멋대로 생각하고 행동하기 일쑤입니다. 나의 몸 하나님께로부터 받은 것인데 나의 몸 하나님의 것인데 나의 몸 거룩하게 지켜야할 성령의 전인데 돈으로도 환산할 수 없는 값을 치루시고 산몸이라는 것을 잘 알지 못하고 대부분 삶의 초점을 하나님이 아닌 나 자신에 두고 살곤 합니다. 자유의지가 주어졌다고 내 맘대로 행동하고 내 멋대로 살며 먹고 마시고, 치장하기 위해, 가정을 위해, 노후를 위해 삶의 목표를 두고 열심을 다합니다.

말씀을 통하여 나는 하나님의 것이며 하나님께서 값을 치루시고 산몸이기에 하나님께 영광 돌리기 위해 사는 삶이 나의 사명이며 나의 삶의 목적과 목표가 되어야 함을 다시 한 번 가슴에 새길 수 있었습니다. 나의 삶이 내 마음대로 향하지 않으며 오직 하나님께 기쁨이 되기 위해 행동하며 생각하며 살아가는 믿음의 삶이되기 원합니다. 하나님의 말씀대로 거룩한 산제물이 되기 위하여 내 자신의 건강을 관리하고 영성을 관리해야 합니다. 오늘은 어떻게 하나님께 영광을 돌려야 할지, 내일은 또 어떻게 하나님께 기쁨을 드리며 살아야 할지 참된 유익함이 가득한 생각을 하며 나의 몸과 마음을 온전히 하나님께 드리길 원합니다.

자기관리는 면역관리와 같다고 말할 수 있습니다. **자기 관리[自己管理]란** 국어사전에 자신의 건강, 체력, 이미지 따위를 가꾸고 살피는 일이라고 설명합니다. 어려서부터 자기관리를 잘하는 사람이 건강하고 인생을 성공합니다. 성공한 사람은 자기 관리를 철저하게 한 사람입니다. 성공한 내가 되기 위하여 자신의 몸을 철저하게 관리해야 합니다. 내 몸은 내가 관리해야 합니다. 어려서부터 자기 관리하는 것을 습관화해야 합니다.

주변을 돌아보시기를 바랍니다. 인생을 성공한 사람들은 모두 어려서부터 자기관리를 잘한 사람들입니다. 6.25 사변이 터지고 이북에서 어린 나이에 월남한 사람들이 비교적 장수하면서 인생을 성공적으로 사시는 분들이 많습니다. 이유는 간단합니다. 살아남기 위하여 자기 관리를 철저하게 했다는 것입니다. 조금이라도 게으르고 건강하지 못하면 죽을 수가 있기 때문에 철저하게 자기 체력을 유지하고 건강에 관심을 가지고 전문성을 개발하여 이남에 와서도 자립하며 성공적으로 살아갈 수가 있었던 것입니다.

면역력 관리란 외부의 바이러스나 유해한 요소들로부터 우리 몸을 방어하고 힘을 의미합니다. 넓은 의미로는 병원균이나 독소 같은 외부 항원뿐만이 아니라 암세포와 같이 건강을 해치는 모든 위험 요소들로부터 인체를 보호하고 질병 등이 진행이 되지 않도록 하는 방어력을 말하기도 합니다. 면역력이 떨어졌을 경우에는 독감이나 각종 질병 등에 잘 걸리는 등의 건강상 문제들이 발생을 할 수 있습니다. 건강한 생활을 위해서는 꾸준한 자기관리와 면역력을 관리하는 습관이 중요합니다. 면역력은 건강한 습관과 균형 잡힌 식단과 충분한 휴식, 스트레스 등에 영향을 받을 수 있습니다. 이렇게 보았을 때 자기관리와 면역관리는 같다고 볼 수가 있는 것입니다. 자기관리가 면역력관리이고 면역력 관리가 자기관리라는 말입니다. 우리가 젊은 시절부터 자기관리와 면역력을 관리하는 습관을 기르기 위하여 이렇게 해보시기를 권면 드립니다.

1. 하나님만을 주인으로 모시고 살아야 합니다. 우리는 하나님을 주인으로 모시고 살아야 합니다. 그래야 하나님께 집중하며 온 몸에 하나님을 채울 수가 있습니다. 아브라함은 하나님께 집중하며 하나님을 주인으로 모시고 살았습니다. 함께 살던 조카 롯은

세상 부귀영화에 추구하며 살았습니다. 때가 되어 하나님은 조카 롯과 헤어질 것을 원하셨습니다. 헤어질 때 조카 롯은 소돔과 고모라를 선택하여 갔습니다. 아브라함은 하나님을 주인으로 모시고 헤어졌습니다. 성경은 "아브람이 롯에게 이르되 우리는 한 친족이라 나나 너나 내 목자나 네 목자나 서로 다투게 하지 말자 (9) 네 앞에 온 땅이 있지 아니하냐 나를 떠나가라 네가 좌하면 나는 우하고 네가 우하면 나는 좌하리라 (10) 이에 롯이 눈을 들어 요단 지역을 바라본즉 소알까지 온 땅에 물이 넉넉하니 여호와께서 소돔과 고모라를 멸하시기 전이었으므로 여호와의 동산 같고 애굽 땅과 같았더라 (11) 그러므로 롯이 요단 온 지역을 택하고 동으로 옮기니 그들이 서로 떠난지라 (12) 아브람은 가나안 땅에 거주하였고 롯은 그 지역의 도시들에 머무르며 그 장막을 옮겨 소돔까지 이르렀더라 (13) 소돔 사람은 여호와 앞에 악하며 큰 죄인이었더라 (14) 롯이 아브람을 떠난 후에 여호와께서 아브람에게 이르시되 너는 눈을 들어 너 있는 곳에서 북쪽과 남쪽 그리고 동쪽과 서쪽을 바라보라 (15) 보이는 땅을 내가 너와 네 자손에게 주리니 영원히 이르리라."(창 13:8-15). 결국 하나님을 주인으로 모시고 살던 아브라함은 광야에서도 하나님의 복을 받으면서 살았습니다. 세상 부귀영화를 따라 살던 롯은 소돔과 고모라가 멸망될 때 모든 것이 순식간에 날아갔습니다. 사랑하던 아내는 소금기둥이 되었습니다. 우리는 하나님만을 주인으로 모시고 살아야 합니다. 아주 작정하고 실천해야 합니다. 그래야 하나님께서 주시는 지혜로 광야 같은 세상에서 하나님의 복을 받으면서 살아갈 수가 있습니다.

2. 건강할 때 건강에 관심을 가져야 합니다. 필자는 25살 때 건강의 위기를 맞이한 때가 있었습니다. 그때 특전사에서 중위계급을 달고 소대장(지대장)을 할 때입니다. 특전사에서는 장교나 하사관이나 체력이 강하지 못하면 고문관 취급을 당하면서 생활을 합니다. 일과가 뛰는 것입니다. 도복을 입고 매일 10km를 뜁니다. 특수 훈련을 합니다. 일주일에 한번은 20kg의 군장을 메고 10km를 55분 내에 달립니다. 이렇게 매일 하다가 보니까, 먹는 것이 부실하여 육체에 문제가 발생했습니다. 저의 키가 169cm인데 체중은 54kg으로 뼈만 앙상한 상태였습니다. 체력이 떨어지니 혀가 말려서 말을 제대로 할 수가 없습니다. 잠을 자면 깊은 잠을 자기 못하고 식은 땀을 얼마나 많이 흐르는지 옷이 다 젖을 정도였습니다. 조금 앉아 있노라면 닭이 병이 든 것과 같이 꾸벅꾸벅 졸기 일쑤입니다. 건강에 문제가 생긴 것입니다. 밥이 보약이라고 하시는데 그 때 저는 억지로라도 세끼를 챙겨먹었습니다. 갈비 집에 가서 소갈비도 2인분씩 먹었습니다. 그렇데 건강은 좋아지지 않았습니다. 누구하나 옆에서 건강을 챙겨줄 사람이 없었습니다. 그때를 생각하면 마음이 찡하고 저립니다. 하루는 장교식당에 가서 점심을 먹는데 어떤 대위분이 하는 말이 자기 장모님이 보약을 한재를 지어서 보내주어서 먹었더니 체력과 건강이 많이 좋아졌다는 것입니다.

그때 번쩍하고 생각이 떠오른 것은 나도 보약을 지어서 먹어야 하겠구나. 생각했습니다. 밖에 식당에 나가서 주인에게 전문적인 한약방이 어디냐고 질문을 했더니 저 어디에 시각장애인 한의사가 한약을 잘 지어준다는 것입니다. 그래서 찾아갔습니다. 가서 진맥을 했습니다. 한의사가 하는 말이 기력이 많이 떨어졌다는 것입니다. 저에게 맞는 한약을 한재를 지었습니다. 금액이 저의 한 달 월급과 맞먹었습니다. 다행하게 모아둔 돈으로 금 한 냥을 사 놓은 것이 있어서 대금으로 지불했습니다. 보약을 잘 챙겨먹으니 건강이 좋아졌습니다. 체중이 54kg에서 62kg이 되었습니다. 완전군장 10km 구보를 해도 지치지 않았습니다. 그때 필자가 느낀 것이 건강은 건강할 때 챙겨야 하는 구나, 밥이 보약이 아니 구나, 체력단련만 한다고 건강해지는 것이 아니라는 것을 체험했습니다.

건강은 젊어서부터 관심을 가지고 관리해야 합니다. 많은 성도님들이 몸에 문제가 생기면 그때서야 건강에 관심을 집중하는 경향이 있는데 늦을 수도 있습니다. 젊어서부터 관심을 가지면 예방할 수가 있습니다. 기독교는 예방신앙이기 때문입니다. 건강은 건강할 때 관심을 가져야 합니다. 병원에 장기입원한 분들이 이구동성으로 하는 말이 돈을 많이 벌지 못한 것을 한탄하는 것이 아니라 젊어서부터 건강관리를 못한 것, 자기관리 못한 것을 후회한다는 것을 깨달아 알아야 합니다.

3. 전문성을 개발해야 합니다. 지금은 21세기 전문화 시대입

니다. 저는 항상 이렇게 말합니다. "내가 하고 있는 성령치유 사역의 일인자가 되겠다는 것입니다." 그렇게 생각하기 때문에 전문가가 되려고 노력을 합니다. 성령치유의 전문가가 되려는 의지가 있기 때문에 깊은 이론을 터득하려고 노력을 합니다. 깊은 치유가 되려면 어떻게 해야 하는가를 항상 생각하고 기도합니다. 실제 적용을 합니다. 적용하여 이론을 정립합니다. 그렇게 사고하고 사역을 하다가 보니까, 점점 전문가가 되어갑니다. 다른 분야도 마찬가지입니다. 자신이 추구하는 분야에 일인자가 되겠다는 생각을 가지면 그 일에 매진하게 됩니다. 자연스럽게 전문적인 지식을 습득하게 됩니다.

그렇게 자기 분야에 집중하며 몰입을 하다가 보니 일인자가 되는 것입니다. 남을 모방하여 따라가면 2등 밖에 못합니다. 자신이 하나님께 기도하여 자신만의 전문성을 개발해야 일인자가 되는 것입니다. 일인자가 되기 위해서는 무엇보다 천직의식이 중요합니다. 천직의식을 가지고 하나하나 연구하고 적용해가다가 보니 자연스럽게 일인자가 되는 것입니다. 처음 생각과 습관이 굉장하게 중요한 것입니다. TV에 나오는 달인을 생각하면 맞습니다. 한 분야에 천직의식을 가지고 10년 이상 몰입 집중하다가 보니 달인이 된 것입니다. 지금은 인생백세 시대입니다. 무엇보다도 자기 분야에 전문가가 되려는 의식이 중요한 시대입니다.

4. 자신의 마음과 생각의 관리를 잘 하여야 합니다.

1) 마음을 잘 관리해야합니다. 하나님은 "무릇 지킬만한 것보다 더욱 네 마음을 지키라 생명의 근원이 이에서 남이니라"(잠 4:23). 우리 마음을 지켜야 하는 것은 먼저는 세상 죄악이 들어 오려하므로 울타리를 잘해야 하는데 이 울타리는 하나님의 말씀이요 기도입니다. 또한 마귀란 놈이 늘 우리마음을 노리고 있기 때문에 늘 깨어 지켜야 합니다.

2) 생각을 잘 관리해야 합니다. "마귀가 벌써 시몬의 아들 가룟 유다의 마음에 예수를 팔려는 생각을 넣었더라."(요 13:2). 마음의 생각은 곧 그 사람입니다. 누구나 그 사람이 하루 동안 무슨 생각을 하면서 사는지 그 생각의 총량은 곧 그 사람이 어떠한 사람인가를 나타냅니다. 선한 생각을 가진 사람이 선한 사람이요, 악한 생각을 품은 이는 악한 사람입니다. 정결한 생각이 그 마음을 지배하면 그는 정결한 사람이요, 불결한 생각이 그 마음에 가득하면 그는 불결한 사람입니다. 그 뿐만이 아닙니다. 마음에 가득한 생각은 결국은 밖으로 나타납니다. 그 말과 행실로 나타납니다. 그러므로 의로운 생각을 하는 이는 의로운 말을 하고, 불결한 생각으로 가득한 이는 온갖 불결한 행실로 나타냅니다. "선한 사람은 마음의 쌓은 선에서 선을 내고 악한 자는 그 쌓은 악에서 악을 내나니 이는 마음의 가득한 것을 입으로 말함이니라."(눅6:45)

그것만이 아닙니다. 마음의 가득한 생각은 결국은 그의 장래를 지배하게 됩니다. 바른 생각은 성공과 행복으로 그를 인도하고 악하고 그릇된 생각은 결국은 실패와 멸망으로 인도하고야 맙니다.

그러므로 생각의 올바른 관리가 중요합니다. 성공과 행복으로 인도하는 생각이 있고 실패와 사망으로 인도하는 생각이 있습니다. 그러므로 신앙생활을 바로 하려면, 인생을 성공적으로 살아가려면 우리 자신의 마음과 생각을 먼저 잘 관리할 줄 알아야 합니다.

5. 오늘 해야 되는 일을 내일로 미루지 말아야 합니다. 필자의 인생의 철칙입니다. 오늘일은 오늘 끝내라는 것입니다. 끝내지 못했다면 잠을 자지 말고 끝내라는 것입니다. "오늘 할 일을 내일로 미루지 마라!" 저는 군대에서 장교로 23년을 근무했습니다. 군대생활하면서 제가 가장 중요한 재산이 얻었다면 "오늘 할 일을 내일로 미루지 마라!"입니다. 이 정신을 가지고 지금 목회를 하고 있습니다. 이 정신이 아니었다면 아마 책을 한 권도 집필하지 못했을 것입니다. 오늘이 없는 내일은 있을 수가 없습니다. 오늘 할 일을 내일로 미루면 그 만큼의 시간과 노력이 더 들어가게 됩니다. 일을 끝마치지 못하고 다음날 시작을 하려면 한 참을 기도해야 영감이 떠오르기 시작하는 것입니다. 또한 오늘 일을 내일로 미루었을 때 스스로의 마음이 편치 않았던 경험들이 있을 것입니다. 오늘일은 오늘로 마무리 하고 내일엔 새로운 내일의 일을 매진해야 합니다. "오늘 할 일을 내일로 미루지 마라!" 습관이 되었다면 인생은 반드시 성공할 것입니다.

6. 독립심을 길러야 합니다. 독립심이란 남에게 기대지 않고 제

힘으로 살아가려는 마음을 말합니다. 하나님께서는 "스스로 있는 자"이십니다. 하나님은 예수를 믿고 성령으로 거듭난 성도들이 독립심이 강한 자들이 되기를 원하십니다. 성경에 보면 요셉이나 다윗이나 모두 어려서부터 부모님과 떨어져서 지내도록 역사하셨습니다. 모두 인척이란 아무도 없는 광야에서 혹독한 고통을 당하면서 하나님을 찾고 찾으면서 "스스로 있는 자" 하나님을 닮아가며 독립하며 살아가도록 하시려는 깊은 뜻입니다. 하나님은 하나님을 닮은 사람들을 통하여 세상을 하나님의 나라가 되게 하십니다. 세상에서 살아가면서 하나님의 뜻을 이루는 사람이 되게 하기 위하여 광야로 불러내어 "스스로 있는 자"로 독립하는 자로 훈련하시는 것입니다. 세상 조사에서도 65세 이상 되시는 분들이 스스로 모든 것을 해결하는 독립심이 강한 분들이 건강하고 장수한다는 통계가 있습니다. 하나님은 어려서부터 독립심을 가진 사람이 되기를 소원하십니다. 어려서부터 자기 일을 스스로 하면 독립심을 기를 수 있다고 합니다. 필자는 어려서부터 부모와 떨어져 혼자 살다시피 하여 독립심이 강한 편입니다. 독립심을 기릅시다.

7. 돈은 벌어드린 만큼만 사용해야 합니다. 돈을 많이 가지기 위해선 돈을 얼마를 버는가는 필수조건이 아닙니다. 물론 적정수준의 돈을 버는 것이 중요한 포인트이긴 하지만 그게 전부는 아니라는 것입니다. 가장 중요한 것은 벌어들인 수입을 어떻게 관리하느냐는 것입니다. 혹자들은 이렇게 생각을 합니다. 벌어봤자 한

달에 끽해봐야 300만 원 정도인데 이 돈으로 생활비에 애들 교육비 등등 차 떼고 포 떼면 남는 게 뭐있다고 돈 관리를 하냐. 그냥 남는 돈으로 적당히 적금만 들면 그게 돈 관리 아니냐. 결론부터 이야기 하자면 아닙니다. 오히려 수익이 적고 나가는 돈이 많으신 분들일수록 돈 관리를 더욱더 철저히 하셔야 빠르게 목돈을 모으고 다시 그 목돈으로 무엇인가를 할 수 있는 것입니다.

8. 충동구매하지 말아야 합니다. 값이 싸다는 이유로 원하지도 않는 물건을 구입하지 않는 것입니다. 충동구매는 정신병의 한 종류로 지나치게 쇼핑에 집착하는 증세를 말합니다. 소비 생활이 정신병으로 분류되는 것이 의아할 수 있지만 경제적으로 많은 어려움을 줍니다. 감당할 여력이 된다면 굳이 치료까지는 안해도 되겠지만 여력이 되지 않는 경우에는 치명적인 경제적 파탄을 초래할 수 있습니다. 강박적 구매로도 불리는 쇼핑중독은 쇼핑, 구매에 대한 부적합하고 과도한 충동이나 집착이 있어, 분별없이 필요하지 않은 물건을 구매하거나, 자신의 경제력보다 더 많은 금액의 물건을 구매하는 경우가 빈번히 나타나는 질환입니다. 단순히 쇼핑을 많이 하는 병이라기보다는 쇼핑의 충동을 스스로 조절하지 못해 자신이나 식구들이나 타인에게 해가 되는 병이라고 할 수 있습니다. 한편 조울증의 조증기에 필요 없는 물건을 지나치게 많이 구매하는 경우가 있는데, 이는 쇼핑중독과는 구분되는 현상입니다.

9. 자만하지 말아야 합니다. 자만은 허기, 갈증, 추위보다도 더

많은 대가를 요구합니다. 자신감과 긍지가 넘치는 건 좋지만, 그게 지나쳐 자만 감이 되는 일이 없도록 해야 하겠습니다. 자신감과는 엄연히 다릅니다. 자신감의 경우는 자신을 믿고 자신을 사랑하고 물론 타인에게도 자신감을 주고 서로 존중하는 것입니다. 다만 자만의 경우는 다릅니다. 자신만 높다고만 늘 항상 자신보다 약한 타인을 함부로 깔보거나 무시 하는 게 바로 자만입니다. 자만은 자신만 해치는 게 아니라 타인에게도 상처나 갈등들도 만듭니다. 꼭 드러내고 뽐내지 않아도 자신을 낮추지도 않고 겸손을 모르는 사람에게 쓰기도 합니다.

10. 음식을 적당히 먹는 습관을 들여야 합니다. 식욕이 지나칠 때 육신을 해롭게 하고, 마음을 둔하게 합니다. 절식은 육신을 해롭게 하는 것 같으나 영을 새롭게 하고, 몸의 세포를 새롭게 합니다. 요즈음 우리나라 사람들의 질병 중에 못 먹어서 걸리는 병보다는 너무 먹어서 걸리는 병이 대부분입니다. 사실 식욕의 관리는 건강관리의 아주 중요한 요소입니다. 우리가 하루사이 섭취량을 보통 2000Kcal로 생각을 합니다. 연구 결과에 의하면 2000Kcal에서 200Kcal 덜어낸 1800Kcal를 섭취할 때가 혈관 건강에 가장 좋다고 합니다. 따라서 하루 세 끼 먹는 것을 기준으로 했을 때는 밥공기에서 밥 두 숟가락 정도만 덜어내 먹으면 딱 1800Kcal 맞추기가 쉽습니다. 그렇게 식사량은 정해주면 되겠습니다. 실제 연구 결과를 살펴보면 하루에 600Kcal 적게 섭취한 그룹보다 200Kcal 적게 섭취한 그룹에서 동맥 경화가 크게 개선된 걸 확인

할 수 있었습니다. 하루 200 칼로리만 줄이는 것이 혈관 건강에 도움이 된다는 것입니다. 하루 세 끼 기준으로 평소 먹던 밥에서 끼니 당 두 세 숟가락씩만 줄여주기만 하면 하루 200 Kcal를 줄일 수 있습니다. 음식은 적당하게 먹어야 건강에 유익합니다.

11. 낙관적인 태도를 가집니다. '낙관적'이라는 것은 미래에 벌어질 일들에 대해서 희망적으로 바라본다는 뜻입니다. 이유 없는 안일함이 아니라 이유 있는 긍정의 힘으로 우리의 내면은 더욱 강인해집니다. "낙관적인 사람은 고난에서 기회를 보고 비관적인 사람은 기회에서 고난을 본다." 윈스턴 처칠

"낙관적인 사고방식이 정신건강을 증진시킨다는 건 누구나 아는 사실이다. 같은 일도 긍정적인 부분에 초점을 맞추려 노력하면 자신감과 적극적인 태도를 가질 수 있기 때문이다. 미래에 대한 불안이나 과거에 대한 후회로 밤잠을 설치는 일도 줄어든다. 비관적으로 생각했다면 포기했을 일에 도전해 유의미한 성취를 얻는 경우도 있다. 낙관주의의 건강상 효과는 정신건강에 국한되지 않는다. 낙관적인 삶의 태도가 우리 몸의 전반적인 건강에까지 영향을 미친다는 것이다. 실제로 낙관주의자들의 신체가 비관주의자들보다 건강하다는 연구 결과까지 나온 바 있다. 과거 미국 일리노이대학교 연구팀은 45~84세인 성인 5000여 명의 심장과 정신건강, 체질량지수(BMI) 등을 분석한 결과, 낙관주의와 심장 건강 간의 연관성을 발견했다. 낙관적인 그룹이 비관적인 그룹보다 건강한 심장을 갖고 있을 확률이 약 2배 높았던 것이다. 참가자들의

나이, 인종, 수입 등의 변수를 감안하더라도 결과는 달라지지 않았다. 신체 전반의 건강도 낙관주의 그룹이 뛰어났다. 낙관적인 그룹의 혈당과 콜레스테롤 수치가 비관적인 그룹보다 양호했던 것이다. 육체적 활동성 역시 낙관적인 그룹이 뛰어났다. 담배를 피우는 비율도 낙관주의 그룹이 더 적었다. 연구팀은 "이 같은 심장 건강의 차이는 사망률로 연결될 수도 있다"며 "이번 연구는 국가가 국민들의 심장 건강을 개선하려면 심리적인 만족감을 주는 정책에 대해 신경써야 한다는 점을 보여주고 있다"고 밝혔다."

12. 쓸데없는 걱정은 마음을 병들게 합니다. 쓸데없는 걱정 기우(杞憂) 또는 기인지우(杞人之憂)는 일어날 가능성이 매우 희박한 일을 지나치게 걱정하고 두려워하는 행태를 가리키는 고사 성어입니다. 옛날 중국의 기나라에 걱정을 너무 많이 하는 사람이 살고 있었습니다. 이 사람은 하늘이 무너져 내릴까봐 두려워서 잠을 이루지 못하다가 신경 쇠약에 걸려 죽고 말았습니다. 이때부터 '쓸데없는 걱정'이라는 뜻의 '기우'(vain worry)라는 말이 생겨났다고 합니다. 오늘날 병의 근본적 원인을 보면 70 %는 자기 마음속 염려와 근심으로 오는 질병이라 합니다.

노먼 빈센트 필 박사는 '쓸데없는 걱정'이란 글에서 한 연구기관의 조사를 인용하여 다음과 같이 밝히고 있습니다. 사람이 하는 걱정 중에는, 절대로 발생하지 않을 사건에 대한 걱정이 40%, 이미 일어난 사건에 대한 걱정이 30%, 별로 신경 쓸 일이 아닌 작은 것에 대한 걱정이 22%, 우리가 어떻게 바꿀 수 없는 사건에 대한 걱정이 4%, 우리들이 해결해야 할 진짜 사건에 대한 걱정이 4%, 결국 사람들은 96%의 쓸데없는 걱정 때문에 기쁨도, 웃음도, 마음의 평화도 잃어버린 채 살아가고 있다는 것입니다.

13. 일을 즐기면서 살아갑니다. 어떤 목표를 세우고 항상 실패하는 사람들의 특징 중에는 그 일을 즐기지 못하는 한계점이 있다는 것입니다. 호흡을 하면서 일을 한다는 것이 즐거운 것입니다. 건강하기 때문에 일을 할 수 있으니 즐거운 것입니다. 필자는 즐겁게 일을 합니다. 무슨 일을 하든 꾸준히 즐기면서 하는 무엇 하나만 있어도 좋은 것 같습니다. 그러한 것이 자신을 살아가게 하는 힘찬 원동력이 되기 때문입니다. 무엇이든 노력을 하다보면 결과는 나오게 됩니다. 하지만 무조건 결과가 목적이 되면 삶이 너무나 피곤하고 치열해 지게 됩니다. 그런 삶이 습관이 되면 그것이 그 사람의 인생이 되는데 그런 삶이 바르게 살아가는 모습은 아니라는 것입니다. 그런 분들의 삶에는 여유가 없고 만남의 자리를 가져도 긴장을 풀지 못하고 항상 바쁘게만 살아갑니다.

각자 살아가는 삶의 방식에 대해 무어라 할 수는 없으나 인생을 바쁘게만 긴박하게 살아 온 주위 사람들이 나이 들어서 하는 말씀 중에는 "주위 좀 돌아보고 살았을 걸"이라는 후회를 가장 많이 합니다. 주위 사람들이 공간 안에 편하게 들어올 수 있는 그런 빈 자리는 비워 두었으면 좋겠습니다.

14. 시작보다는 마무리를 잘하는 습관이 중요합니다. 제가 군

생활을 하면서 체험한 바로는 중간에 낙오하는 장교들은 마무리를 못하는 장교들이었습니다. 시작은 하는데 마무리를 못합니다. 1년이 지나도 결과물을 내놓지 못합니다. 그러면 자연스럽게 동기들에게 뒤처지는 것입니다. 누구나 할 것 없이 새해가 되면 새로운 다이어리를 장만하고 거창한 계획을 세우게 됩니다.

그러나 큰 맘 먹고 세운 계획이 작심삼일이 되어버리 곤 합니다. 왜 그럴까요? 계획은 세웠으나 자신의 현실에 맞지 않는 보여주기 위한 계획이기 때문입니다. 계획을 세우되 지금 자신에게 가장 필요한 사항인지 먼저 파악하고 세워야 합니다. 그 다음은 두 말할 필요 없이 끝까지 가는 실천입니다. 시작하기보다는 어떻게 끝까지 마무리 할 수 있는가를 먼저 생각해보면 좀 더 알찬 계획을 세우고 실천할 수 있는 것입니다. 또한 계획은 결코 장미 빛 아름다움이 아닌 땀과 노력의 결과로 얻어져야 한다는 것을 염두에 두어야 합니다.

결론적으로 자기관리와 면역관리는 중요합니다. 어려서부터 습관이 되어야 합니다. 이렇게 하려면 어려서부터 중요성을 인식해야 합니다. 자기관리나 면역관리나 자기 자신이 실천해 나가야 하는 일이기 때문입니다. 성령님의 지배와 인도를 받으면서 스스로 터득하며 적용하며 실천해야 합니다. 누가 시킨다고 하고 시키지 않는 다고 하지 않는 과업이 아닙니다. 저자는 이 책에서 자기관리와 면역관리에 대하여 일부분을 제시하였습니다. 더 많은 것들을 깨달으시고 인생을 건강하고 성공적으로 살아가시기를 예수님의 이름으로 축원합니다.

2장 예수님의 자기관리를 본받자

(마 14:23) "무리를 보내신 후에 기도하러 따로 산에 올라가시니라 저물매 거기 혼자 계시더니"

예수님께서는 공생애기간동안 철저하게 자기관리를 잘 하셨습니다. 하나님께서 자기관리와 건강이 어떠하셨는지 알아보려면 예수님의 공생애의 자기관리와 건강을 생각하면 됩니다. 예수님의 체력과 건강은 어떠했을까요? 그분은 한 번도 앓아누운 적이 없습니다. 우리가 우리 주님, 우리 하나님으로 믿고 의지하는 예수 그리스도, 그분은 얼마나 건강하였을까요? 오늘날 누구나 건강과 웰빙을 추구하는 시대에 우리는 살고 있습니다. 그러면서 정작 예수 그리스도, 우리 주님은 얼마나 건강하게 사셨을까 묻지도 않고 그냥 하나님의 아들이시니 막강한 체력으로 살았을 것으로 여깁니다.

우리가 4복음서를 읽어보면, 예수님은 한 번도 앓아누우셨다는 기록이 없습니다. 인간으로 말하면, 대단한 체력의 소유자입니다. 그분은 많은 병든 자들을 일으키시고, 수많은 귀신 들린 자들에게서 귀신을 몰아내고, 가시는 곳마다 거룩한 하나님의 영광을 드러내셨습니다.

어디 그뿐인가요. 그분은 밥 먹을 사이도 없이 분주하게 복음을 전하셨고, 때로는 사역 후 한적한 곳에 가셔서 밤 기도를 하셨습니다. 사도들을 세우는 일과 같은 중대한 일을 앞두고 철야기도를 하셨습니다. 그리고 아침마다 새벽기도를 하셨습니다. 그분은 이 것을 습관으로 삼았다고 성경에 기록되어 있습니다.

제자들은 예수님이 곁에 안 계실 때, 그들은 곧 그분을 찾을 수 있었습니다. 그분이 가는 곳은 빤했기 때문입니다. 기도하러 한적 한 곳에 가셨던 것입니다. 하나님의 아들, 예수 그리스도, 그분은 세상에 계실 때, 심한 통곡과 눈물로 전능하신 하나님께 나아가서 호소하셨다고 기록되어 있습니다.

그분이 그처럼 왕성한 체력을 가지고 전도활동을 하신 힘과 지혜는 어디에서 얻었을까요. 그분은 정규적인 학교도 제대로 다니지 않은 무학자로 알려져 있습니다. 그러나 하늘과 땅의 이치를 다 통달하고 전능하신 하나님의 아들로 인정을 받았습니다. 그분은 하늘과 땅의 모든 권세를 받고 우리에게 세계복음화의 사명을 주셨습니다. 그분의 체력과 한없는 생명력은 어디에서 왔을까요. 그분도 우리와 똑같이 육체로 세상에 계셨기에 배고프고 피곤하고 목마른 시간을 보냈음이 틀림없습니다. 그러나 그분에게 무엇이 그렇게 강력한 힘과 능력을 갖고 살게 하셨을까요. 그분은 특별히 영양이 많은 음식을 먹었다는 기록이 없습니다. 잠을 충분히 주무셨다는 기록도 없습니다. 건강을 위해 규칙적으로 운동을 했다는 기록도 없습니다. 그러나 그분은 늘 병들지 않고 건강한 몸으로 하나님의 나라를 선포하셨습니다.

예수님께서는 사람들에게 건강과 평안과 완전한 품성과 영원한 생명을 회복시켜주시고자 이 땅에 오셨습니다. 그분께서는 인간의 모든 필요를 채워주기 위하여 지칠 줄 모르는 종으로 봉사의 생애를 사셨습니다. 한사람, 한사람을 내면세계를 안정시켜서 하늘나라를 증명하시는 삶을 사셨습니다. "여우도 굴이 있고 공중의 나는 새도 집이 있으되 인자는 머리 둘 곳이 없다"라고 할 정도로 주님은 자신을 아주 빈털터리로 묘사하셨습니다.

이렇게 가난한 중에 지칠 줄 모르는 봉사의 생애를 사신 예수님이시지만 성경 어느 곳을 찾아보아도 예수님이 과로로 병드셨다거나 예수님이 너무 가난하고 스트레스를 많이 받아서 우울증이나 신경쇠약증에 걸리셨다는 기록이 아무데도 없습니다. 참으로 예수님은 영적으로는 물론이요, 육체적, 정신적으로도 흠 없는 하나님의 어린양으로 건강한 삶을 사셨습니다.

예수님은 대자연 속에 숨겨진 아름다움, 곳곳에서 뛰고 있는 생명의 숨결, 생명의 신비 등을 관조[觀照]했습니다. 그는 들에 핀 백합화를 보고 경이로움을 가지셨고, 보일 듯 말 듯 한 겨자씨로부터 새가 둥지를 틀고 보금자리를 꾸밀 만큼 큰 나무로 자라가는 모습 속에서 어떤 비밀스런 신비로움을 맛보았습니다. 공중에 자유롭게 날아다니는 아름다운 새들까지도 여상하게 보시지 않았습니다. 시중에 나가면 몇 푼만 주면 몇 마리라도 살 수 있는 그 보잘 것 없는 그 새의 자유로운 움직임을 마음 깊이 관조했습니다. 예수님은 그 아름답고 신비한 관조 속에서 무슨 생각을 했을까요? 그저 입을 벌리고 감탄하는 예술가적인 감각을 뛰어 넘어, 저들을 저렇게 돌보고, 저렇게 아름답고 자유롭게 할 수 있는 그 주인이 누구신가를 관상(contemplation)했습니다.

그러한 관상적인 삶은 곧 하나님과의 깊은 교제가 이루어졌고, 그 깊으신 사랑과 자비하심을 깊이 느낄 수 있었습니다. 그의 입에서는 자연스럽게 성부 하나님을 찬양할 수 있었습니다. 한 낱 미물에 불과한 이런 것들을 저렇게 섬세하게 돌보시고 인도하신다면, 하나님을 생각하는 인생들을 향한 하나님의 관심은 얼마나 더 클까?라는 생각까지 미칠 수밖에 없었습니다. 이것이야말로 생생한 하나님과의 대화입니다. 사실 그것이 하나님입니다. 예수님은 이러한 자연에 대한 자연스런 관조를 통해서 하나님과 끊임없는 마음의 교제가 있었습니다. 그리고 그 안에 감사와 찬양의 교제가 있었을 것입니다. 그렇게 하시면서 육적인 건강과 정신적인 건강과 영적인 건강을 유지하셨습니다.

일상생활 속에서 발견될 수 있는 사소한 경험이나 환경이나 물건들을 의미없이 지나치지 않았습니다. 그것들은 인간들의 생존을 위한 당연한 하나의 도구나 환경이려니 하는 생각으로 가볍게 넘기지 않았습니다. 예수님은 깊은 통찰력과 그 내면에 숨겨진 비밀스런 의미를 놓치지 않았습니다. 예를 들면 한 여인이 잃어버린 동전 한 닢(눅 15:8)을 바라보면서 그 여인의 애닯은 마음을 읽었습니다. 그 마음속에서 곧바로 잃어버린 인생들을 찾는 성부 하나님의 추적하시는 사랑을 연상시킬 수 있었습니다. 말 아래 놓인 등불(4: 21)을 보시고 이상히 여기셨습니다. 등불이란 모든 곳을 환하게 비추도록 하기 위해서 켜두는 것인데, 그것을 숨겨지도록 말 아래 둔다면 무슨 의미가 있는가? 저 어리석음이 바로 깨우침이 없는 무심한 인생들의 행위로구나, 라는 것을 갈파했습니다. 예수님은 이들의 어리석음을 깨우치기 위한 성부 하나님의 사명을 새롭게 인식했을 것입니다.

마을 광장에서 피리를 불며 춤을 추는 어린이들과 또 애곡하는 모습(마 11:17)을 보셨습니다. 피리를 부는 것은 즐거움의 표현이요, 애곡하는 것은 슬픔의 표현입니다. 그런데 사람들은 이미 그러한 흥이나 슬픔의 자연스럽게 표현할 수 없을 만큼 정서적으로나 영적으로 피폐해진 그들의 마음을 보고 예수님은 가슴 아파 하셨습니다. 마음으로의 느낌은 곧 하나님에게로의 기도요 불쌍히 여기는 중보의 기도였습니다. 잘 못 기워진 옷(막 2:21)을 보고, 부대를 잘 못 선택해서 터져 버린 포도주의 부대(막 2:21)를 보고도 예수님은 영적인 진리를 찾아내었습니다. 지금 예수님은 새로운 시대가 도래하고 있다고 선포하고 있습니다. 하늘나라가 가까이 왔으니 회개하라고 외치고 있었습니다. 그러나 사람들은 형식과 위선으로 가득한 관습적인 행위에 매달려 있는 것을 보시고 가슴 아파 하셨습니다. 그 가슴 아픈 일들이 하나님 아버지께 드리는 기도입니다. 일상적으로 들려지고 보여지고 느껴지는 모든 것이 예수님에게는 영성적인 진리요 하나님과의 교제의 순간이었습니다. 그렇다면 과연 예수님의 자기관리와 건강 비결은 무엇일까요? 우리도 어떻게 하면 예수님처럼 건강하게 살 수 있을까요?

1. **예수님의 건강관리 원칙:** 예수님께서 건강하게 지내신 것은 하나님께서 건강하시기 때문입니다. 하나님께서 정한 건강 법칙을 준수하셨다는 것입니다. 예수님은 항상 하나님께 집중하면서 사셨기 때문에 강건한 삶을 사신 것입니다.

첫째로 하나님께 집중하는 삶을 사셨다. 하나님께 집중하고 뜻을 알기 위하여 기도하셨습니다. 성령으로 충만하여 마음에 세상이 침입을 하지 못하도록 관리를 하셨습니다. 성령으로 기도하면서 내면을 하나님으로 채우셨습니다. 전인격이 성령의 지배와 장악이 되고 성령의 이끌림을 받는 삶을 살아가려고 하셨습니다. 세상을 살아가는 우리들에게 본이 되도록 전인격을 관리하셨습니다. 예수님은 아버지 하나님을 전적으로 신뢰하고 아버지의 뜻을 이루는 삶을 사심으로 마음에 하늘의 평강을 누리셨습니다.

둘째로 음식물을 구별하여 드셨다. 예수님께서는 아름다운 에덴동산에 아담과 하와를 창조하시고 "내가 온 지면의 씨맺는 모든 채소와 씨가진 열매 맺는 모든 나무를 너희에게 주노니 너희 식물이 되리라"(창 1:29)고 말씀하셨습니다. 그러므로 인간에게 가장 이상적인 음식물은 육식이 아니라 채식입니다.

예수님께서 제자들과 함께 생선을 잡수셨다는 기록이 나옵니다만, 그 당시 갈릴리 호수는 오염이 없이 깨끗하였고, 그 생선은 비늘 있는 깨끗한 생선이었을 것임에 틀림없습니다. 일생을 가난하게 사신 예수님께서는 주로 채식을 하셨을 것이고, 부정하고 가증하다고 선언하신 돼지고기나 비늘 없는 생선은 일체 입에 대지 않으셨을 것임을 확신합니다. 예수님은 언행일치 하는 삶을 사신 분이시기 때문입니다. 예수님께서 선지자들을 통해 부정하고 가증하다고 선언하신 고기들은 콜레스테롤이 높고 알레르기를 일으키고 불결하고 인체에 해로운 것들임이 의학적으로 증명되고 있습니다.

셋째로 운동하는 것을 즐기셨다. 예수님은 보행건강학의 표본이십니다. 갈릴리와 유대와 사마리아를 두루 걸어 다니시며 복음을 전파하셨습니다. 우리가 매일 1시간씩 이상 걷는다면 혈액순환이 왕성해지고, 뼈와 근육도 튼튼해지고 소화도 잘 되며, 정신이 건강해지고, 당뇨병 고혈압, 우울증, 비만증, 불면증에 놀라운 치료 효과를 볼 것이며 암을 예방하는 데도 도움이 될 것입니다.

캘리포니아 샌프란시스코에 살았던 '래리'라는 할아버지는 100세가 넘도록 30분가량 걸리는 직장에 매일 걸어서 출퇴근 하였는데 건강이 양호하였고, 103세 생일날 자녀, 손 자녀, 증손, 고손들 앞에서 100미터를 17초 3에 달리고, "다음 해 생일에는 이 기록을 깨겠노라"고 말했다고 합니다. 우리도 예수님의 모본 따라 날마다 즐겁게 걸으며 건강하게 사십시다.

넷째로 생수(물)를 마셨다. 요한복음 4장에 보면 예수님이 사마리아 우물가에서 만난 여인에게 "물 좀 달라"고 요청하시는 장면이 나옵니다. 예수님은 커피나 콜라를 마시지 않으시고 생수를 충분히 마셨습니다. 충분한 생수를 마실 때 노폐물을 신속히 배출해 냄으로 피가 깨끗해지고 콩팥도 튼튼해집니다. 우리도 하루 8

컵 생수를 마셔 피를 깨끗하게 하십시다.

다섯째로 햇볕을 쪼이셨다. 예수님은 자신의 봉사 생애 동안 대부분의 시간을 옥외에서 전도하시고 환자들을 치료하시며 충분한 일광욕을 하셨습니다. 햇빛에는 살균 작용이 있고, 피부를 튼튼하게 하며, 비타민 D를 생성하고, 혈압과 혈당을 내려주며, 엔도르핀을 분비하여 기분을 상쾌하게 하는 놀라운 치료 효과가 있습니다.

여섯째로 절제의 삶을 사셨다. 예수님께서는 "이기기를 다투는 자마다 모든 일에 절제하나니 저희는 썩을 면류관을 얻고자 하되 우리는 썩지 아니할 것을 얻고자 하노라"(고전 9:25)고 말씀하셨습니다. 예수님은 술이나 담배나 마약은 물로 어떤 종류의 약이라도 남용하지 않으셨습니다. 술은 간경화증을 일으키고, 뇌세포를 파괴하며, 담배는 구강암, 후두암, 폐암, 방광암의 원인이 됩니다.

일곱째로 신선한 공기를 마셨다. 예수님은 새벽 미명에 맑은 공기를 호흡하시며 기도하시려고 산으로 올라가셨고, 맑은 공기를 호흡하시며 걸으셨습니다. 깨끗한 공기를 깊이 들이마시면 폐가 충분한 산소로 가득 채워지고 피는 깨끗해집니다. 신선한 공기는 신경을 안정시키고, 자율신경을 조절해주고, 식욕을 증진시키며, 소화를 원활하게 해주며, 잠을 잘 자도록 도와줍니다.

여덟째로 휴식시간을 갖았다. 몸을 무리하지 않았다는 것입니다. 예수님은 인류 역사상 가장 할 일이 많으신 분이셨지만, 아무리 할 일이 많아도 기도와 휴식 시간은 반드시 확보한다는 원칙을 철두철미하게 지키신 분이셨습니다. 예수님은 한적한 곳을 찾아 대자연 속에서 명상하고 기도하며 하나님 아버지와 교통하심으로 스트레스를 해소하고, 안식일마다 회당에 나가(눅 4:16) 하나님 아버지를 만나 뵙고 새로운 활력을 얻으셨습니다.

오늘날 주말을 지나고 나면 휴식은 커녕 심신이 더욱 피곤해지는 월요병에 시달리는 현대인들을 향하여 사랑의 주님께서는 "수고하고 무거운 짐진자들아 다 내게로 오라 내가 너희를 쉬게 하리라"(마 11:28)고 초청하십니다. 오늘날 현대인들이 앓고 있는 질병의 70% 이상이 마음에서 온다고들 합니다. 마음에 스트레스가 쌓이고 분노와 낙심과 불안과 공포와 근심, 걱정이 쌓일 때, 신경성 위장병, 신경성 고혈압이 생기고, 당뇨병, 관절염, 천식, 알레르기 등이 악화되며, 심지어 암도 발병하게 된다는 것입니다.

그러나 우리의 마음에 하나님께서 주시는 믿음과 소망과 기쁨과 감사와 찬양이 가득할 때, 치유의 엔도르핀이 넘쳐흐르고, 우리의 육체와 정신은 새롭게 소생되며, 여러 가지 병들도 신속히 치유됩니다. 하나님 아버지를 완전히 신뢰하고, 믿음, 소망, 사랑의 삶, 감사와 찬양과 순종의 생애를 살아가신 것이야말로 예수님의 최대의 건강비결이었습니다.

2. 하나님과 더 깊은 대화로 들어가시곤 했습니다. 예수님은 당신의 제자들을 선택하시는 일이나 십자가를 지셔야 하는 등의 중대한 결정을 내리려고 할 때에 밤을 지새워 기도하시곤 했습니

다. 그 뿐만이 아닙니다. 이미 큰 역사를 이루신 후에도 한적한 곳에 나아가 기도하시는 것을 잊지 않으셨습니다. 예를 들자면 가르치시고 병을 고치시고(막 1:32-34) 난 후에 한적한 곳으로 나아가 기도하셨습니다. 오천 명을 먹이신 사건을 베푸시고 난 후(마 14:23)에도 예수님은 무리를 떠나 홀로 산에 오르시어 성부 하나님께 기도하셨습니다. 이 때는 무슨 기도를 하셨을까요? 추측컨대 이미 행한 이 일에 대한 하나님의 마음을 물으셨을 것이며, 동시에 이 엄청난 사건을 치루신 후의 성령으로 충만하기 위하여 당신의 마음 자세를 살피시고 지나간 일을 되풀이하여 기억하고 음미하며 반추하셨을 것입니다. 그리고 겸손히 성부 하나님께 영광을 돌리셨을 것입니다. 예수님은 이제 예루살렘을 오르시면서 다가올 예루살렘의 멸망을 바라보셨습니다. 돌아와야 할 품으로 돌아오지 않고 멸망하게 될 그 성을 바라보면서 예수님은 어머니의 심정으로 통한의 눈물을 흘리셨습니다. "예루살렘아 예루살렘아 선지자들을 죽이고 네게 파송된 자들로 돌로 치는 자여 암탉이 그 새끼를 날개 아래 모음같이 내가 네 자녀를 모으려 한 일이 몇 번이냐 그러나 너희는 원치 아니하였도다."(마 23:37). 누가 복음에 보면 이 성을 보고 우시며 "너는 오늘 평화에 관한 일을 알았더면 좋을 뻔하였거니와 지금 네 눈에 숨기웠도다."(19:41-42). 민족을 향한 뼈아픈 기도였습니다.

3.예수님은 자주 한적한 곳을 찾으시기를 좋아하셨습니다. 특

출한 예로는 예수님께서 광야로 나가신 사건입니다. 광야로 나가 40주야를 금식하시며 기도하셨습니다. 그 기도는 가히 치열한 싸움이요 전쟁이었습니다. 모든 죄악된 인생들의 심령 속에 내재된 불타는 욕망을 몸소 체험하신 것입니다. 그리고 그것으로부터 벗어나는 법을 몸소 보여 주셨습니다. 지독히 끈적거리도록 붙어 다니는 물질의 욕망, 권력의 욕망, 명예에 대한 욕망 등을 성부 하나님의 말씀 앞에서 무력화 하는 영성생활이 바로 40주야의 금식기도였습니다. 그 때 성부 하나님은 부재중에 그곳에 임재하고 계셨습니다. 마침내 그 싸움은 승리로 끝났음을 마 4:11절은 말하고 있습니다. "이에 마귀는 예수를 떠나고 천사들이 나와서 수종 드니라"고 했습니다. 예수님은 이러한 내면의 싸움들을 하는 동안 언제든지 이미 주어진 성부 하나님의 말씀을 마음에 두셨습니다. 그 말씀은 내면의 싸움을 이기는 무기였으며 동시에 기도의 참 소재였습니다.

예수님이 이와 같이 광야를 찾고 한적한 곳을 찾으신 것은 바로 소란스런 이 세상에서 승리하기 위한 작전이요 준비였습니다. 현대의 가장 위대한 영성가 중의 하나인 토마스 머튼 (Thomas Merton)은 "그대가 내적인 고요함을 획득하면 그것을 세상 어느 곳이라도 지니고 다니면서 아무데서나 기도할 수 있다. 그러나 구체적이고도 외적인 고행이 없이는 내적인 금욕 생활이 이루어질 수 없듯이, 외적인 고요함도 없는데 내적인 고요함을 논하는 것은 극히 어리석은 일이다."라고 했습니다. 예수님은 참으로 복잡하고 논란이 많은 당시의 현실 속에서 흔들림이 없이 하나님의 뜻대로 대처하고, 복음의 메시지를 확신 있게 전하기 위해서 늘 내적인 고요함과 평화가 필요했습니다. 실제로 예수님은 아무리 과격한 논쟁 속에서도 의연하게 그 일들을 감당하셨습니다. 그것은 바로 한적한 기도의 훈련 속에서 얻은 항구적인 평화요 성부 하나님과의 친밀한 관계 속에서 얻어진 것입니다.

진실로 예수님은 모든 세상이 성부 하나님이 허락하신 아름다움이요 신비였습니다. 그 분의 성품과 흔적이 가득히 담긴 풍요로운 곳이 이 세상입니다. 그런데 인생들이 그 내면에 숨겨진 신비의 세계를 깨닫지 못하고 피조물만 오용하고 탐하기에 세상이 혼란케 된 것입니다. 그런데 예수님은 바로 이러한 평범한 세상 속에서 진리를 발견하시고 그것을 통하여 하나님과 대화하시고 교제하셨습니다. 그래서 그는 이 혼란한 세상 한 가운데에서도 성부 하나님을 아빠(abba)라고 부를 만큼 친밀한 관계를 유지할 수 있었습니다. 그것이 바로 예수님께서 세상을 이긴 비결이었습니다.

우리는 진리는 가까이에 있다는 소리를 자주 듣습니다. 사실 과거의 많은 과학적인 진리가 바로 평범한 삶 속에서 발견되었습니다. 누구나 경험하고 대수롭지 않게 스쳐 지나가는 그러한 것들 속에 영원한 진리가 숨겨져 있습니다. 만유인력의 법칙도, 물의 부력의 법칙도, 증기기관차의 원리등도 누구나 경험하는 사소한 일들 가운데에서 발견되어진 진리였습니다.

우리는 세상에서 자연을 대하되 자연을 지으신 분의 눈으로 자연을 관조하고, 사람을 대하되 사람을 지으신 분의 마음으로 교제하고, 사건을 대하되 그 안에 숨겨진 하나님의 비밀을 보려는 깨어있는 통찰력을 키울 때 어느 곳에서나 하나님과의 깊은 교제는 일어나게 됩니다. 그리고 온 만물에 충만하신 하나님의 성령을 곳곳에서 들이쉬게 됩니다. 그럼으로 사도 바울이 권고한대로 누구나 쉬지 않고 기도하며 살 수 있는 예수님의 보물이 될 수 있습니다.

결론입니다. 우리는 예수님의 자기관리와 영성관리, 건강관리를 본받아야 합니다. 필자가 이제 와서 깨닫고 보니 예수님은 우리 성도들이 어떻게 살아야 하는 지를 공생애기간동안 완벽하게 보여주셨습니다.

충만한교회에서는 매주 월-화-금-토요일 개별집중치유 온몸기도 시간이 있습니다. 대상자는 자기관리를 잘하기 위하여 영적-정신적-육체적으로 집중 관리하실 분/ 여기서도 저기서도 치유와 능력을 받지 못한 분/ 지금 천국을 만끽하고 싶은 분/ 불치병, 귀신역사를 빨리 치유 받을 분/ 목, 허리디스크, 허리어깨통증, 근육통, 온몸이 아프고 무거움에서 치유해방 받고 싶은 분/ 자녀나 본인의 우울증, 공황장애, 조울증, 불면증을 빨리 치유 받을 분/ 가슴이 답답하고 기도하기가 힘이 드는 분/ 생업과 목회로 영육의 탈진에 빠져서 고통당하시는 분/ 축복과 영의 통로를 뚫고 싶은 분/ 성령의 불세례를 체험하고 싶은 분/ 최단기간에 성령치유 능력 받고 싶은 분이 참석하시면 기적적인 영육의 치유와 능력을 받습니다.

3장 자기관리 목적은 하나님의 보물이 되는 것

(눅 12:20-21)"하나님은 이르시되 어리석은 자여 오늘 밤
에 네 영혼을 도로 찾으리니 그러면 네 준비한 것이 누구의
것이 되겠느냐 하셨으니 (21) 자기를 위하여 재물을 쌓아 두
고 하나님께 대하여 부요하지 못한 자가 이와 같으니라."

하나님은 예수를 믿는 우리를 최고의 보물로 여기십니다. 기도
하며 하나님께 물어보세요. 하나님! 하나님께서 최고의 보물로 여
기시는 것이 무엇입니까? 그러면 이렇게 대답하실 것입니다. "예
수를 믿고 성령으로 세례 받아 거듭난 자네가 최고의 보물이다."
하나님은 "너희 몸은 너희가 하나님께로부터 받은바 너희 가운데
계신 성령의 전인 줄을 알지 못하느냐 너희는 너희 자신의 것이
아니라 (20) 값으로 산 것이 되었으니 그런즉 너희 몸으로 하나님
께 영광을 돌리라."(고전 6:19-20). 말씀하셨기 때문입니다.

예수님께서는 "재물을 쌓아 두고 하나님께 대하여 부요하지 못
한 자가 이와 같으니라." 말씀하십니다. 마6:20절에서 "제자들에
게 보물을 땅에 쌓아두지 말고 하늘에 쌓아두라고 말씀하십니다.
'너희를 위하여' 그렇게 하라는 것입니다. 예수님의 제자들에게는
과연 어떤 보물이 있었을까요? 우리가 알기로 지금 산상수훈을
듣고 있는 예수님의 제자들에게는 보물이라 할 만한 것들이 있지
않았습니다.

우선 예수님 자신이 값비싼 특별한 보물을 가지고 있지 않으셨습니다. 예수님과 그의 제자들에게는 금이나 은과 같은 보물이 없었던 것입니다(행 3:6). 그런데도 주님께서는 그들에게 보물을 땅에 쌓아두지 말고 하늘에 쌓아두라고 말씀하고 계십니다. 그렇다면 가지고 있지도 않은 보물을 땅에 쌓아두지 말고 하늘에 쌓아두라고 말씀하신 것일까요? 이는 자신의 온몸이 제일 중요하니 자신의 온몸이 보물이라는 것을 알고 자기관리를 잘하라는 말씀입니다. 우리의 온몸은 예수님께서 피를 흘리시고 값 주시고 사신 몸이기 때문입니다. 여러분 자신이 하늘나라 천국이라는 것을 믿으시고 자신이 하늘나라 천국이 되도록 자신의 온몸에 보물인 예수님을 쌓으시기를 예수님의 이름으로 축원합니다.

예수님께서는 열두 제자들에게뿐 아니라 앞으로 설립될 교회와 그에 속할 모든 성도들에게 동일한 말씀을 하셨습니다. 주님께서 보물을 하늘에 쌓아두라고 말씀하신 것을 보면 땅에든 하늘에든 쌓아둘 만한 어떤 보물이 제자들에게 있을 것이라는 것입니다. 그렇다면 주님께 속한 성도들에게는 어떤 보물들이 주어질까요? 아니면 앞으로 혹 보물이 생기게 되면 그렇게 하라는 말씀일까요?

예수님은 이 세상에 계실 때 부자로 사신 것이 아니라 매우 가난하게 사셨습니다. 나사렛에 살았던 예수님의 부모들은 물론 그의 온 가족이 가난했습니다. 예수님께서는 공 사역 기간 중에도 항상 가난하게 생활하셨습니다. 그에게는 금이나 은과 같은 보물은 물론 당시 보통 사람들이 가지고 있던 변변한 집 한 채 가지고 있지 않았습니다. 그는 공생애 중, 제자들과 함께 이스라엘 여러 지역을 유리하며 가난한 생활을 하셨던 것입니다. 그러므로 주님께서는 이스라엘 민족 가운데서 그 점을 말씀하셨습니다. "예수께서 이르시되 여우도 굴이 있고 공중의 새도 거처가 있으되 오직 인자는 머리 둘 곳이 없다 하시더라"(마 8:20).

천지만물을 창조하신 만물의 주인이신 예수님께서 자기가 지은 세상 가운데서 아무것도 가지지 않은 가난한 자로 사셨습니다. 예수님의 제자들 역시 그와 마찬가지로 가진 것이 없는 자들이었습니다. 주님께서는 그런 제자들에게 보물을 땅에 쌓아두지 말고 하늘에 쌓아두라고 말씀 하십니다.

우리가 이 말씀 가운데서 잘 이해해야 할 점은 예수님께서 교훈하신 그 진정한 의도입니다. 주님께서는 그 말씀을 통해, 이 세상에서 자기 자신을 위해 추구하는 인간의 모든 노력은 헛된 것임을 말씀하고 계십니다. 세상에서 무엇인가 이룩하기를 원하며 애쓰는 사람들의 주된 관심은 이 땅에 있을 수밖에 없습니다. 그들의 가치는 땅 위에서 남부럽지 않은 삶을 사는 것입니다. 그러나 천국에 소망을 가지고 살아가는 사람들의 관심은 천국에 집중될 수밖에 없습니다. 이는 모든 참된 값어치는 천국에서 찾는다는 말이며 그로 인해 그곳에 관심을 집중하게 된다는 말입니다. 그곳은 바로 자기 자신입니다. 자신에게 관심을 집중해야 합니다. 자신이 하나님의 나라 보물이 되면 자신이 가진 나머지 소유는 모두다 하나님의 것이 되는 것입니다. 반대로 자신이 하나님의 나라가 되지 않았는데 눈에 보이는 땅에 보물을 쌓으면 누구의 것이 되겠습니까? 다른 사람이나 귀신의 소유가 되는 것입니다. 그래서 예수님은 "하나님은 이르시되 어리석은 자여 오늘 밤에 네 영혼을 도로 찾으리니 그러면 네 준비한 것이 누구의 것이 되겠느냐 하셨으니"(눅12:20) 하시는 것입니다.

진정한 삶의 의미를 천국에 두고 살아가면서 모든 값어치를 천국에서 찾는다는 말은 단순한 모든 종교 활동을 말하는 것이 아님은 분명합니다. 인간들의 자기를 위한 종교 활동은 천국이 아니라 이 땅에 보물을 쌓는 것과 다르지 않습니다. 예수님 당시 예루살렘에 살고 있던 많은 유대인들은 이 땅에서 생성되는 종교적 활동에 관심을 기울이고 있었으며 그들은 이 땅에 보물을 쌓기 위해 애쓰던 자들이었습니다.

예수님께서는 제자들에게 이 세상에 보물을 쌓기 위해 노력하는 어리석은 유대인 지도자들처럼 되지 말라고 말씀하고 계시는 것입니다. 그것은 하나님의 말씀을 통해 검증되지 않은 일반적인 신앙 활동을 포함합니다. 종교적 활동을 위한 인본주의적 열정은 자기 의를 쌓으려는 종교적 욕망에 기인하는 것일 수 있기 때문입니다.

오늘날 우리는 과연 어떠한가요? 이 세상에서 남부럽지 않게 잘 살고 싶어 하며 더 많은 복을 받아 누리는 것을 목적으로 삼고 하나님께 간구하는 것은 땅에 보물을 쌓으려는 것과 다르지 않습니다. 만일 우리 가운데 이 땅에서 영화를 누리며 사는 것을 인생의 목적으로 삼는 자가 있다면 그것은 참 신앙을 떠난 어리석은 행위입니다. 교인들 가운데는 부자가 되어 성공하는 것을 복이라고 여기는 자들이 정말로 많이 있습니다. 하지만 그것은 아무런 보장성이 없는 것이며 결코 인생의 영원한 목적이 될 수 없습니다. 그것은 도리어 세상을 탐닉하게 만드는 위험한 흉기가 될 수 있습니다.

그러나 잘못된 신앙 자세를 가진 자들은 세상에서의 성공이 곧 복이라 생각합니다. 그들은 그것을 통해 자신의 의를 땅 위에서 세워 나가려 합니다. 그들은 세상에서 그럴듯한 공로를 쌓음으로써 인생의 의미를 확립하고자 하지만 주님께서는 그것이 어리석은 행동이라 말씀하십니다. 하나님으로부터 칭찬 들을 것을 기대하며 열심히 노력할지라도 그것은 인간의 의가 될 수 없기 때문입니다. 보물이 녹슬어 못쓰게 되거나 도둑맞아 잃어버리는 것처럼 인간이 세상에서 쌓는 자기 의는 결국 아무런 쓸모가 없습니다. 하나님의 말씀을 통해 예수 그리스도께 온전히 순종함으로써 그에게만 소망을 두고 살아가는 것이 보물을 천국에 쌓는 것입니다. 영혼의 약식인 말씀을 듣고 영혼과 마음에 쌓는 것이 자신이 하늘나라 천국이 되도록 자기관리를 잘하는 것이 하늘에 보물을 쌓는 것입니다. 자기가 천국 되는 것이 참으로 중요하기 때문입니다.

우리는 구약성경에서 인간의 자기 노력이 얼마나 헛된 것인가에 대한 교훈을 봅니다. 이스라엘 백성들이 애굽을 탈출하여 광야에 있을 때 하나님께서는 만나와 메추라기로 날마다 그들을 먹이셨습니다. 그들은 노동을 통해 양식을 얻었던 것이 아니라 날마다 공급하시는 하나님의 은혜로 얻은 양식을 먹으며 살아갔던 것입니다. 그러나 자기의 삶을 예비한다고 생각하며 양식을 따로 챙기던 자들의 양식에는 벌레가 생기고 부패했을 뿐 아니라 하나님의 진노의 대상이 되었던 것입니다.

"모세가 그들에게 이르기를 아무든지 아침까지 그것을 남겨 두지 말라 하였으나 그들이 모세의 말을 정중치 아니하고 더러는 아침까지 두었더니 벌레가 생기고 냄새가 난지라 모세가 그들에게 노하니라"(출 16:19,20). 이스라엘 백성들 가운데 양식을 따로 챙기던 자들은 왜 그렇게 했을까요? 그들은 양식을 따로 남겨 둠으로써 비상시를 대비하려 했을지도 모릅니다. 어쩌면 그것이 지혜로운 처신이라 생각했을지도 모를 일입니다. 그러나 그것은 하나님께서 예비해 주시는 것이 아니라 자기 스스로 자기를 위해 준비하는 것이었습니다.

그들은 하나님께서 양식을 예비 하시는 것을 날마다 목격 하면서도 그 다음날에도 동일한 식량을 제공하실 하나님을 믿지 못했던 것입니다. 그들은 하나님께서 날마다 양식을 예비할 것이니 따로 그것을 곡간에 모아두지 말라고 하신 말씀을 듣지 않았던 것입니다. 믿음이 없는 자들은 자기 노력을 통해 양식을 더 많이 거두어 두면서 그것을 도리어 준비성을 갖춘 훌륭한 행동이라 생각했을지 모릅니다. 그러나 하나님께서는 그들이 따로 모아둔 양식이 부패하게 하셨을 뿐 아니라 그들에게 진노 하셨습니다.

오늘날 우리는 자신의 모습을 되돌아보아야 합니다. 우리는 혹 내일이면 썩어버릴 것을 모아두고 그것으로 자신을 위한 보물이라 생각하지는 않습니까? 모든 사람들이 고통에 빠진다 해도 따로 쌓아둔 그 보물로 인해 자신은 안전할 것이라 착각하고 있지는 않습니까? 이스라엘 백성이 만나를 따로 챙겨두고 다음날 아침 그것이 부패하여 벌레가 생긴 사실을 확인하기 전까지는 그것으로 인해 마음이 푸근했을지도 모릅니다.

그들은 다음날 아침 하나님께서 혹 양식을 제공하지 않는다. 하셔도 내일 하루는 자신의 준비로 말미암아 거뜬히 버틸 수 있다고 생각 했을지도 모릅니다. 그러나 그 양식은 벌레가 생기고 부패할 따름이며 그로 인해 하나님의 진노를 살 따름입니다. 그런 생각은 결국 하나님에 대한 불신앙에 기인합니다. 하나님께서 그런 자들에게 진노하신 것은 하나님보다 눈앞에 있는 자기 것을 더 신뢰했기 때문입니다.

우리 시대에 가장 가증스런 일들 가운데 하나는 천국에 보물을 쌓아두라는 의미를 연보와 연관 짓는 것입니다. 천국에 보물을 쌓아둔다는 의미는 연보와 아무런 상관이 없습니다. 나아가 말씀을 배경으로 하지 않는 봉사나 헌신 역시 이와 동일한 관점에서 이해되어야 합니다. 교회나 기독교 기관에 물질을 바치라고 강요하는 것은 말씀의 의미를 굴절시키는 것입니다. 만일 그런 식으로 말하게 되면 돈 많은 부자는 하늘에 쌓아둘 보물이 많은 사람이 되고, 가난한 자는 하늘에 보물을 쌓아둘 것이 없는 사람이 되고 맙니다.

과연 부유하지 못하고 가난하며 병약한 성도들은 하늘에 쌓아둘 보물이 없다는 말입니까? 만일 그런 논리라면 성경에 기록된 많은 믿음의 선배들은 보물을 하늘에 쌓지 못했습니다. 우리가 알기로 성경에 나타나는 믿음의 선진들 중에는 경제적으로 가난한 사람들이 많았습니다. 구약시대의 많은 선지자들은 돈 많은 부자들이 아니었습니다. 사도들을 비롯한 신약시대의 여러 신앙의 선배들 역시 대개 가난한 자들 이었습니다. 부자가 아닌 그들은 교회를 위해 많은 연보를 할 만 한 돈이 없었을 것입니다. 그런 가난한 믿음의 선배들은 과연 하늘에 보물을 쌓지 못했습니까?

이와는 반대로 성경에는 신앙이 없는 사람들 중에 부자들이 많아 보입니다. 예수님 당시 예루살렘에 살고 있는 유대인들 중에는 부자들이 많았습니다. 그들은 많은 십일조를 바쳤을 것이며 예루살렘 성전 완공을 위해 거액의 돈을 바쳤을 것입니다. 연보를 많이 한 바리새인들, 제사장들, 장로들, 서기관들은 과연 하늘에 보물을 많이 쌓아둔 자들 이었습니까? 그렇게 되면 주님을 대적한 예루살렘의 종교 지도자들은 하늘에 보물을 많이 쌓은 사람들이 되고 갈릴리의 초라한 예수님의 제자들은 하늘에 보물을 별로 쌓지 못한 자들이 됩니다. 과연 그것이 말이나 될 법할까요?

주님께서는 연보를 강요하는 그런 식의 교훈을 하시기 위해 보물을 땅에 쌓아두지 말고 하늘에 쌓아두라고 말씀하신 것이 아닙니다. 만일 연보를 강요함으로써 하늘에 보물을 쌓아두라고 요구하는 자가 있다며 그런 자들은 자기 자신이 하늘이 아니라 이 세상에 열심히 보물을 쌓아가고 있는 중입니다. 보물을 하늘에 쌓아두라는 의미는 이 세상에 값어치를 둔 삶을 포기하고 영원한 천국, 하나님의 나라에 진정한 소망을 두고 살리는 뜻입니다. 자신이 하늘나라 천국이 되게 하라는 말씀입니다. 자신이 하늘나라 천국이 되는 것이 중요하기 때문입니다.

필자가 처음 은혜를 받고 얼마 안 되었을 때에, 정신없이 기도원을 찾아다니고 했을 때였는데, 한 기도원 목사님이 이 말씀으로 설교하시는 것을 들은 적이 있었습니다.

그 목사님은 사십이 좀 넘어 보이는 체구가 좋으신 분으로 기도를 많이 하셔서 아주 신령한 분이라는 소문이었는데, 상기된 붉은 얼굴에 땀을 뻘뻘 흘리며 정열적으로 설교를 하던 모습이 지금도 생각이 납니다.

이 땅에다 물질 따위 쌓아두어 무엇하겠느냐, 하늘에 쌓아두어라, 하는 말씀을 정말로 있는 힘을 다해 외치고 또 외치는 것이었습니다.

"사람은 도독을 맞을까 겁이 나서 돈을 은행에 예금하지만, 천국은 은행보다 몇 벽 배 더 안전한 곳이란다. 재물을 땅에 가득 쌓아 두고 죽으면 무얼 하느냐, 죽은 후에 재물이 무슨 소용이 있느냐, 그것을 하늘에 쌓아 놓으면 죽어 천국에 가서 찾아 쓰게 되니 얼마나 좋으냐, 그러니 물질을 땅에 쌓아 두지 말고 하늘에 쌓아

두라."는 것이었습니다.

그럼 어떻게 하는 것이 재물을 하늘에 쌓아 두는 것입니까? 그 재물을 하나님께 드리면 되는 것입니다. 즉 교회에 드리면 되는 것입니다. 교회에 드리면, 하나님이 받으시고, 하나님이 받으셨으니 그 재물은 바로 하늘에 쌓이게 된다는 말씀인 것입니다.

그리고 그 목사님은 이렇게 말했습니다. "네 물질 있는 곳에 네 마음도 있느니라!" 필자는 그때, 이 설교 말씀을 듣고 많은 감동을 받았습니다. 내게 있는 것 다 하나님께, 교회에 드리고 싶었습니다. 하지만, 그 때 저는 별로 가진 것이 없었기 때문에 아무 것도 드리지 못했습니다. 몇 년인가 지나서 나는 우연히 그 목사님의 그 설교가 생각났습니다. 그리고 그 분의 설교 말씀 중에 좀 이상한 점, 그릇된 부분이 있다는 것을 발견했습니다.

그 목사님은 분명히 우리를 향해 큰 소리로 이렇게 말씀했습니다. "네 물질 있는 그 곳에 네 마음도 있느니라!" 그런데, 성경에는, 마태복음 6장 21절에, 분명 이렇게 기록되어 있는 것입니다. "네 보물 있는 그 곳에는 네 마음도 있느니라." 그 목사님은 보물을 물질로 바꾸어 말한 것입니다.

보물이란 무엇인가? 가장 귀한 것이 곧 보물입니다. 나라에서 가장 귀한 것으로 여기는 것이 국보입니다. 어린이는 나라의 보배라는 말도 있습니다. 이 나라에서 가장 귀한 것이 이 나라의 다음 세대를 이어나갈 어린이라는 뜻입니다.

내가 이 세상에서 가장 귀한 것이라고 생각하는 것이 나에게는 나의 보물이 됩니다. 어떤 이에게는 금, 은, 보석이 보물일 수도 있고, 희귀한 골동품이나 옛 서화 혹은 고분 따위에서 출토된 유물이 보물일 수도 있습니다. 또 어떤 사람에게는 조상 대대로 물려 내려온 고가구나 아니면 낡고 색 바랜 한 권의 책이 보물일 수도 있을 것이고, 사별한 애인이 사랑의 표시로 손가락에 끼워 주었던 작은 반지 하나가 그의 일생 동안의 가장 귀한 보물이 될 수도 있을 것입니다. 그런가 하면 자식이 그 집안의 가장 귀한 보물이라고 생각하는 사람들도 있을 것입니다.

그런데, 그 때 그 목사님은 무의식중에 보물을 물질로 바꾸어 말했습니다. 말하자면, 그 목사님에게 있어서는 물질이 곧 보물이었던 것입니다. 그 목사님에게는 물질이 곧 보물이요, 보물이란 곧 돈을 뜻하는 것이었습니다. 이 세상에서 돈이 가장 귀한 것이라고 생각하는 사람, 이 세상에서 돈이 최고라고 생각하는 사람들에게는 돈이 곧 보물입니다.

그 때 우리들도 평소 재물이 이 세상에서 가장 귀한 것이라고 생각해 왔기 때문에, 말하자면 돈이 곧 보물이라고 생각해 왔기 때문에, 그 목사님이 우리를 향해 그토록 큰 소리로, 또 그렇게 당당하게, "네 물질 있는 곳에 네 마음도 있느니라!" 하고 외쳤을 때, 우리는 아무 저항도 느끼지 않고 그냥 아멘! 하고 화답할 수가 있었던 것입니다.

자, 한 번 생각해 보겠습니다. 예수님께서 우리를 향해, "너희를 위하여 보물을 땅에 쌓아 두지 마라 오직 너희를 위하여 보물을 하늘에 쌓아 두라"고 말씀하셨을 때, 그 예수님께서 말씀하신 보물은 무엇을 가리키는 것일까요?

그 목사님의 말씀처럼, 돈을, 재물을 뜻하는 것이었을까요? 예수님도 돈을, 재물을 보물이라고 생각하셨던 것일까요? 그래서 돈을 교회에 드리면, 그것이 우리를 위하여 보물을 하늘에 쌓아 두는 것이 된다고 하신 것일까요? 아닐 것입니다. 예수님은 단 한 번도 돈이, 재물이 보물이라고 가르치신 일은 없습니다. 오히려, 약대가 바늘귀로 들어가는 것이 부자가 하나님 나라에 들어가는 것보다 쉽다고 말씀하셨습니다.

그럼, 예수님께서 말씀하신 보물이란 무엇을 뜻하는 것일까요? 땅에 속한 것은 땅에 떨어지고, 하늘에 속한 것은 하늘에 쌓입니다. 우리의 육신은 땅에 속한 것이요, 돈도, 물질도 다 땅에 속한 것입니다. 땅에 속한 것은 오직 땅에 떨어져 땅에 쌓일 뿐이며, 땅에 떨어져 썩을 뿐입니다. 땅에 속한 육이, 물질이, 돈이, 결코 하늘에 올라가 하늘에 쌓일 수는 없는 것입니다. 반면, 하늘의 속한 신령한 것들은 땅에 떨어지지 않고 하늘에 올라가 하늘에 쌓입니다.

"오직 너희를 위하여 보물을 하늘에 쌓아 두라"고 하신 예수님의 이 말씀의 뜻은, "하늘의 신령한 것으로 너희의 보물 삼으라." "너희 온몸이 하나님의 나라 보물"이라는 뜻인 것입니다. 너희가 하늘나라 천국이 되게 자신이 하나님나라 보물이 되게 하라는 뜻입니다. 자기관리를 잘해서 세속에 물들지 말라는 것입니다.

보물이란 무엇일까요? 그가 가장 귀한 것이라고 생각하는 것이 그의 보물입니다. 물질이, 돈이, 이 세상에서 가장 귀한 것이라고 생각하고 있는 사람들은 썩어질 땅의 것으로 보물 삼고 있는 자들입니다. 땅의 썩어질 것들은 하늘에 올라가 하늘에 쌓일 수는 없습니다. 오직 땅에 쌓일 뿐입니다. 이들은 보물을 땅에 쌓아 두는 자들인 것입니다.

하늘의 신령한 것이 가장 귀한 것이라고 생각하는 사람들은 하늘의 신령한 것으로 보물 삼고 있는 사람들입니다. 하늘의 신령한 것만이 하늘에 쌓을 수 있습니다. 하늘의 신령한 것을 보물 삼고 있는 자들만이 그 자신의 보물을 하늘에 쌓아 둘 수 있는 자들입니다. 소망을 하늘에 두는 자만이 호흡이 건강할 때 자신의 온몸이 하나님의 나라가 되도록 보물을 쌓을 수가 있는 것입니다. 예수 믿는 자들에게 가장 귀한 것이 무엇일까요? 바로 예수가 아닙니까? 우리가 죽으면 천국을 간다고 합니다. 그런데 예수님을 믿어야 천국에 들어가는 것입니다. 천국이 먼저가 아니고 예수님을 먼저 믿고 주인으로 모셔야 예수님이 천국으로 인도하는 것입니다. 믿음의 대상을 확실하게 해야 합니다. 예수 믿는 우리에게 가장 귀한 것은 예수님이요, 우리의 보물은 예수님인 것입니다. 예수님이 우리의 보물입니다. 예수님이야말로 우리가 모든 것을 다 버리고 그것 하나만을 소유해야 할 우리의 참 보물인 것입니다.

예수를 나의 보물 삼을 때, 나의 보물은 하늘에 쌓여 있게 됩니다. 예수로 나의 보물 삼았을 때, 나의 보물은 이미 하늘에 있는 것입니다. "네 보물 있는 그 곳에는 네 마음도 있느니라" 자신을 최고의 보물로 여기고 자신이 하늘나라가 되면 자신이 가진 모든 것들은 모두 하나님의 소유가 되는 것입니다. 소유가 5차원이 되니 하나님의 보호가 있는 것입니다. 나의 보물은 예수님이요, 내 보물이 하늘에 있을 때, 나의 마음도 늘 하늘에 있으며, 예수님이 나의 보물일 때, 내 마음은 늘 예수님과 함께 있습니다.

예수님은 이렇게 말씀하고 있습니다. 우리의 보물을 이 땅이 아닌 하늘에 쌓으라는 것입니다. 하늘은 예수를 믿고 성령으로 거듭난 자신입니다. 왜 그렇습니까? 하나님께서 자신 안에 주인으로 계시기 때문입니다. 보물이 있는 곳에 우리의 마음이 있기 때문입니다. 하늘에 쌓음은 자신이 하나님의 보물이 되고 소유를 하나님의 뜻대로 사용하라는 것입니다. 보물은 우리의 눈과 같습니다. 보물은 주인의 결정입니다. 보물이 돈이 되면 먹고, 마시고, 입는 것에 걱정으로 인생을 삽니다. 없는 자는 있음을 염려하고 있는 자는 더 있기를 염려하고… 예수님은 공중의 새, 들의 야생화, 들의 풀을 보라 하십니다. 창조주 하나님이 먹이시고 입히시는데 하물며 자신의 형상으로 지으신 사람들을 그냥 두시겠냐는 것입니다.

예수님을 믿는 사람들은 믿음이 없는 이방인들과 달라야 한다는 것입니다. 그리스도인들이 먼저 하나님의 나라와 의를 구하면 이 모든 것을 더하시리라 약속하십니다. 하나님의 나라의 근원은 에덴이며 에덴은 기쁨과 사랑의 동산입니다. 사람에게 가장 필요한 것은 구원의 기쁨이요 사랑이라는 의미입니다. 또한 그의 의는 하나님과의 올바른 관계를 의미합니다. 하나님은 창조자 우리는 피조물, 하나님은 아버지, 우리는 자녀, 하나님은 구원자 우리는 죄인 된 관계를 바르게 인식할 때 우리가 어떻게 살아야할지 옳고 그름의 가치를 분명하게 하여 그 분의 의를 이룰 수 있기 때문입니다. 처음동산 에덴도, 마지막 동산 천국도, 보석들이 길과 벽과 기둥과 문짝으로 사용될 정도로 지천에 널려있는 곳입니다. 전부가 금이고, 다이아몬드이고, 진주인데 그곳에서 그 누가 그것을 보물이라 하겠습니까. 예수님이 말씀하신 보물은 무엇입니까. 보석도, 돈도 아닙니다. 바로 죄인 된 우리들입니다. 날마다 염려로 살아가는 사람들입니다. 그래서 하나님의 보물인 사람들이 평생 염려로, 돈의 염려로 살아가지 않기를 원하시는 것입니다. 염려는 하루면 족하다는 것입니다. 자신이 하나님의 나라 보물이 되는 것이 제일로 중요한 것입니다.

그리고 내일은 우리를 보물로 여기시는 그 분을 믿고 살라는 것입니다. 그 분의 뜻은, 하늘에 보물을 쌓는 것은 우리도 "이웃을 네 자신 같이 사랑하라" 자신도 보물로 생각하고 다른 사람을 보물로 생각하며 살게 하려는 것입니다. 다른 사람을 사랑하며, 사람을 최고의 가치로 여기며, 사람을 가장 소중한 보물로 여기며 살라는 것입니다. 하나님께서 최고의 보물로 여기는 여러분 자기 자신을 정확하게 보는 눈이 열리기를 예수님의 이름으로 소원합니다.

4장 자기관리 핵심은 "스스로 있는 자"되는 것

(출 3:14)"하나님이 모세에게 이르시되 나는 스스로 있
는 자이니라 또 이르시되 너는 이스라엘 자손에게 이같이
이르기를 **스스로 있는 자**가 나를 너희에게 보내셨다 하라"

하나님은 독립심을 기르기 위하여 일정한 시가가 되면 부모에게
서 떨어지게 하십니다. 왜냐하면 하나님께서는 순종하는 하나님의
사람을 통하여 이 땅에 하나님의 나라를 건설하시기 때문입니다.
하나님의 사람을 통하여 하나님의 나라를 건설하려면 하나님의 뜻
과 마음과 하나님과 같은 담대함이 있어야 가능하기 때문에 하나
님께서 직접 훈련하시기 위하여 광야로 불러내시는 것입니다. 이
는 아브라함, 야곱, 요셉, 모세, 다윗 등을 통해 깨달을 수가 있습니
다. 하나님은 "하나님이 모세에게 이르시되 나는 스스로 있는 자이
니라 또 이르시되 너는 이스라엘 자손에게 이같이 이르기를 **스스
로 있는 자**가 나를 너희에게 보내셨다 하라."(출3:14). 모세가 사
십 년 동안 미디안 광야에서 도망자로 살고 있을 때, 하나님께서
호렙 산에서 모세를 불러, 애굽으로 돌아가 이스라엘 민족을 인도
해 나오라고 명하십니다. 이에 모세는 이스라엘 장로들이 자기를
보낸 하나님의 이름이 무엇이냐고 물으면 무엇이라고 대답해야 하
냐고 질문합니다. 이 질문에 대해 하나님께서 모세에게 주신 대답
이 **"나는 스스로 있는 자이니라."** 라는 말씀입니다.

하나님은 자기 자신을 믿지 못하는 이런 부정적인 불신을 불

식(拂拭)시키기 위해 "너희에게 내가 있어야만 네가 바라는 꿈(소망)들이 꽃피고 열매 맺는다."는 뜻의 "스스로 있는 자", 곧 "여호와"란 이름을 지으셨습니다. 그리고 하나님이 완성하신 천국 나라에는 오직 하나님과 같은 성품이 닮은 사람들과 그에 준하는 만물들이 영원 무궁히 하나님과 함께 하게 됩니다. 그러므로 그의 형상을 닮은 자녀들로 태어난 사람들이 가장 최우선적으로 취하여야 할 것은 바로 하나님과 같은 성품, 곧 하나님의 뜻에 맞는 자녀들이 되어야만, 비로소 모든 사람의 영혼과 육신이 바라고 꿈꾸던 천국 같은 나라가 땅에서도 하늘에서도 완성될 수 있는 것입니다. 사람의 영육이 하나님과 같은 그러한 상태가 되지 않고 추악한 상태에 이르게 되면 하나님께서 주인으로 계시는 천국이 결코 땅과 하늘에서도 주어질 수 없다는 것을 깨달아야 합니다.

우리가 하나님을 주인으로 섬기는 것은 다른 어떤 누구를 섬기는 것과 완전히 다릅니다. 하나님은 우리가 이 점을 바르게 제대로 깨닫기를 너무나 원하십니다. 시기하기까지 원하십니다. 성경에 의하면, 하나님은 우리에게 "기쁨으로 여호와를 섬기라"(시편 100:2)고 명령하십니다. 이러한 기쁨에는 이유가 있습니다. 그 이유는 사도행전 17:24-25에 나와 있습니다. "우주와 그 가운데 있는 만물을 지으신 하나님께서는 천지의 주재시니 손으로 지은 전에 계시지 아니하시고 (25) 또 **무엇이 부족한 것처럼 사람의 손으로 섬김을 받으시는 것이 아니니 이는 만민에게 생명과 호흡과 만물을 친히 주시는 이심이라.**"(행 17:24-25). 우리가 하나님의 부족한 필요를 채워야 하는 짐을 지고 있는 것이 아니기에 우리는 기쁨으로 그분을 주인으로 섬길 수 있습니다. 오히려 하나님이 우리의 필요를 채워주시며 은혜를 베풀어 주시는 분이시기 때문에 하나님을 주인으로 섬길 수가 있습니다. 하나님을 주인으로 섬기는 것은 하나님으로부터 언제나 은혜와 축복을 받고 있는 것을 의미합니다.

하나님은 우리가 이 점을 분명히 깨닫고 살아가기를 원하십니다. 그는 시기하기까지 원하십니다. 이러한 사실은 역대하 12장의 이야기에 기록되어 있습니다. 솔로몬의 아들인 르호보암은 열 지파가 반역한 후에 남쪽 유다 왕국을 통치하면서, "여호와의 율법을 버렸습니다."(대하12:1). 그는 주님을 섬기는 대신 이방신들과 다른 나라들을 섬겼습니다. 하나님은 이에 대한 심판으로 이집트의 왕 시삭과 1,200 병거와 6만 마병을 보내셨습니다(대하 12:3). 자비로우신 하나님께서 르호보암에게 선지자 스마야를 보내서 말씀하십니다. "여호와께서 이같이 말씀하시기를 너희가 나를 버렸으므로 나도 너희를 버려 시삭의 손에 넘겼노라"(대하 12:5). 다행인 것은 르호보암과 그의 방백들이 회개하면서 스스로 겸비하게 하고 "여호와는 의로우시다"고 고백했습니다(대하 12:6). 하나님께서 그들이 스스로 겸비케 한 것을 보셨을 때, 이렇게 말씀하셨습니다. "그들이 스스로 겸비하였으니 내가 멸하지 아니하고 저희를 조금 구원하여 나의 노를 시삭의 손을 통하여 예루살렘에 쏟지 아니하리라"(대하12:7). 하지만 그들에 대한 훈계로써 하나님은 이렇게 말씀하셨습니다. "그러나 그들이 시삭의 종이 되어 나를 섬기는 것과 세상 나라들을 섬기는 것이 어떠한지 알게 되리라 하셨더라."(대하12:8).

요점은 명확합니다. 누구나 하나님을 주인으로 섬기는 것은 복이요 기쁨이요 유익입니다. 주일 날 예배와 매일의 순종의 예배와 온몸기도가 그 밑바닥 바탕에 있어서 하나님께 무엇인가를 드리는 부담이 아니라 즐겁게 하나님으로부터 받는 것이라고 필자가 그렇게도 거듭해서 강조하고 또 강조해 오고 있는 이유가 바로 이것입니다. 하나님은 창조주로서 누군가가 그 이름을 지어줄 수 있는 분이 아니십니다. 누구의 도움도 필요가 없으신 분입니다. 그래서 그 이름이 있을 수 없는 분이기 때문에 "스스로 있는 자"라고 먼저 자신을 소개하신 것입니다. 말하자면, 당신은 누군가가 자신의 정체성 곧, 그 이름을 부여해서 존재하게 된 존재가 아니라, 스스로 존재하는 창조주라는 말씀을 하신 것입니다. 그렇지만, 이스라엘 백성들이 쉽게 이해할 수 있도록 그들의 눈높이에 맞춰서 '아브라함, 이삭, 야곱의 하나님'이 너를 보냈다고 말하라 명하십니다. 그리고 이 이름으로 자신을 기억하라고 말씀하십니다.

하나님이 완성하신 천국 나라에는 오직 자신과 같은 심령을 닮은 사람들과 그에 준하는 만물들이 영원 무궁히 하나님과 함께 하게 됩니다. 그러므로 그의 형상을 닮은 자녀들로 태어난 사람들이 가장 최우선적으로 취하여야 할 것은 바로 하나님과 같은 기품, 곧 하나님의 뜻에 맞는 자녀들이 되어야만 비로소 사람의 영혼과 육신이 바라고 꿈꾸던 천국 같은 나라가 땅에서도 하늘에서도 완성될 수 있는 것입니다. 사람의 영육이 하나님과 같은 그러한 상태가 되지 않고 아담의 추악한 상태를 가지게 되면 결코 천국이 땅과 하늘에서도 주어질 수 없다는 것을 깨달아야 합니다.

그래서 하나님은 때가 되면 불러내어 광야훈련을 시키시면서 하나님을 닮은 "스스로 있는 자"로 하나님과 같이 독립심이 있는 사람으로 훈련을 시키시는 것입니다. 하나님 안에서 독립심을 기르기 위해서 광야로 불러내어 혹독한 시련을 통과하며 홀로설 수 있는 자를 만드시는 것입니다. 자기관리를 못하는 사람은 광야에서 살아남지 못합니다. 하나님은 광야훈련을 통하여 자기를 관리하여 살아남은 사람을 통하여 세상에 하나님의 나라를 건설하십니다. 하나님은 자신의 육신도 내 것 아닌 성령의 전이라고 말씀하십니다. 하나님은 예수를 믿는 모든 사람들이 성령 안에서 독립하는 훈련을 하여 하나님을 닮은 사람이 되기를 원하십니다. 의지할 것이 없는 광야에서 하나님만 바라보면서 홀로서도록 훈련하시는 것입니다. 하나님 안에서 독립하도록 하신다는 말입니다.

사람이 늙어 가면 갈수록 혼자가 되는 것입니다. 친구들도 앞서거니 뒤서거니 하면서 세상을 떠납니다. 부부도 앞서거니 뒤서거니 하면서 떠나 혼자가 됩니다. 자꾸 "스스로 있는 자" 홀로서는 자가 되어가는 것입니다. 그래서 하나님은 사랑하는 성도들을 광야로 불러내어 독립훈련 "스스로 있는 자" 홀로서는 훈련을 시키시는 것입니다. 이는 세상 연구에서 밝혀진 것입니다. 65세 이상 노인들은 삶의 질을 결정하는 핵심 요인으로 일상 활동에서의 원활한 독립적으로 수행하며 스스로가 느끼는 주관적 건강상태를 가장 중요한 요소로 꼽는 것으로 나타났다고 합니다. "스스로 있는 자"로 독립할 수 있는 분들이 건강하게 장수한다는 것입니다.

전홍준 건국대병원 정신건강의학과 교수 연구팀은 질병관리본

부의 국민건강영양조사 자료를 활용해 65세 이상 노인 4,317명을 대상으로 조사한 결과 이같은 결론을 도출했다고 2023년 9월 11일 밝혔습니다. 연구팀은 건강과 관련된 삶의 질을 평가하는 평가도구 'EQ-5D'를 사용했습니다. 이 평가도구는 운동, 자기관리, 일상 활동, 통증과 불편 감, 우울과 불안 등 5가지 요소로 구성됐다고 합니다. 연구팀은 EQ-5D의 각 요소를 네트워크 분석방식으로 분석했습니다. 그 결과 노인의 삶의 질을 평가하는 가장 핵심 요소는 **"일상 활동의 독립적 수행"**으로 꼽혔습니다. 네트워크 분석은 각 요소를 '노드'라고 정한 뒤 노드들 간의 연결망에서 어떤 요소가 가장 중심 되는 요인인지를 평가하는 방식입니다. 분석 결과 일상 활동이 가장 중심성이 높은 노드로 나타났습니다.

연구팀이 각 노드들 간의 연결 상태를 분석한 결과 삶의 질에 영향을 미치는 다양한 외부 요인 중 **'스스로가 느끼는 주관적 건강상태'**가 가장 큰 영향력을 미치는 것으로 나타났다고 합니다. 자신의 건강상태에 대한 스스로의 평가가 고혈압이나 당뇨 등 만성질환의 수, 경제적 수준, 교육 수준, 음주나 흡연, 운동, 스트레스 등보다 삶의 질에 더 큰 영향을 미친다는 것입니다.

전 교수는 **"이번 연구 결과는 노인의 삶의 다른 요소들이 일상 활동의 독립적 수행이 얼마나 원활한가에 영향을 많이 받는다는 것을 의미한다."**며 **"노인이 일상생활을 스스로 수행할 수 있도록 돕는 것이 전체적인 삶의 질을 향상시키는 가장 효율적인 방법이라는 점을 시사한다."**고 설명했습니다. 연구 결과는 국제학술지 '영국왕립정신의학회지' 2023년 8월호에 게재됐습니다.

이를 세부적으로 분리하여 설명하면 이렇습니다. 나이가 많을 수록 다른 사람의 권면이나 도움이 없이 "스스로 있는 자"로 독립하며 자기관리를 할 수 있어야 건강하게 살아갈 수가 있다는 것입니다. 스스로 걸어 다니면서 운동을 해야 건강하게 지낼 수가 있습니다. 어떤 사람들을 보면 혼자서는 밖에도 나가지 못하는 사람이 있습니다. 이런 유형의 사람들은 빨리 혼자서도 밖에 나가서 걸으면서 지내는 훈련을 해야 건강하게 독립할 수가 있다는 것입니다. 이는 누가 알려주어서가 아니라 자기 자신 스스로 깨닫고 행동하려고 해야 합니다. 어려서부터 스스로 자기관리하며 독립하는 것이 무엇보다도 중요합니다. 어떤 분들은 사지가 멀쩡하고 걸어 다니는데 아무런 문제가 없는데 병원이나 시장이나 미장원이나 목욕탕에 가려면 꼭 보호자를 대동하고 가야 마음이 놓이는 분들이 있습니다. 지금부터라도 혼자 다니면서 해결하는 습관을 길러야 생활면에서 독립하고 건강하게 장수할 수가 있습니다.

"일상 활동의 독립적 수행"이 되지 않는 분들이 어떻게 자신의 건강상태에 대한 스스로 평가할 수가 있겠습니까? 자신의 건강은 자신이 책임을 져야 합니다. 누구도 자기 건강을 책임져 줄 수가 없는 것입니다. 자신이 자신의 건강상태를 알고 스스로 돌보아야 합니다. "하늘은 스스로 돕는 자를 돕는다."고 했습니다. 자기가 "스스로 있는 자"가 되려고 해야 홀로서서 건강하게 지낼 수가 있다는 것입니다. 자신이 스스로 있는 자가 되려고 하지 않으면 하나님도 주변 사람들도 어찌할 수가 없는 것입니다. 필자는 65세 이상 된 분들이 일을 하면 이제 그만 쉬세요. 하는 자녀들이 있는데, 이는 그만 사세요. 재산 상속하고 그만 죽으세요. 하는 말과 같다고 생각합니다. 일을 스스로 계속 할 수 있도록 응원하고 용기를 드리고 도와야 합니다. 그래야 그분이 "스스로 있는 자"가 되어 건강하게 삶을 살아갈 수가 있는 것입니다. 매사를 스스로 하는 습관을 들여야 합니다. 어떤 사람들은 자신이 충분하게 할 수 있는 일인데 주변 다른 약한 사람에게 시키면서 잘못하면 소리를 지르고 질책을 하면서 괴롭히는 사람이 있습니다. 이런 사람은 어떤 일을 당한 다면 스스로 할 수 없는 사람이 됩니다. 다시 말해서 시키기는 잘하는데 스스로 하지는 못한다는 것입니다. 필자가 군대에 있을 때 보면 시키기는 잘하는데 스스로 일을 할 수가 없으니 전역해도 반건달이 되어 주변사람에게 덕이 되지 못하고 피해만 끼치면서 건강하지 못하니 잠만 되어 살아가는 분들이 됩니다. 스스로 일을 잘하는 사람을 "맥가이버" 라고 합니다. "어디서든 무엇이든 척척 해내는" 사람이 되어야 세상을 살아갈 수가 있습니다. 자신이 할 수 있는 일은 자신이 스스로 하는 습관이 중요합니다. 이는 어려서부터 습관이 되어야 합니다.

하나님을 반역한 마귀 같은 자들은 이와는 정반대로 남들이 나에게 최선을 다하여야만 자신도 남들에게 그럴 수 있다고 요구할 뿐, 하나님처럼 먼저 솔선수범해 보이지 않습니다. 즉 '스스로 있는 자'가 되려 하지 않고 '남들이 잘해 주어여만 자신도 남들에게 잘할 수 있다.'고 합니다. 하나님(예수님)처럼 자기 자신이 먼저 '스스로 있는 자'가 되어야 합니다. 어느 누구로부터 먼저 칙사 대접받아야만 자신도 그 같은 칙사 대접으로 가족들과 이웃들과 나라 국민들을 대접하겠다는 속임수를 버리고, 다만 하나님을 믿는 믿음으로 자신이 솔선수범하여 '스스로 있는 자'가 되어야 합니다. 즉 자기 자신이 먼저 하나님의 자녀로 대접을 받았으니 마땅히 자기 자신도 하나님과 이웃들을 대접하는 일로 보답하여야 합니다.

중년이나 노년에 혼자 된 남성은 불쌍합니다. 필자가 홀아비가 되어보니 절실하게 느낍니다. 뭐 하나 스스로 할 수 있는 것이 별로 없었기 때문입니다. 밥하고 빨래하고 청소하는 것까지는 그렇다고 칩시다. 자신의 옷가지 하나 제대로 챙겨 입을 줄 모르는 사람도 숱할 것입니다. 그러니 혼자되는 것을 견딜 수 없습니다. 아직 아이들이 어린 경우 그들을 뒷바라지하는 일도 막막하고, 아이들이 이미 출가했더라도 아들·며느리를 계속 불러들일 수 없는 노릇입니다. 홀로 된 남성이 삶의 새 희망을 찾기는 커녕 기력마저 찾기 어려운 처지에 빠지는 것은 순식간의 일입니다.

자~ 지금부터 살림살이를 아내에게만 맡기지 말자는 것입니다. 청소와 설거지 돕는 일부터 시작해 하나하나 익혀 가면 됩니다. 특히 전기밥솥·인덕션·김치냉장고·전자레인지·진공청소기·세탁기 등 가전제품의 작동법을 배워 두면 유용합니다. 위성방송 시대에 TV 채널마저 제대로 돌리지 못하는 중년 남성이 있다하니 무엇부터 먼저 숙달할지 본인이 결정해야 합니다.

인터넷 쇼핑을 하고, 밥을 짓고 간단한 반찬을 장만하는 방법을 젊어서 배우자는 것입니다. 요즘 반찬 가게에 가면 김치·젓갈·국은 물론 온갖 포장된 반찬을 사다 먹을 수가 있습니다. 찌개도 물을 부어 끓인 다음 함께 포장된 양념을 털어 넣으면 되도록 상품화돼 있으니 굳이 요리법까지 익힐 필요는 없을 것입니다. 밥도 컵밥이 있습니다. 이 정도가 되면 다음은 본인의 취미와 능력에 따라 아내 이상의 수준으로 높일 수 있습니다. 빨래 등 다른 집안 일도 그렇게 익혀 가야 합니다. 공과금 내는 것도 스스로 해볼 필요가 있습니다. 요즘은 온라인 뱅킹이 자리 잡은 만큼 한두 번만 해 보면 다음부터는 무난하게 일을 처리할 수 있습니다.

물론 이는 "스스로 있는 자"가 되고 홀로서기의 방편입니다. 그러나 아내가 옆에 있더라도 이를 배우고 익혀 솔선수범해 보라는 것입니다. 당장 부부 금실부터 달라질 것입니다. 우선 아내가 외출해 늦거나 여행을 가고 없어도 두렵지 않습니다. 아내는 그런 남편에게 얼마나 잘하겠습니까? 아내와 남편의 역할을 놓고 이해를 나누다 보면 이런 이점도 있습니다. 지금 좋고, 나중에도 편리하고…. 남녀 공히 생리적인 문제를 스스로 해결할 수 있는 방도를 찾으라는 것입니다. 남자나 여자나 모두 생리적인 문제로 인하여 질병(우울증·전립선문제)이 발생하기도 하기 때문입니다.

노년에 준비해둔 재산도 없고 건강하지도 못하면 가족에게 버림받고 쓸쓸한 노후를 보낼 수 있다는 생각을 해야 합니다. 돈이 있어야 '스스로 있는 자'로 홀로서기를 할 수가 있습니다. 전통적 효의 가치관을 굳게 믿고 준비하지 않거나 정부의 노인복지대책만 믿고 있다가는 노인거지가 되기 십상입니다. 30~50대에 어떻게 준비할 것인가에 대한 해답은 바로 여기에 있습니다. 노후를 '스스로 있는 자'로 보낼 수 있는 재산을 만들어야 하는 것입니다.

돈을 버는 일은 중년의 생애에서 대단히 중요합니다. 재정적 독립은 중년 이후 자존심의 원천이며 사회 구성원들 사이에서 인정받는 것은 물론 좋은 관계를 형성해 나갈 수 있는 기본이 됩니다. '스스로 있는 자'로 홀로 서며 살기를 위해 가장 먼저 필요한 것은 노후 생활자금 마련입니다. 최근 많은 사람이 금융기관의 연금신탁이나 보험에 가입해 은퇴 이후를 대비합니다. 주택연금이라는 것도 생각해볼 수가 있습니다. 자녀들이 노후를 책임져줄 수가 없습니다. 다들 자기 살아가기가 버겁기 때문입니다.

요즈음 자녀들이 부모를 대상으로 상속 소송했다는 말도 매스컴에서 종종 들립니다. 노후 생활하기가 버거우므로 좀 더 여유가 있을 때 안정적 재테크를 통해 자산을 관리하는 것이 적극적인 노후 준비가 될 것입니다. 자산의 증식에 지나친 관심을 갖다 보면 가장 중요한 자신의 건강과 안정적 자산관리를 소홀히 해 회복 불능의 상태로 비참한 노후를 맞을 수 있기 때문입니다.

필자는 장남입니다. 그래서 아버님이 중병에 걸려서 초등학교 3학년 때부터 아버지 병수발을 했습니다. 지긋지긋하게 가난하여 밥을 굶는 것을 먹는 것과 같이 살았습니다. 지금 생각하면 왜 산골인 외가 옆에 집을 지어 살았는지 이해가 되지 않습니다. 도시에서 터를 잡았더라면 필자가 여러 일을 해서라도 그렇게 굶으면서 살지는 않았을 것입니다. 필자의 어머니는 부자 집 큰딸이라 돈을 쓸 줄만 알았지 벌 줄을 모르는 분이었습니다. 필자가 자연스럽게 집안의 모든 잔심부름을 하면서 자랐습니다. 면사무소에 구호양곡을 타러 다니고, 보건소에서 주는 약을 타러 ○○이라는 곳에서 삼례까지 갔습니다. 차비도 주지 않고 갔다가 오라고 하니, 그냥 순종하고 공차를 타고 갔습니다. 한번은 공차를 타고 오다가 차장에게 걸려서 중간 역전에서 내려서 역원에게 벌을 받고 청소를 해주고 풀려나서 기차가 없어서 집까지 50리(20KM)를 걸어서 밤 11시가 넘어서 집에 왔습니다. 아버지가 저를 붙들고 미안하다고 하시면서 우셨습니다. 아버지께 괜찮다고 했습니다.

필자는 이렇게 어렸을 때부터 독립훈련을 많이 받았습니다. 아버지가 돌아가시고 17살에 가장이 되었습니다. 학교를 다니면서 틈틈이 일해서 식구들을 먹여 살려야 했습니다. 지금 와서 생각하니 하나님께서 어려서부터 "스스로 있는 자" 즉, 독립하는 훈련을 시키셨다는 것입니다. 그래서 지금 독립하며 잘 지내고 있는 것입니다. 독립심은 어려서부터 길러야 한다는 것입니다. 아이들은 시간이 흐름에 따라 무엇인가를 스스로 해결하고자 하는 독립심을 갖게 됩니다. 그런데 부모의 통제적인 양육 방식은 아이들의 독립심 향상에 장애물이 되며, 처음에는 스스로 하려고 시도하던 아이들도 점차 부모가 대신 해주는 것에 익숙해질 수 있습니다.

그리고 이런 아이들은 성인이 되어서도 독립심이 부족하고 부모에게 의존적일 가능성이 큽니다. 때문에 지금부터 올바른 초등교육으로 아이들이 독립심을 기를 수 있도록 도움을 줘야 합니다. 아이들의 독립심을 기르기 위해서 이렇게 해보시기를 바랍니다.

칭찬은 아이의 독립심을 높이는 대표적인 초등교육 방법입니다. 아이가 성장해가며 본격적인 단체생활이 시작되고 공부에 대한 학습이 시작되면서 부모는 칭찬에 인색해지기 쉬운데요, 부모에게서 칭찬을 받은 아이는 스스로의 행동과 결과에 대해 자신감을 갖고 비슷한 상황이 다시 찾아왔을 때 스스로 해결할 수 있는 힘을 지니게 됩니다. 따라서 평소 다른 아이와 비교하기보다는 아이의 행동이나 생각 자체를 칭찬해줄 필요가 있습니다.

아이는 모든 것에 대해 기준이 명확하지 않기 때문에 과자 하나를 사더라도 어떤 것을 고를 지 한참 고민하는 경우가 많은데요. 답답한 마음에 그냥 아무거나 먹으라고 하거나 부모가 직접 과자를 고르는 행동은 아이의 독립심 향상에 방해가 될 수 있습니다. 때문에 작은 것부터 스스로 기준을 세워 선택할 수 있는 권한을 주는 초등교육 훈련이 필요하며, 자신의 선택에 대한 책임 또한 자신에게 있다는 것을 알게 할 필요가 있습니다.

자녀에게 스스로 할 수 있는 작은 임무를 주라는 것입니다. 집안 일을 같이하는 등 아이에게 작은 임무를 주는 것은 아이의 독립심을 키우는 데 큰 도움이 초등교육 방법입니다. 간단한 빨랫감을 함께 개거나 밥상을 차릴 때 아이가 반찬을 옮기고 수저를 놓는 것을 스스로 하게 두는 것도 좋은 방법이 될 수 있습니다.

부모가 명령형으로 말하면 아이는 위압감을 갖게 될 수 있습니다. 아이가 스스로 행동을 하다가 실수를 한다면 "그렇게 하면 안돼. 이렇게 해야지."라고 말하기보다 "잘했는데, 이렇게 하면 더 좋을 것 같아."라고 표현해주세요. 권유하는 표현을 사용하면 아이의 자존감을 낮추지 않고 자연스럽게 독립심을 키울 수 있답니다. 독립심을 키워준다고 무조건 방치하는 것은 올바른 초등교육법이 아닙니다. 독립심을 올바르게 키워주기 위해서는 아이가 어떤 행동을 하고 있을 때 부모가 한 발짝 물러나 지켜 봐주다가 도움이 필요하다 싶으면 다가서서 도와주는 것이 좋습니다. 이런 과정이 반복되면서 아이는 부모에 대한 믿음이 생기고 동시에 독립심도 키울 수 있습니다.

이와 같은 독립심은 어려서부터 길러야 합니다. 미국은 갓 태어난 아기를 아기방 아기침대에서 따로 재우는 것을 당연하게 여겨 왔습니다. 어린 아이들을 따로 재우는 이유는 아이의 독립심을 기르기 위해서라고 합니다. 미국에서는 학교도 아이들에게 혼자 힘으로 연습할 수 있는 기회를 수없이 제공합니다. 미국 학교의 학예회나 작품전시회에 가보면 우리 눈에는 너무나 장난 같은 작품들이 버젓이 발표되는 것도 이 때문입니다. 이 시기는 결과보다 과정을 배우는 시기이기 때문에 어른의 도움이 들어가 완성도가 높아진 작품보다는 아이들의 수준에서 서투른 노력이 엿보이는 작품들이 더 당당하게 여겨집니다.

우리 부모들도 아이에게 독립심을 길러 주길 원합니다. 그러나 과정이 중요한 때조차도 결과에 집착합니다. 과외에 바쁜 아이들을 위해 부모가 인터넷을 뒤지며 숙제를 해주고, 심지어 봉사활동도 대신 해줍니다. 초등학생들의 과제물은 부모님들의 실력겨루기 경연이 된지 이미 오래입니다. 이렇게 혼자 힘으로 연습하는 과정을 거치지 않고 자라난 아이들이 갑자기 독립하기란 쉽지 않습니다. 러시아의 심리학자 비고스키는 교육에서 부모의 역할을 강조했습니다. 비고스키에 따르면 아이들이 혼자서는 문제를 해결하지는 못하지만 거의 해결하기 일보 직전까지 와 있을 때가 있습니다. 이때 부모가 약간의 힌트만을 주면 아이는 문제를 해결할수 있고 다음에는 혼자서도 문제해결이 가능해진다고 합니다. 이때 아이가 도약할 수 있도록 발판을 만들어 주는 것이 어른의 역할입니다. 아이를 대신하여 요리를 해주기보다 마지막의 한 방울로 아이의 요리를 완성시키는 참기름과 같은 존재가 부모의 역할이 아닐까요? 독립심을 길러주려면 스스로 생각하고 배우며 행동하도록 도와만 주어야 합니다. 과보호는 나약하고 의존적인 인간을 만듭니다. 아이들을 지나치게 사랑한 나머지 아이들이 원하는 것이 있으면 무엇이든지 충족시켜 주고 있습니다. 이미 기성세대들은 경제적으로 궁핍했던 시절 이였기에 풍족함이 그때는 자신감의 표상이요, 꿈을 꿀 수 있는 재료이기도 했었습니다.

또는 아이들을 보호한다는 구실로 아이들의 행동을 일일이 간섭하고 통제를 하게 됩니다. 의존적 성격은 결코 선천적이 아니며 어린 시절에 어떤 교육을 받았느냐에 따라서 결정된다고 합니다. 아이들은 4-5살 때에 독립심이 왕성하게 싹트기 시작한다고 합니다. 물론 이때의 독립심은 혼자 살 수 있는 것을 의미하는 것이 아니고, 부모에게 의존해야 할 수 있었던 일들 즉, 일어나 걷기부터… 혼자서 밥 먹기… 대소변 가리기… 옷 입기 등등을 스스로 해보는 것을 의미합니다. 이때는 잘하는 것이 목적이 아니기 때문에 자녀가 스스로 하도록 기회를 주는 것입니다. 그리고 혼자 해냈다는 경험이 중요하므로 잘못했다고 야단치거나 똑바로 하라고 충고는 하지 말아야 도전에 대한 두려움이 생기지 않습니다. 아이들은 어려운 일을 혼자 해냈을 때 자신감이 생기고 독립심이 크게 강화되는 것입니다. 누구나 넘어지면서 일어서는 법을 배우고 다치면서 조심하는 법을 배우는 과정을 거치면서 육체적으로나 정신적으로 건전하게 성장할 수 있습니다. 이밖에 더 상세한 것은 **"홀로서기 예수님과 동행하며"** 책을 참고하시기를 바랍니다.

5장 자기관리 하는 자를 축복하는 하나님

(단 1:8-11)"다니엘은 뜻을 정하여 왕의 음식과 그가 마시는 포도주로 자기를 더럽히지 아니하리라 하고 자기를 더럽히지 아니하도록 환관장에게 구하니 (9) 하나님이 다니엘로 하여금 환관장에게 은혜와 긍휼을 얻게 하신지라 (10) 환관장이 다니엘에게 이르되 내가 내 주 왕을 두려워하노라 그가 너희 먹을 것과 너희 마실 것을 지정하셨거늘 너희의 얼굴이 초췌하여 같은 또래의 소년들만 못한 것을 그가 보게 할 것이 무엇이냐 그렇게 되면 너희 때문에 내 머리가 왕 앞에서 위태롭게 되리라 하니라 (11) 환관장이 다니엘과 하나냐와 미사엘과 아사랴를 감독하게 한 자에게 다니엘이 말하되"

하나님께서는 자기관리를 잘하는 사람을 축복하십니다. "노하기를 더디하는 자는 용사보다 낫고 자기의 마음을 다스리는 자는 성을 빼앗는 자보다 나으니라"(잠16:32). 기독교는 하나님께서 친히 재정하신 생명의 종교입니다. 마음의 종교라고 하기도 합니다. 축복은 마음에 달려있습니다. '성령 충만'은 '마음 관리를 잘하는 것'이라고 해도 과언은 아닙니다. 성령 충만하면 위기의 순간에 예수님께서 놀라운 5차원의 지혜를 주시고 위기를 기회로 만들 수 있습니다. 마음 관리를 잘하려면 내가 희생해야 합니다. 자기 자신이 죽어 없어져야 합니다. 자기 십자가를 지고 주님을 따라가야 합니다. 십자가를 남에게 지우고 남을 희생시키려 하지 말아야 합니다. 억지로 십자가를 지우면 부작용이 생기게 됩니다. 내 몫의 십자가를 지십시오. 차라리 내가 십자가를 지고 가는 것이 낫습니다. 지고 가기 힘들면 끌고 가면 됩니다. 주님 주시는 평강을 얻기를 기도합니다. 오늘도 성령 충만하여 마음 관리를 잘하시고 자기 십자가를 지고 주님의 뒤를 따라가시는 복된 나날이 되시기를 기도하며 축복합니다.

인간의 행복 중 하나는 좋은 친구를 만나는데 있습니다. 사람은 "한 사람의 진실한 벗은 천명의 적이 우리를 불행하게 만드는 그 힘 이상으로 우리를 행복하게 만듭니다. 고통스러운 인생에서 좋은 친구를 만나게 하시고 아름다운 우정을 나눌 수 있는 것은 아주 귀중한 하나님의 선물입니다. 지금 여러분들 곁에 손으로 셀 수 있는 보화와 같은 친구가 얼마나 있습니까?

조건 없이 함께 있어줄 수 있고 마음을 나누고 서로 위로해 주고 격려해 줄 수 있는 친구가 얼마나 있습니까? 예수께서 우리를 친구로 삼으시겠다고 하는데 친구로 삼기 전에는 귀신의 종이었습니다. 그런데 종과 친구의 차이를 말씀하십니다. 종은 주인이 무엇을 하는지 알지 못하지만 친구는 그것을 압니다. 예수께서 하나님으로부터 들은 모든 것을 알려 주었다고 합니다.

그래서 하나님에 대해 바로 알기 전에는 종이었지만 이제 다 알게 되었으므로 친구라는 것입니다. 다시 말해서 친구란 하나님에 대해 잘 아는 사람이라는 것입니다. 하나님을 믿는 수준이 있고 하나님을 아는 수준이 있는데 믿는 수준을 종이라 하고 아는 수준을 친구라 할 수 있습니다. 믿는 수준에만 머물러 있는 사람은 친구가 될 수 없습니다. 우리가 아직 하나님을 온전히 알지 못합니다.

그러면 우리는 아직 하나님의 친구가 아닙니다. 하지만 믿는 수준을 넘어 아는 수준으로 가겠다고 결심한 사람은 하나님의 친구입니다. 바벨론 연합군이 유다를 침범하여 주전 597년에 1만 명이 포로로 끌려 왔는데 거기에는 다니엘과 사드락과 메삭과 아벳느고가 있었습니다. 왕족과 귀족과 흠이 없고 아름다우며 지식과 학문에 통달하였습니다. 이들은 바벨론 왕궁에서 3년 동안 최상의 대우를 받으며 최상의 교육을 받고 바벨론의 고급 관리가 되는 꿈같은 상황에서 하나님 앞에서 뜻을 세웠습니다. 오늘 이장에서 다니엘과 세 친구들과 같은 귀한 친구들이 함께 하는 은혜가 책을 읽는 모두에게 임하시기를 축원 드립니다.

1. 자신을 더럽히지 않기로 뜻을 정한 친구입니다. 자기관리를 잘했다는 것입니다. 하나님께서 원하시는 자기관리를 했다는 것입니다. 본문 8절 "다니엘은 뜻을 정하여 왕의 음식과 그가 마시는 포도주로 자기를 더럽히지 아니하리라 하고 자기를 더럽히지 아니하도록 환관장에게 구하니" 당시 이방에 살던 충실한 유대인의 어려움은 율법에 금지된 부정한 음식과 우상에게 바친 음식을 먹는 문제였습니다. 다니엘과 세 친구들은 부정한 음식으로 자신을 더럽히지 않기로 단호하게 생명을 걸고 결심했던 것입니다. '더럽히다'가 신적 모독을 의미합니다. 하나님께 전적인 신뢰와

순종을 결단한 것입니다.

왕의 음식들이 율법의 음식 규례(레11:2-8)에 어긋나는 피를 뿌려 잡은 고기이거나(신12:23-24), 부정한 동물의 고기(레11:10-12), 또는 우상에게 바쳤던 음식(호9:3,고전10:27-29)이었을 것으로 추측할 수 있습니다. 도저히 있을 수 없는 요구에 바벨론 환관장의 은혜와 긍휼을 얻게 하셨습니다.

환관장에게는 결코 허락할 수 없는 중대하고 위험한 일이었으나 오히려 환관장이 목숨을 걸고 다니엘과 세 친구들에게 그들의 뜻을 세울 수 있도록 기회를 주었던 것입니다.

기독교의 놀라운 축복과 비밀은 하나님이 사람을 통해 말씀하신다는 데 있습니다. 그러나 우리는 그것을 인간의 말로 치부하고 넘어갈 때가 많습니다. "오늘 왜 이렇게 설교 말씀이 기분 나쁜거야?" 하면서 넘어갈 때도 많습니다.

그러나 하나님이 사람을 통해서 하시는 말씀은 진짜 나에게 하시고 싶은 말씀의 만분의 일도 되지 않습니다. 그러므로 말씀을 들을 때 "아~ 내 믿음이 너무 부족하니까 하나님이 원래 하시려는 말씀을 많이 희석해서 전달하시는구나."라고 생각해야 합니다. 하나님을 경외하는 것은 내 귀에 들리는 말씀을 하나님의 말씀으로 인정하는 것입니다. 하나의 가설이나 제안으로 생각하고 넘겨버리는 것이 아니라 그 말씀을 절대적인 하나님의 음성으로 받고 말씀 앞에 내 생각의 흐름을 멈추어야 합니다.

내 생각은 초시계처럼 한 순간도 쉬지 않고 째깍째깍 진행되고 있습니다. 그러나 "이것은 진짜 하나님이 나에게 하시는 말씀이

다!"라는 생각이 드는 순간에 그 초시계를 멈추고 말씀에 집중해야 하며 그 말씀에 순종해 걸음을 옮겨야 합니다. 그럴 때 하나님의 역사가 나타나기 시작합니다. 하나님이 우리에게 원하시는 것은 완벽한 신앙이 아닙니다. 말씀을 듣고 잠깐 주춤하면서 조금만 방향을 틀어도 그분은 은혜를 주시고 형통케 하시며 영광을 경험하게 하십니다.

혼돈 속에서 딱 한 걸음을 옮겼을 때 "내가 너와 함께 하노라"라고 응답하시며 책임지십니다. 다니엘과 세 친구들이 아직 어리고 부족했어도 하나님의 말씀대로 살려고 뜻을 정하였을 때 하나님은 기뻐하시고 앞날이 형통하도록 은혜를 주셨습니다. 다니엘의 행동을 어른들이 보았을 때 너무 무모하고 철 없는 행동처럼 보였을 것이나 하나님은 너무 귀하게 보셨고 감동하였습니다. 오늘날 세상이 모두에게 너무 힘듭니다.

죽기 직전입니다. 모두가 피곤하고 지치고 바쁩니다. 어른들은 먹고 사는 문제가 큽니다. 노인들은 노후 문제가 심각합니다. 뜻이 없고 뜻을 세우기가 어렵습니다. 너무 급하고 힘들기에 뜻을 정하지 못합니다.

다니엘과 세 친구들도 바벨론 포로 생활이 만만치 않았을 것이고 목숨을 걸고 뜻을 정하기가 어려웠을 것입니다. 뜻을 정하지 아니하면 뜻 없는 생애가 됩니다. 우리 모두 어렵고 힘든 세상이지만 부모와 자녀들이 하나님 앞에서 뜻을 정하여 자신을 더럽히지 아니하는 정결한 삶과 신앙을 유지하는 성도들이 되시기를 축원 드립니다.

2. 뜻을 정한 친구를 더 좋아지게 하시는 하나님입니다. 자기 몸을 우상숭배의 음식으로 채우지 않기로 뜻을 세웠습니다. 왕의 진미를 먹지 않겠다고 각오를 단단하게 합니다. 본문 단1:14-15절 "그가 그들의 말을 따라 열흘 동안 시험하더니 열흘 후에 그들의 얼굴이 더욱 아름답고 살이 더욱 윤택하여 왕의 음식을 먹는 다른 소년들보다 더 좋아 보인지라" 환관장은 궁중의 술과 떡을 맡은 주방장과 같은 직임입니다. 다니엘과 세 친구들이 왕이 주는 음식과 포도주 대신에 채식과 물만 마시겠다는 제안을 환관장이 일단 거부했으나 다니엘은 체념하지 않고 열흘 동안 시험한 후에 결정하도록 하였습니다.

열흘 후에 다니엘과 세 친구들의 얼굴이 왕의 음식과 포도주를 마신 다른 바벨론 소년들보다 얼굴이 더욱 아름답고 살이 더욱 윤택하여 좋아보였습니다. 건강과 외모가 돋보이게 되었습니다. 신앙으로 뜻을 정하여 채식을 하면서도 마음에 안정을 가진 자의 얼굴이 육식을 하면서 불안을 품고 사는 자보다 더욱 건강하고 아름답다는 것이 확실히 증명이 되었습니다.

그것은 한 사람이 아닌 네 사람 모두에게 공통적으로 나타난 증거로 환관장은 부인할 수 없고 거절할 수 없었습니다. 일반 상식을 완전히 뒤덮은 경이로운 사건이었습니다. 감독관은 상관인 환관장에게 허락을 받았을 것이고 환관장은 왕의 허락을 받았을 것입니다.

여호와의 신앙을 고수하고 뜻을 정하여 자신을 더럽히지 않았던 다니엘과 세 친구들의 승리가 굳어졌습니다. 누구도 상상할 수 없었던 믿음의 승리였습니다. 하나님의 역사이며 승리인 것입니다. 이런 믿음과 체험적인 신앙이 있었던 소년들이었습니다. 믿음의 어른이며 대장부입니다.

10절에 "초췌하여"란 말과 극적인 대조를 이루는 말입니다. 다니엘과 세 친구들은 하나님의 은혜로 건강하고 안색이 좋았으므로 자신들의 신앙을 따라 왕의 진미를 먹지 않아도 되도록 허락되었습니다. 뜻을 정하는 일은 큰 대가를 치루는 일이지만 대가 이상의 열매와 결과를 얻게 됩니다.

어떤 뜻도 정하지 아니하고 어떤 대가도 지불하지 아니하면 아무 것도 없고 아무 것이 아닌 인생이 됩니다. 뜻을 정하여 자신을 더럽히지 아니한 다니엘과 세 친구들처럼 하나님께서 여러분의 가정과 자녀와 건강과 범사에 더욱 아름답고 윤택하여 더 좋아지는 은혜가 충만하시기를 축원 드립니다.

3. 뜻을 정한 친구들을 십 배나 뛰어나게 하시는 하나님이 십니다. 본문 20절 "왕이 그들에게 모든 일을 묻는 중에 그 지혜와 총명이 온 나라 박수와 술객보다 십 배나 나은 줄을 아니라" 하나님이 다니엘과 세 친구들에게 학문과 서적을 깨닫게 하시고 지혜를 주셨고 다니엘은 환상과 꿈을 깨달아 알게 하셨습니다.

3년간의 교육을 받은 후에 놀라운 지적성장이 있었습니다. 하나님의 은혜로 얻어진 것입니다. 교육을 끝낸 그들은 왕의 부름을 받고 비로소 느브갓네살왕을 배알한 것입니다. 왕은 교육받은 소년들에게 여러 가지 질문을 했는데 다니엘과 세 친구와 같은 지혜로운 소년들은 없었던 것입니다. 소년들 뿐만 아니라 온 나라 박수와 술객보다 십 배나 나았다고 하였습니다.

10은 만수임으로 이들의 지혜와 총명이 비교가 되지 않았던 것을 뜻합니다. 박수와 술객은 바벨론에 모든 학문과 지혜를 대표하는 관료계급을 일컫는 것입니다. 네 소년의 완전함과 탁월함을 뜻하는 말입니다. 다니엘의 재임 기간이 이스라엘의 바벨론 포로 기간과 동일한 70년간의 관료 재임 기간임을 말하고 있습니다.

다니엘의 비애와 기쁨이 이스라엘의 역사와 동일한 맥락에서 이해되며 하나님의 백성의 궁극적인 승리를 암시하고 있습니다. 하나님이 책임지시고 비교할 수 없이 뛰어나게 하심을 보여 주고 있습니다.

오늘 본문말씀은 나라를 잃고 포로로 잡혀간 한 청년이 하나님 앞에서 신앙을 결단하여 제국의 총리까지 오르는 성공적인 삶을 살았다는 신앙의 영웅 다니엘의 이야기입니다.

B.C. 605년, 바벨론의 느부갓네살 왕이 1차로 유다에 침입했을 때, 유다족속 중에서 귀족의 자녀들, 똑똑한 아이들을 포로로 잡아갔습니다. 다니엘은 남유다 왕국의 귀족 자손으로 느부갓네살 왕에게 발탁되어서 바벨론 왕국에서 3년 동안 교육을 받게 되었습니다. 다니엘은 자기 몸을 더럽히지 않기로 뜻을 정하였습니다. 다니엘은 자기 몸을 우상숭배의 음식으로 채우지 않기로 뜻을 세웠습니다. **뜻을 정한 다니엘은 복을 받았습니다. 무슨 복을 받았습니까?**

1. 하나님을 주인으로 모시는 사람이 되는 것입니다(8절). 본문 8절에 "다니엘은 뜻을 정하여 왕의 음식과 그가 마시는 포도주로 자기를 더럽히지 아니하도록 환관장에게 구하였"습니다. 하나님이 다니엘로 하여금 환관장에게 은혜와 긍휼을 얻게 하였습니다. 먹고 사는 문제가 아니라 하나님을 주인으로 잘 섬기느냐하는 신앙문제입니다.

우리는 먹는 문제가 가지고 마귀가 많이 유혹합니다. 그러나 마귀에게 선포해야 합니다. 나는 하나님을 잘 섬기는 사람이라고 선포해야 합니다. 우리문제가 먹고 사는 문제인 것 같지만 하나님과 함께 하느냐하는 신앙문제이라는 것을 잊지 말아야 합니다.

하나님은 이 시대에 믿음의 사람을 찾고 있습니다. 우상숭배를 멀리하고 하나님의 말씀을 순종하는 믿음의 사람을 찾고 있습니다. 다니엘은 뜻을 정하여 마음에 결단하고, 그 당시에 왕이 우상에게 제사 지낸 음식들, 고기나 포도주를 먹으라고 하였지만 그는 그것을 먹지 않고 하나님의 말씀, 율법에 정한 음식을 먹기로 했습니다. 율법의 말씀, 레위기나 신명기를 보면 부정한 동물의 고기를 먹지 말라고 하였습니다. 또 고기를 피체 먹지 말고, 우상에게 바쳐졌던 음식도 부정하므로 먹지 말라고 하였습니다.

왕이 준 음식과 포도주는 다 우상에게 바쳐졌던 것이었습니다. 왕의 명령보다 하나님의 말씀을 지키기로 결단한 다니엘은 환관장에게 열흘 동안 시험을 해서 왕이 내려준 우상을 숭배했던 음식을 먹는 사람들과 하나님의 말씀에 의해 채식과 물만 먹은 자신을 비교해서 법대로 처분해달라고 하였습니다.

다니엘은 우상을 섬기지 않고 하나님을 주인으로 잘 섬기겠다고 뜻을 세웠습니다. 마태복음 6장 33절에 "그런즉 너희는 먼저 그의 나라와 그의 의를 구하라 그리하면 이 모든 것을 너희에게 더하시리라" 고린도전서 10장 31절에 "그런즉 너희가 먹든지 마시든지 무엇을 하든지 다 하나님의 영광을 위하여 하라" 고린도후서 5장 17절에 "그런즉 누구든지 그리스도안에 있으면 새로운 피조물이라 이전 것은 지나갔으니 보라 새것이 되었도다"

2. 얼굴이 빛나게 되었습니다(15절). 얼굴이 빛났다는 것은 성령이 충만했다는 말입니다. 본문 15절에 "열흘 후에 그들의 얼굴이 더욱 아름답고 살이 더욱 윤택하여 왕의 음식을 먹는 다른 소년들보다 더 좋아 보인지라" 우리의 얼굴이 빛나고 있습니까? 성령이 충만해 있습니까? 마음의 즐거움이 있습니까? 우리의 얼굴을 책임질 줄 알아야 합니다. 성령으로 충만하여 얼굴이 빛나야 전도할 수 있습니다. 얼굴이 빛나야 행복합니다. 얼굴이 빛나야 건강합니다. 성령으로 충만하여 얼굴이 빛나야 이방사람들에게 하나님의 살아계심을 증명하는 것입니다.

열왕기상 18장 21절 말씀에 엘리야 선지자는 이스라엘 백성들과 아합왕에게 "너희가 어느 때까지 두 사이에서 머뭇머뭇 하려느냐 여호와가 만일 하나님이면 그를 좇고 바알이 만일 하나님이면 그를 좇을지니라"고 하였습니다. 세상의 죄악과 우상 앞에서 하나님을 선택하지 못해서 갈팡질팡하는 사람들이 얼마나 많습니까? 먹는 것도, 마시는 것도, 무엇을 하든지 하나님의 영광을 위해서 하고, 직장에 다니는 것도, 공부를 하는 것도 하나님의 영광을 위해서 해야 합니다. 우리 삶의 목적과 가치관이 무엇입니까? 하나님의 영광입니다. 하나님을 경외하고 악을 떠나면 됩니다. 하나님과 사람에게 사랑받고 지혜가 그 위에 충만해야 합니다. 성결하고 거룩해야 합니다.

마가복음 5장에 보면 영어로 "wonderful miracle"(원더풀 미라클) 사건이 나옵니다. 12년이나 혈루병으로 앓던 여인이 '무리 가운데 섞여' 있었습니다. 많은 무리가 예수님의 소문을 듣고 가까이에 접근했습니다. 하지만 정작 위대한 기적은 예수님의 옷자락에 '접촉'했던 한 여인에게서 나타났습니다.

우리는 수많은 무리 가운데 한 사람으로 살 수도 있고, 그 무리 가운데 예수님의 옷자락을 붙잡는 접촉의 주인공으로 살 수도 있습니다. 우리의 삶이 예수님의 소문을 듣고 다가온 무리 가운데 사는 것도 기적이지만, 이왕이면 예수님의 옷자락을 붙잡는 "wonderful miracle"(원더풀 미라클)의 주인공이 되었으면 좋겠습니다. '접촉'은 내가 예수님을 아는 것이 아니라, 예수님에게서 능력이 나간 것을 예수님이 아시는 믿음의 인정입니다. 뭔가 좀 특별한 삶이죠! "누가 나를 만졌구나! 내 능력이 나갔다!" 그냥 무리 속에 있지 않고 예수님과 접촉하며 기적을 맛보는 사람이 된다는 것입니다. 접근하느냐? 접촉하느냐?에 따라 인생이 달라집니다. 운명이 달라집니다. 삶의 목적이 달라집니다. 한나가 하나님께 기도하여 응원 받고 하는 것은 "당신의 여종이 당신께 은혜 입기를 원하나이다 하고 가서 먹고 얼굴에 다시는 근심 빛이 없더라"

스데반 집사가 은혜와 권능이 충만하여 큰 기사와 표적을 민간에게 행하고 공회 중에 앉은 사람들에게 스데반집사의 얼굴이 천사의 얼굴과 같았습니다. 그 얼굴이 해 같이 빛납니다. 5차원의 성령으로 충만했다는 것입니다.

3. 모든 환상과 꿈을 깨달아 알았습니다(17절). 본문 17절에 "하나님이 이 네 소년에게 학문을 주시고 모든 서적을 깨닫게 하시고 지혜를 주셨으니 다니엘은 또 모든 환상과 꿈을 깨달아 알더라" 다니엘과 세 친구에게는 모든 문학과 학문에 뛰어나도록 해주셨습니다. 다니엘에게는 환상과 꿈을 해석하는 특별한 능력을 주셨습니다. 다니엘은 다리오 왕과 페르시아 사람 고레스 왕이 다스리는 동안 평안히 살았습니다.

다니엘은 형통하였습니다. 다니엘은 왕이 바뀌었는데 국무총리가 되었습니다. 바벨론 포로시대에 우상숭배하고 있을 때 하나님만 섬기는 믿음의 사람을 찾고 있듯이 이 시대에 하나님 앞에 나와 예배드리며 하나님의 뜻을 따라 분별하며 살아가는 사람을 찾고 있습니다.

로마서 12장 1-2절이었습니다. "너희 몸을 하나님이 기뻐하시는 산 제물로 드리라"고 했습니다. 우리 몸을 하나님이 기뻐하시는 산 제물로 드려야 합니다. 이 시대를 본받지 말고 마음을 새롭게 변화되어 하나님의 선하시고 기쁘신 하나님의 뜻을 분별하도록 하라고 했습니다.

믿음의 사람은 하나님을 기쁘게 하는 사람입니다. 믿음으로 하나님을 기쁘시게 하는 사람은 하나님이 살아 계신 것과 하나님께서 자기를 찾는 사람에게 상을 주시는 이심을 믿습니다. 하나님의 말씀과 왕의 명령 중 다니엘은 하나님의 명령, 하나님의 말씀을 선택했습니다. 하나님의 말씀대로 행하여 하나님을 잘 섬기기 위해 우상음식 먹지 않고 하나님께서 주시는 채식을 먹기로 결단을 내렸습니다. 그 결과로 그는 바벨론 왕국에서 3년간 교육을 받은 후에 하나님께서 함께 하시고 왕의 꿈을 해석하고 총리의 자리에 오르게 되었습니다. 바벨론 제국이 멸망하기까지 그는 총리로서 성공적이고 인정받는 지도자의 삶을 살았습니다.

요엘 2장 28절에 "그 후에 내가 내 영을 만민에게 부어 주리니 너희 자녀들이 장래 일을 말할 것이며 너희 늙은이는 꿈을 꾸며 너희 젊은이는 이상을 볼 것이며" 예레미야 17장 7-8절에 "그러나 무릇 여호와를 의지하며 여호와를 의뢰하는 그 사람은 복을 받을 것이라. 그는 물 가에 심어진 나무가 그 뿌리를 강변에 뻗치고 더위가 올지라도 두려워하지 아니하며 그 잎이 청청하며 가무는 해에도 걱정이 없고 결실이 그치지 아니함 같으리라"

빌립보서 4장 12절에 "나는 비천에 처할 줄로 알고 풍부에 처할 줄도 알아 모든 일 곧 배부름과 배고픔과 풍부와 궁핍에도 처할 줄 아는 일체의 비결을 배웠노라" 13절에 "내게 능력 주시는 자 안에서 내가 모든 것을 할 수 있느니라" 뜻을 정해야 마음이 평안합니다. 뜻을 정해야 갈등하지 않습니다. 뜻을 정하면 염려가 없어지는 것입니다. 절대로 우상숭배하지 않고 하나님만을 섬기겠다고 결심하십시오. 결단이 있어야 변화가 있습니다. 결단하십시오. 하나님의 나라와 의를 구하며 하나님의 영광을 나타나겠다는 뜻을 정하고 결단해야 합니다. 하나님께 뜻을 정한 사람은 자신을 더럽히지 않습니다. 시험과정을 통과합니다. 불평하기보다는 감사합니다. 염려하기보다는 기도합니다. 하나님께서는 뜻을 정한 다니엘과 세 친구에게 모든 학문과 재주에 명철하게 하셨습니다. 다니엘에게는 모든 이상과 몽조를 깨닫게 하셨습니다.

느부갓네살 왕은 그 지혜와 총명이 온나라 박수와 술객보다 십 배나 나은 줄을 압니다. 내가 다른 사람보다 십배의 지혜를 얻는다면 어떻까요? 내가 다른 사람보다 십배의 총명을 얻는다면 어떻까요? 내가 다른 사람보다 십배의 명철을 얻는다면 어떻까요? 하나님을 기뻐하는 사람이 되기를 뜻을 정하였습니다.

얼굴이 빛나는 사람이 되었습니다. 모든 환상과 꿈을 깨닫는 사람이 되었습니다. 뜻을 정하면 나도 살고 남도 삽니다. 뜻을 정하면 자기도 살고, 가정도 살고, 교회도 살고, 나라도 삽니다.

결론으로 감사함으로 일하고 믿음 생활을 하고 인생을 살면 하나님께서 십 배나 뛰어나게 하실 것입니다. 하나님은 못 하실 것이 없고 누구도 방해할 수 없습니다. 다니엘과 세 친구들처럼 뜻을 정하고 값을 치루며 하나님을 잘 섬겨서 몸과 얼굴과 삶이 아름답고 윤택하며 모든 사람들보다 열 배나 뛰어난 생애가 되시기를 축원 드립니다. 혼란하고 어두운 시대에 우리 모두 이 시대의 다니엘과 세 친구들이 되어 하나님을 주인으로 잘 섬기고 축복을 받는 모든 부모와 자녀와 다음 세대가 되시기를 축원 드립니다.

2부 신앙적인면의 자기관리

6장 예수님만을 주인으로 모셔야 한다.

(요11:40)"예수께서 이르시되 내 말이 네가 믿으면 하나님의 영광을 보리라 하지 아니하였느냐 하시니"

우리가 성도로서 자기관리를 하려면 예수님만을 주인으로 모셔야 합니다. 예수님을 믿으면, 예수님을 믿을 때 예수님이 달린 십자가에서 죽는 것입니다. 다시 사신 예수님으로 살아나는 것입니다. 성령으로 세례를 받으니 성령께서 자신의 상태를 지혜의 말씀으로 깨닫게 하시고 고치게 하십니다. 하나님의 자녀로 거듭나는 것입니다. 이 세상의 어떤 종교도 자기들이 믿는 신을 감히 아버지라고 부르는 종교는 없습니다. 그런데 우리는 하나님을 아버지라고 부를 뿐만 아니라, 심지어 아빠라고 부릅니다. 갈라디아서 4장 6절에 "너희가 아들이므로 하나님이 그 아들의 영을 우리 마음 가운데 보내사 아빠 아버지라고 부르게 하셨느니라"고 말씀하셨습니다.

어느 날 밤에 니고데모라는 사람이 예수님을 찾아왔습니다. 그는 율법에 정통한 바리새인이요, 유대의 최고 의결 기구인 산헤드린의 회원으로 막강한 권력을 가진 사람이었습니다. 요한복음 3장 2절에 보면 "그가 밤에 예수께 와서 이르되 랍비여 우리가 당신은 하나님께로부터 오신 선생인 줄 아나이다 하나님이 함께 하시지 아니하시면 당신이 행하시는 이 표적을 아무도 할 수 없음이니이다"고 말하고 있습니다. 그는 예수님의 표적을 보고 예수님이 하나님께로부터 오신 분임을 마음속에 깨달아 알았습니다. 하지만 니고데모는 성령으로 거듭나지 않았기 때문에 거듭남에 관한 예수님의 가르침을 이해할 수가 없었습니다. 요한복음 3장 3절로 4절에 보면 "예수께서 대답하여 이르시되 진실로 진실로 네게 이르노니 사람이 거듭나지 아니하면 하나님의 나라를 볼 수 없느니라 니고데모가 이르되 사람이 늙으면 어떻게 날 수 있사옵나이까 두 번째 모태에 들어갔다가 날 수 있사옵나이까"

예수님께서는 니고데모가 왜 찾아왔는지 알고 계셨습니다. 예수님이 "거듭나지 않으면 하나님의 나라를 볼 수 없다"라고 말씀하신 것을 보면 니고데모는 영생의 길을 묻기 위해 예수님을 찾아온 것입니다. 아담 이후 모든 사람이 길을 잃은 사람들입니다. 어디서 와서, 왜 살며, 어디로 가는지, 알지 못한 채 살고 있습니다. 죄로 인해 모든 사람이 하나님께로 가는 길을 잃어버리고 방황하고 있습니다. 그런데 예수님께서 오셔서 "내가 곧 길이요 진리요 생명이니 나로 말미암지 않고는 아버지께로 올 자가 없느니라(요 14:6)"고 말씀하셨습니다. 오직 예수님만이 아버지께로 가는 길인 것입니다.

물과 성령으로 거듭나라고 예수님이 말씀을 하셨는데, "예수께서 대답하시되 진실로 진실로 네게 이르노니 사람이 물과 성령으로 나지 아니하면 하나님 나라에 들어갈 수 없느니라 육으로 난 것은 육이요 영으로 난 것은 영이니"라고 요한복음 3장 5~6절에 말씀하고 있습니다. 인간은 자기 힘으로는 결코 거듭나지 못합니다. 나무에서 잘려 나와 죽은 나뭇가지에 아무리 물을 주고 비료를 주고 정성을 다해 가꾼다 해도, 죽은 가지가 다시 살아나지는 않습니다. 이와 마찬가지로, 하나님과 분리되어 영이 죽은 인간은 아무리 애써도 자기 힘으로는 살아날 수가 없습니다. 예수님을 믿고 성령으로 거듭나야 영원한 생명을 얻게 되는 것입니다.

영생으로 태어난다는 것은 우리가 신앙생활을 하는데 가장 똑똑히 기억하고 알아야 됩니다. 예수님께서 물과 성령으로 나지 않으면 하나님 나라에 들어갈 수가 없다고 하셨는데, 이것은 구약에 이미 예언된 것입니다. 에스겔 36장 25절로 26절에 "맑은 물을 너희에게 뿌려서 너희로 정결하게 하되 곧 너희 모든 더러운 것에서와 모든 우상 숭배에서 너희를 정결하게 할 것이며 또 새 영을 너희 속에 두고 새 마음을 너희에게 주되 너희 육신에서 굳은 마음을 제거하고 부드러운 마음을 줄 것이며"라고 했습니다. 이미 예언의 말씀을 거기에 주고 있습니다.

성령으로 난 사람이어야 된다는 것, 요한복음 3장 7절로 8절에 보면 "내가 네게 거듭나야 하겠다 하는 말을 놀랍게 여기지 말라 바람이 임의로 불매 네가 그 소리는 들어도 어디서 와서 어디로 가는지 알지 못하나니 성령으로 난 사람도 다 그러하니라"고 하셨습니다. 십자가에 달린 예수님을 믿음으로 영접할 때 구원을 받게 되는 것입니다. "모세가 광야에서 뱀을 든 것 같이 인자도 들려야 하리니 이는 그를 믿는 자마다 영생을 얻게 하려 하심이니라 하나님이 세상을 이처럼 사랑하사 독생자를 주셨으니 이는 그를 믿는 자마다 멸망하지 않고 영생을 얻게 하려 하심이라(요 3:14~16)"

기독교 신앙이라고 하는 것은 이론이 아니라 체험입니다. 예수 그리스도를 나의 구주로 모시고 난 다음에, 예수께서 나의 생애 속에 행하시는 여러 가지 역사를 체험하므로 말미암아 예수님은 살아 계신 하나님이시오, 우리의 구주가 되신다는 것을 더욱 확신하고 믿을 수 있게 되는 것입니다. 성경에 말하기를 '믿음만 있으면 기적이 나타난다'라고 기록하고 있습니다. 예수님께서 "네가 믿으면 하나님의 영광을 보리라."고 말씀하신 것입니다. 믿음으로 나아가면, 주님께서 기적을 행하셔서 병든 자를 고치시고 죽은 자도 살리시는 것입니다.

예수님을 믿고 죽고 다시 사신 예수님으로 살아가는 우리는 하나님의 복을 받아야 하고 건강해야 합니다. 하나님은 "그것은 얻는 자에게 생명이 되며 그의 온 육체의 건강이 됨이니라."(잠 4:22). "하나님은 하나님을 얻는 자는 온 육체의 건강이 됨이니라." 하십니다. 하나님의 뜻은 하나님의 자녀들이 온(영적-정신적-육체적) 육체가 건강하게 되는 것입니다. 우리가 예수님을 믿는 것은 자신이 온전하게 되기 위해서 예수님을 믿는 것입니다. 우리가 지금 "보물을 어떤 곳에 쌓을 까요"라는 교재를 가지고 주일날 설교를 합니다. 함축해서 설명한다면 "이는 자신이 보물인 예수님으로 충만하게 쌓이면 온전하게 된다는 것입니다." 여러분 우리가 예수님을 믿는 이유는 자신이 예수님으로 온전하게 되어서 하나님께서 제일 귀하게 여기는 보물로 살아가기 위해서입니다. 하나님께서 우리를 통해서 이 땅에 하나님의 나라를 건설하시기 때문입니다. 하나님은 예수를 믿는 성도 한 사람 한사람이 보물인 예수님으로 충만하게 채워져서 영적-정신적- 육체적으로 건강하게 살아가기를 원하십니다. 우리가 바르게 알아야 할 것은 하나님께서 역사하실 수 있는 사람은 성령으로 충만하여 하나님의 뜻과 일치된 마음과 몸과 정신을 가진 사람입니다. 마음과 몸과 정신이 하나님과 일치되어 있지 않으면 성령님이 역사하실 수 없습니다.

하나님께서는 일치된 몸과 마음과 정신을 가진 사람과 함께 이상세계를 실현하고자 하십니다. 하나님께서 바라시는 이상세계에 내가 마음과 몸과 정신을 일치시키면 성령하나님은 역사하십니다. 피곤치 않는 마음과 몸과 정신을 주십니다. 어떤 고난과 시련도 이겨낼 수 있는 힘과 용기와 지혜를 주십니다.

그래서 하나님은 구약성경에 보면 하나님의 사람들을 하나님의 방법으로 직접 일대일 훈련을 하셨습니다. 우리는 하나님께서 일대일로 직접 훈련하시는 영적인 원리를 성령으로 터득하여 온전하게 순종해야 하루라도 빨리 하나님께서 원하시는 수준에 도달할 수가 있는 것입니다. 먼저 믿음의 조상 아브라함의 경우를 살펴보겠습니다. 하나님은 우상공장 공장장이던 아버지 데라에게서 떨어져 나와 하나님께서 직접적인 방법으로 독립훈련을 시키십니다. "여호와께서 아브람에게 이르시되 너는 너의 고향과 친척과 아버지의 집을 떠나 내가 네게 보여 줄 땅으로 가라"(창 12:1). 말씀을 듣고 망설이지 않고 고향과 친척과 아버지의 집을 떠나 가나안으로 갑니다. 가나안에 흉년이 들어 함께 데리고 온 사람들은 모두 되돌아갔습니다. 아브라함은 자기 마음대로 애굽에 들어가 사라가 바로의 부인이 될 처지에 이르기도 합니다.

자식이 없어서 후사를 얻으려고 하갈을 첩으로 들였다가 이스마엘을 얻었지만 이일로 인하여 가정이 혼란을 겪게 됩니다. 이스마엘은 아브라함과 하갈의 아들로, 이슬람교에서 중요한 인물 중 하나입니다. 아브라함은 하나님의 말씀대로 순종하지 않고 인간적인 자신의 생각으로 일을 진행했다가 혹독한 고난을 겪게 됩니다. "아브람이 구십구 세 때에 여호와께서 아브람에게 나타나서 그에게 이르시되 나는 전능한 하나님이라 너는 내 앞에서 행하여 완전하라."(창 17:1). 이 말씀을 듣고 깨닫고 순종하여 100세에 이삭을 얻게 됩니다. 25년이란 세월동안 광야훈련을 통하여 하나님의 뜻을 바르게 깨닫게 됩니다. 하나님은 하나님의 사람을 일대 일로 훈련하여 독립하도록 하십니다.

이삭의 경우는 다릅니다. 하나님께서 모리아 땅에 있는 산에 가서 이삭을 번제로 드리려 할 때도 이삭은 애원하거나 살려달라고 바동거리지 않았습니다. 다만 이삭이 그 아버지 아브라함에게 한 질문은 "불과 나무는 보시거니와 번제물로 쓸 어린 양은 어디 있나이까?"(창 22:7) 하는 정도였습니다. 그가 평소에 본 것은 불과 나무로 어린 양을 드렸는데 이상한 점을 이삭이 그 아버지 아브라함에게 질문한 것이었습니다. 왜 오늘은 어린양이 없느냐는 것입니다. 아브라함이 이삭을 결박하여 나무위에 놓고 칼을 잡아 이삭 자신을 죽이려 할 때도 이삭은 잠잠하였습니다. 이삭은 이때 죽었다가 다시 살아난 것입니다. 성경은 "손을 내밀어 칼을 잡고 그 아들을 잡으려 하니 (11) 여호와의 사자가 하늘에서부터 그를 불러 이르시되 아브라함아 아브라함아 하시는지라 아브라함이 이르되 내가 여기 있나이다 하매 (12) 사자가 이르시되 그 아이에게 네 손을 대지 말라 그에게 아무 일도 하지 말라 네가 네 아들 네 독자까지도 내게 아끼지 아니하였으니 내가 이제야 네가 하나님을 경외하는 줄을 아노라."(창 22:10-12). 히브리서 11장 19절에서 이렇게 말씀하고 있습니다. "그가 하나님이 능히 이삭을 죽은 자 가운데서 다시 살리실 줄로 생각한지라 비유컨대 그를 죽은 자 가운데서 도로 받은 것이니라"(히11:19). 목숨이 죽는 순간에도 순종한 이삭은 하나님의 복을 받은 사람입니다(창 25:11). 무엇보다도 하나님의 뜻에 온전하게 순종하는 것이 중요합니다.

이삭의 아들인 야곱도 하나님께서 직접 일대일로 독립훈련을 시키십니다. 중요한 것은 아버지 이삭이 하나님의 마음에 합한 믿음의 사람 이였다는 것입니다. 그러나 하나님은 이삭에게 야곱을 두지 않으시고 직접 훈련을 시키셨다는 것입니다. 우리는 이를 바르게 깨달아야 합니다. 야곱은 형 에서에게 팥죽 한 그릇에 장자의 축복을 가로채고 에서를 피하여 외삼촌으로 집으로 피신하여 20년 동안 외삼촌으로부터 사기를 당하다가 때가 되어 하나님의 뜻에 따라 가나안으로 출발했으나 얍복강에 이르렀으나 형 에서가 무서워서 강을 건너지 못했습니다. 성경은 이렇게 설명하고 있습니다. "야곱은 홀로 남았더니 어떤 사람이 날이 새도록 야곱과 씨름하다가 (25) 자기가 야곱을 이기지 못함을 보고 그가 야곱의 허벅지 관절을 치매 야곱의 허벅지 관절이 그 사람과 씨름할 때에 어긋났더라 (26) 그가 이르되 날이 새려하니 나로 가게 하라 야곱이 이르되 당신이 내게 축복하지 아니하면 가게 하지 아니하겠나이다 (27) 그 사람이 그에게 이르되 네 이름이 무엇이냐 그가 이르되 야곱이니이다 (28) 그가 이르되 네 이름을 다시는 야곱이라 부를 것이 아니요 이스라엘이라 부를 것이니 이는 네가 하나님과 및 사람들과 겨루어 이겼음이니라."(창 32:24-28). 이에 얍복강을 건너 형 에서를 만나 화해하고 이스라엘로 하나님의 말씀에 순종하며 하나님의 축복 속에서 살아가게 됩니다.

이스라엘의 11번째 아들인 요셉도 하나님께서 일대일로 직접 독립훈련을 시키십니다. 아버지 이스라엘과 같이 살면 이스라엘의 심부름꾼 밖에 될 수가 없으니 요셉을 형들에게 시기를 당하게 하여 구덩이에 빠뜨려 죽게 하고 다시 살려 애굽의 보디발의 집에 종으로 팔려가 10년 동안 종살이를 하다가 보디발의 아내의 모함으로 감옥에 들어가 3년을 지내다가 바로왕의 꿈을 해석하여

줌으로 애굽의 총리가 되게 하여 이스라엘을 애굽으로 이주하여 430년을 지내다가 역사적인 출애굽을 하는 대 장정을 이루게 하셨습니다. 이렇게 하나님은 직접 불러내어 자기관리하며 독립훈련을 시키십니다. 모세나 다윗의 경우도 마찬가지입니다. 모두 마찬가지입니다. 하나님께서 광야로 몰아내신 다음에 하나님만 찾게 하여 하나님으로 충만하게 채워서 하나님의 뜻을 이루게 하셨습니다.

우리는 이러한 하나님의 뜻을 바르게 깨달아야 합니다. 하나님은 예수를 믿고 성령으로 거듭난 우리를 하나님의 방법으로 일대일로 훈련하시기를 원하십니다. 그렇기 때문에 바울은 "때가 오래 되었으므로 너희가 마땅히 선생이 되었을 터인데 너희가 다시 하나님의 말씀의 초보에 대하여 누구에게서 가르침을 받아야 할 처지이니 단단한 음식은 못 먹고 젖이나 먹어야 할 자가 되었도다 (13) 이는 젖을 먹는 자마다 어린 아이니 의의 말씀을 경험하지 못한 자요 (14) 단단한 음식은 장성한 자의 것이니 그들은 지각을 사용함으로 연단을 받아 선악을 분별하는 자들이니라"(히 5:12-14). 말씀하시는 것입니다.

성령으로 깨달아 성령의 인도를 받으며 성령하나님께서 일대일로 직접 훈련하시는 대로 순종해야 합니다. 그래야 자신의 영적-육체적-정신적인 문제들을 성령하나님께서 치유하시는 것입니다. 만약에 혈통에 흐르는 고질적인 고통들을 해결 받으려면 부모가 신앙생활을 잘해도 부모 밑에서 부모의 신앙지도를 받으면서 믿음생활을 한다면 혈통에 흐르는 문제가 치유되지 못할 수도 있다는 것입니다. 즉 예수님을 믿으면서도 온전하게 하나님의 축복 속에서 살아갈 수가 없다는 것입니다. 이를 이해하고 깨달아서 예수를 믿으면서도 부모와 동일한 고통을 당하면서 살아가지 말자는 취지에서 이글을 쓰는 것입니다. 필자가 그동안 치유사역을 하면서 임상적으로 체험한 바로는 예수를 믿으면서도 부모가 당하는 고통을 자녀가 그대로 당하면서 살아가는 경우를 수없이 많이 보았습니다. 이를 세상에서 숙주라고 합니다.

그런데 이분들이 모두 열심히 예수를 믿으면서 살아간다는 것입니다. 이유는 부모가 자신이 믿음 생활하던 방식대로 자녀들을 이끌고 주입식으로 세뇌하며 신앙생활을 시키기 때문입니다. 즉 유대인과 같은 인간적인 신앙생활을 하기 때문이라는 것입니다. 그래서 하나님은 이스라엘이나 요셉이나 모세나 다윗이나 모두 부모에게서 떨어져 나와서 하나님과 일대일로 훈련을 받게 하신 것입니다. 우리 성도님들도 이와 같이 부모님으로부터 떨어져 나와서 독립하며 바른 성령의 인도를 받아야 한다는 것입니다. 그럼 어떡해야 성령하나님의 직접적인 인도를 받으면서 하나님의 나라가 될 수 있겠습니까?

1. 예수로 죽고 예수로 살아야 합니다. 사도 바울은 로마서 6장 8절에서 "만일 우리가 그리스도와 함께 죽었으면 또한 그와 함께 살 줄을 믿노니"라고 말했습니다. 그리스도와 죽지 않았다면 그

리스도와 함께 살지 않는 사람입니다. '나는 죽고 예수로 사는' 것을 믿지 못한 채 10년, 20년 아무리 열심히 믿고 신앙생활해도 열매가 없습니다. 새 생명의 삶을 시작도 하지 않았기 때문입니다. 죄보다 무서운 것이 죽지 않은 자아입니다. 자아가 죽지 않은 채, 열심만 있으면 하나님의 일을 방해할 뿐입니다. '자기 소견에 옳은 대로'(삿 21:25) 하는 것이 죄입니다. 부부 싸움도 교회 분란도 다 자기가 옳다고 생각하기에 생기는 것입니다.

많은 그리스도인이 자아의 죽음을 이해하지 못한 채 애를 씁니다. 그것은 헛된 노력일 뿐입니다. 자아의 죽음은 전적으로 믿음의 사건입니다. "나는 안 죽은 것 같다"고 답하는 것은 겸손이 아니라 믿음이 없는 것입니다. 로마서 6장 3~4절을 보면 예수님께서 십자가에서 돌아가실 때, 우리의 옛사람이 예수님과 연합해 죽게 하셨고 부활의 주님과 연합한 새 생명으로 살게 하셨습니다. 이것을 믿을 때 세례를 받았다고 말하는 교파도 있는 것입니다. 세례 받았다면 이미 장례식을 치르고 사는 사람인 것입니다. "나는 죽었다" 하다 보면 어느 순간 십자가에서 하나님께서 이루신 놀라운 일에 대해 "아멘, 하나님, 감사합니다. 하나님을 찬양합니다." 하는 것입니다.

많은 사람이 '나는 죽고 예수로 사는 것'이 어렵다 합니다. 그러나 실제는 쉽습니다. '나는 죽고 예수로 사는 것'은 다른 종교처럼 수행하거나 도를 닦는 것이 아닙니다. 자신이 지고 있는 짐을 주님께 넘겨 드리는 것입니다. "나는 죽었다" 고백하는 성도는 힘들게 살지 않습니다.

우리 할 일은 모든 염려를 주님께 맡기고 어떤 상황이나 사람 앞에서도 "나는 죽었습니다." 고백하며 사는 것입니다. 이것이 예수님을 믿고 예수님의 종인 우리가 할 수 있는 전부입니다. 그러면 부활의 주님을 만나고 부활의 능력으로 삽니다. 사도 바울은 "우리가 항상 예수의 죽음을 몸에 짊어짐은 예수의 생명이 또한 우리 몸에 나타나게 하려 함이라 우리 살아 있는 자가 항상 예수를 위하여 죽음에 넘겨짐은 예수의 생명이 또한 우리 죽을 육체에 나타나게 하려 함이라"(고후 4:10~11)고 했습니다.

우리의 매력은 예수님입니다. "나는 죽었다" "나는 예수님으로 산다" 고백하며 산다면 어떤 일이 벌어지겠습니까. 가정도 살고 한국교회도 살아날 것입니다. 그리고 살아계신 부활의 주님 역사를 체험하게 될 것입니다. 한 해를 마무리하면서 우리 할 일은 '나는 죽고 예수로 사는 십자가 복음'을 분명히 하는 것입니다. 그러면 다시 시작할 힘을 얻게 될 것입니다.

2. 구습을 과감하게 버려야 합니다. 하나님은 "너희는 유혹의 욕심을 따라 썩어져 가는 구습을 따르는 옛 사람을 벗어 버리고 (23) 오직 너희의 심령이 새롭게 되어 (24) 하나님을 따라 의와 진리의 거룩함으로 지으심을 받은 새 사람을 입으라."(엡 4:22-24). 거룩하신 하나님께서 우리가 거룩하기를 원하십니다. 실제로 거룩한 하나님의 자녀의 삶을 살도록 인도하여주셨음에 감사를 드

리는 사람이 있는가 하면, 또 어떤 사람은 수 십 년을 교회에 다니고 있고요, 그렇게 말씀을 많이 들었는데도, 변화가 되지 않은 채, 세상 사람들과 별 다를 바 없이 살아가는 사람들도 있습니다.

분명하게 거룩한 삶이란 성령으로 거듭난 사람을 말합니다. 유대인과 같은 율법적인 삶을 살아가는 성도가 아니고 성령으로 진리를 깨닫고 적용하는 성령의 사람으로 살아가라는 것입니다. 이래서 하나님은 우리들도 "썩어져 가는 구습을 따르는 옛 사람을 벗어 버리기"를 원하시는 것입니다. 바른 복음으로 성령의 인도를 받아야 부모가 당하던 고통을 당하지 않는 것입니다.

3. 성령님과 일대일로 인도 받으면서 살아야 합니다. 정신적으로나 육체적으로나 영적으로 고통을 당하는 분들은 부모의 신앙의 방식을 따르면 절대로 해방을 받지 못합니다. 여러분 세대에 역사하던 귀신이 그렇게 호락호락 하지 않습니다. 강력한 성령의 역사가 있어야 떠나갑니다. 부모가 당하고 살던 고통을 자신이 똑같이 당하면서 살아간다는 말입니다. 즉 보물인 예수님으로 충만하게 채워져야 혈통에 문제를 일으키던 귀신이 도망치기 시작합니다. 부모와 함께 동거하며 산다고 할지라도 신앙생활은 분명하게 정확한 성령의 인도를 받아야 합니다. 그래야 혈통에 대대로 이어지는 고통에서 해방을 받을 수가 있습니다. 모든 것은 성령으로 되기 때문입니다. 안 보이는 5차원의 성령께서 자신을 온전하게 점령하여 지금 하나님의 나라 성전으로 살아야 귀신으로부터

해방을 받을 수가 있습니다. 모든 교회예배당이 우리 충만한교회 예배당과 같지 않다는 것을 깨달아 알고 바뀌려고 해야 합니다. 우리가 주일마다 듣는 보물을 어떤 곳에 쌓을 까요? 말씀은 보물인 예수님으로 충만하게 채워져야 부모와 같은 고통 속에서 살지 않고 하나님의 축복 속에서 살아가야 하기 때문입니다. 성령으로 보물인 예수님으로 충만하게 채우시기를 바랍니다.

오늘날도 여러분께서 '그냥 교회 왔다 갔다 하면 주님께서 돌봐 주시겠지.' 그렇게 생각하면, 오해인 것입니다. 여러분께서 지금 살아 계신 그리스도를 믿고, 그 믿음을 실천해야 하는 것입니다. 눈에는 아무 증거 안 보이고 귀에는 아무 소리 안 들리고 손에는 잡히는 것 없어도 주의 말씀대로 여러분께서 담대하게 믿음을 실천하면 그 믿음의 실천을 통하여 주님께서 오늘날도 기적을 행하시는 것입니다. 오늘 오신 여러분 모두가 하나님의 크고 작은 기적을 날마다 체험하며 살아가시기를 주의 이름으로 축원합니다.

7장 성령으로 영안이 열려야 한다.

(고전 2:10-12)"오직 하나님이 성령으로 이것을 우리에게 보이셨으니 성령은 모든 것 곧 하나님의 깊은 것까지도 통달하시느니라. 사람의 일을 사람의 속에 있는 영외에 누가 알리요 이와 같이 하나님의 일도 하나님의 영외에는 아무도 알지 못하느니라. 우리가 세상의 영을 받지 아니하고 오직 하나님으로부터 온 영을 받았으니 이는 우리로 하여금 하나님께서 우리에게 은혜로 주신 것들을 알게 하려 하심이라"

성령으로 영안이 열려야 자신을 정확하게 보고 치유하며 자기관리를 잘할 수 있습니다. 우리는 영안이라고 하면 꼭 눈으로 영물들을 보는 것으로 알고 있는 경우가 많습니다. 그러나 영안은 그런 것만 보는 것이 영안이 아닙니다. 세상을 살아가면서 겪고 닦는 모든 것을 하나님의 눈으로 바라보고 조치하는 것을 영안이라고 할 수 있습니다. 우리는 특별히 자신의 변화를 영적으로 내다볼 수 있는 영안이 열리기를 사모해야 합니다(고전7:25-40). 자신을 정확하게 보는 눈이 열려야 합니다. 이 말씀에는 중요한 원리가 있습니다. 현대를 사는 우리 모두를 위한 것입니다.

영의 눈이 열리는 것에 대하여 오해를 하실 분들이 계실 것 같아서 서두에 정리하여 알려드립니다. 영들을 보는 것은 첫째, 실제 눈으로 보는 것입니다. 이는 두 가지로 생각할 수가 있습니다. 먼저는 항상 눈에 영물들이 보이는 분들이 있습니다. 이는 심령

상태가 정상이 아닌 분들입니다. 이분들은 영적으로 정신적으로 문제가 있는 분들입니다. 이분들은 성령으로 세례를 받고, 내적인 상처를 치유 받은 후, 귀신을 축귀해야 합니다. 본인이 이를 인정하고 지속적으로 진리의 말씀과 성령으로 치유를 받으면 필자의 체험으로 보아 더 이상 보이지 않습니다. 영적 정신적 육체적 기능이 정상이 되면 더 이상 영물들이 보이지 않는 다는 말입니다. 다음은 축귀사역간이나 대화할 때 보이는 경우입니다. 이는 귀신을 축귀하여 자유하게 하라고 성령님이 보여주시는 것입니다. 귀신을 축귀하라고 보인다는 말입니다. 종합하면 축귀 능력이 없는 분들에게 영물들이 보이는 것은 정상적이 되지 못한 것으로 치유받아야 합니다.

둘째, 말씀으로 보는 것입니다. 성경에 보면 악한 영들의 행위가 기록되어 있습니다. 말씀에 비추어 영들을 보는 것입니다. 말씀은 영적인 세계에 대하여 설명하는 책입니다.

셋째, 성령으로 보는 것입니다. 축귀사역을 하든지, 내적치유를 하든지, 상담을 하든지, 세상에서 생활을 할 때에 성령께서 그때그때 알려주셔서 대처하도록 하시는 것입니다.

넷째, 믿음의 눈으로 보는 것입니다. 위에 설명한 모든 방법을 동원하여 사역이나 생활하면서 악한 영들을 믿음의 눈으로 보고 대처하는 것입니다. 많은 분들이 이렇게 믿음의 눈으로 영들을 보고 조치하고 있습니다. 우리가 알아야 할 것은 나쁜 영들이 보이면 반드시 조치를 해야 한다는 것입니다.

1.자신을 정확하게 보는 영안이 열려야합니다. 고대 그리스 신전에는 "너 자신을 알라."라는 문구가 새겨 있습니다. 중국에는 "자신을 정확히 아는 것이 가장 중요하다."라는 속담도 있습니다. 세상을 알기 전에 자신을 먼저 들여다보라는 뜻입니다. 자기 관찰이나 자기 평가 같은 방식으로 먼저 자신을 아는 것이 중요하다는 것을 말하고 있습니다. 자신이 무엇을 추구하는지, 왜 세상에 태어났는지 질문을 던지고 답을 찾는 과정에서 자기를 발견할 수 있게 됩니다. 무엇을 할 수 있는지, 무엇을 위해 살아야 하는지 고민하며 자기 이상을 알아갑니다.

비범한 성취를 이룬 사람 중에는 뒤늦게 자신을 발견한 사람들이 많습니다. 자신을 정확하게 안 뒤 삶의 방식을 바꾸어 더 멀리 더 높이 나는 기회로 삼습니다. 괴테가 그 대표적인 사례입니다. 괴테의 어릴 적 꿈은 시인이나 작가가 아닌 화가였습니다. 그는 10년 동안 화가가 되기 위해 노력했습니다. 그러나 그림 실력은 좀처럼 나아지지 않았습니다. 화가의 꿈을 이루지 못한 채 십여 년의 시간을 보내고서야 괴테는 자신을 돌아보고 도화지 대신 원고지를 들었습니다. 그렇게 문학계 거장이 탄생했습니다. 괴테는 결코 한길만을 고집하지 않았습니다. 자신이 가려던 길의 방향이 잘못되었다는 걸 깨닫고 올바른 길을 찾았습니다. 자기를 돌아보고 분석한 결과입니다. 우리도 가장 적합한 자리가 어디인지 알아야 합니다.

1) 성령께서 자기를 보게 하십니다. 성령으로 세례를 받게 되면 성령께서 자신의 상태를 정확하게 보게 하십니다. 성도는 성령

으로 세례를 받아야 합니다. 그런데 성령님은 자신은 보게 하시지만 귀신은 다른 사람을 보게 한다는 것을 깨달아 알아야 합니다. 자신의 영적인 상태를 정확하게 보아야 합니다. 자신의 정신상태가 어떠한지 정확하게 볼 줄아는 눈이 열리기를 기도해야 합니다. 자신의 건강상태를 보는 눈도 열려야 합니다. 이렇게 되려면 자꾸 다른 사람을 보고 평가하려고 하지 말고, 자신에게 관심을 집중해야 합니다. 그래야 자신을 정확하게 보는 눈이 서서히 열리는 것입니다. 예수님은 무엇보다도 자신을 보는 눈이 열리기를 원하십니다. 자신을 보고 알아야 자기관리를 잘 할 수가 있습니다.

2) 다른 사람과 교제를 통해 자기 자신을 알 수가 있습니다. 사람의 성격은 타인과의 교제나 협력을 통해 드러납니다. 따라서 타인의 눈은 자신을 알 수 있는 중요한 수단이 됩니다. 심리학자들이 주장하는 '거울 자아이론'은 자신의 행동에 대한 타인의 반응을 관찰하고 자기 평가를 완성하는 것입니다.

3) 자신의 자아 관찰을 통해 자기 자신을 알아볼 수가 있습니다. 자아관찰에는 여러 수단이 있습니다. 먼저 자신의 지적 활동입니다. 기억, 이해, 관찰, 상상, 추리 등 일상적인 지적 활동에서 자기 능력을 감지할 수 있습니다. 그 활동 자체가 자신의 지적 능력을 보여주는 수단이 되는 것입니다. 다음은 반복적인 감정체험입니다. 자신에게 어떤 감정과 의지적 특징이 있는지를 점검해야 합니다. 반성을 통한 냉정한 자기 분석이 가능합니다. 순자가 주장한 '세 번의 자기반성'정신은 고대 현인들도 끊임없는 성찰로 삶을 점검했음을 보여줍니다.

객관적으로 자신을 평가하려면 구경꾼의 시선이 필요합니다. 자신을 관찰할 때는 또 다른 자아가 자기를 지켜보는 것처럼 봐야 합니다. 조감하는 방식으로 자신을 살피고 관찰하는 방법입니다. '실존의 나'와 일정한 거리를 유지하면 자신을 더 냉철하게 볼 수 있습니다. 자신의 진실한 감정도 헤아릴 수 있습니다. 자기감정을 확실하게 파악하면 행동을 조절할 수 있기 때문에 비로소 진정한 자기 인생의 지배자가 됩니다. 인생을 원하는 방향으로 이끄는 것은 덤입니다.

감성지수가 높은 사람은 자신의 구경꾼 역할을 잘합니다. 그들은 자기감정상태를 인지하고 상황에 따라 조종할 줄도 압니다. 외부요인이나 불쾌한 감정에 쌓여 집중력을 잃거나 과대망상에 빠지지 않습니다. 민감하게 반응하지 않으면서 중립을 유지할 수 있습니다. 자기 연민이나 자기애의 함정에 빠지지도 않습니다. 대신 자기 문제를 빠르게 해결할 방법을 찾게 됩니다.

예를 들어 화가 났을 때는 빠르게 자신의 감정에 변화를 깨닫게 됩니다. 이어 불쾌한 감정을 드러낼 수 있는 두 가지 방법을 떠올립니다. 하나는 상대방에게 불쾌한 감정을 드러내는 것이고, 다른 하나는 상대방을 용서하고 자신의 기분이 엉망이 되지 않도록 잊어버리는 것입니다. 대체로 후자를 선택합니다. 서로 상처를 남기지 않으면서 자칫 더 심각한 골칫거리가 생기는 걸 막아주기 때문입니다. 불쾌함으로 엉망이 되는 자기 기분을 피하는 길이기도 합니다.

자기를 정확하게 아는 것은 쉬운 일이 아닙니다. 과대평가하면 자기 단점을 볼 수 없습니다. 반대로 자신을 너무 낮게 평가하면 열등감에 빠지고 자신감을 잃게 됩니다. 자기 평가와 타인의 평가를 비교하고 점검해야 합니다. 자신을 알아보려는 것 자체가 고상한 품성이며 심오한 지혜입니다.

2. 사도바울과 고린도교회 성도들은 다가오는 변화를 미리 예측하는 영안이 있었습니다. 그 변화는 환란입니다. 고린도전서7장 26절, 29절을 읽어보면 어떤 심각한 변화를 예측하고 있는 것을 볼 수 있습니다. 이것은 우리에게 대단히 중요한 원리를 말해주고 있습니다. 21세기는 변화의 시대라고 합니다. 예측을 할 수 없을 정도로 혼란스러운 시대입니다. 앞으로 어떤 변화가 우리 앞에 올지 아무도 모릅니다. 이 변화는 우리의 전통, 상식, 가치관을 바꾸어버립니다. 우리의 기준이 달라질 만큼 변화의 소용돌이 속에 휘말려 들어가고 있습니다. 이럴 때 우리에게 중요한 것은 변화를 영적으로 내다볼 수 있는 영안이 필요합니다. 교회 지도자들에게 필요합니다. 성도들에게 필요합니다. 그러면 우리는 어떻게 앞을 내다볼 수 있는 영안을 가질 수 있을까요? 하나님의 말씀과 기도로 가능합니다. 과학이 발달될수록 앞으로의 일을 조금은 예측할 수 있지만, 정확하지는 않습니다. 그러나 하나님의 말씀을 놓고 조용히 묵상하면 영적으로 어떤 도전이 올지 감을 잡습니다.

부(번영)라는 것은 하나님의 자녀에게 순기능보다 역기능이 많습니다. 성경에도 가난한 자보다 부유한 자들에게 경고하는 경우가 더 많습니다. 그런데 지금 우리는 잘 살고 있습니다. 더구나 예수님을 믿는 사람들이 더 잘 사는 경우가 많습니다. 이런 부는 점점 앞으로 쌓여 질 것이고, 문명이 발달할수록 문명이 주는 혜택은 더 많아 질 것입니다. 이런 것을 우리가 영적으로 내다보면 총칼로 위협하는 것보다 더 위험한 도전이 있다는 것을 알아야 합니다. 우리는 이 영안의 눈을 달라고 기도해야 합니다.

3. 말씀의 비밀이 보입니다. 하나님은 성경의 모든 예언은 사사로이 풀 것이 아니라고 강조 하십니다(벧후1:20). 예언은 언제든지 사람의 뜻으로 낸 것이 아니고 오직 성령의 감동하심을 받은 사람들이 하나님에게 받아 말한 것이라고 합니다(벧후1:20). 고로 성경 말씀의 뜻을 바르게 알려고 하면 성령의 충만함을 받아야 합니다. 성령의 감동을 받아 풀어야 하는 것입니다. 영안은 사람이 열고 싶다고 열리는 것이 아닙니다. 성령의 불세례를 받고 말씀의 지식이 충분하고 성령의 충만함을 받아야 열립니다. 그것도 단번에 열어주시는 것이 아니고 말씀과 성령으로 영적인 수준이 자라는 만큼씩 열어주십니다. 영안은 전적으로 말씀과 성령으로 열리는 것입니다. 그러므로 영안이 열려야 정확한 하나님의 말씀의 비밀을 알 수가 있습니다. 성령으로 영안을 열어 성경을 보면 성경에는 영적인 전쟁을 하는 방법을 알 수 있습니다. 열왕기상 18장에 보면 엘리야가 갈멜산에서 영적인 대결을 하는 방법이 기록되어 있습니다. 엘리야는 아합 왕이 이방신을 섬기는 여자 이세벨을 데려다가 결혼하고 온 북 이스라엘로 하여금 바알과 아세라 신상을 섬기는 신앙으로 가득하게 만들었습니다.

여호와의 선지자들을 다 잡아 죽이고 여호와의 제단을 헐어 버렸습니다. 그 결과로 하나님의 진노가 이스라엘에 임하게 되었습니다. 하나님의 사람 엘리야가 아합 왕을 만나서 내 입에서 말이 떨어지기 전에 이 땅에 우로가 없을 것이라고 했습니다. 그 결과로 3년 6개월 동안 북이스라엘에 우로가 없었습니다. 그러므로 기근이 막심하고 사람들이 굶어죽고 짐승들이 다 죽고 처참하게 되었습니다. 그 후에 엘리야가 아합 왕을 만나서 우리 결단을 내리자. 여호와가 참 하나님인지, 바알이 참 하나님인지, 시험을 해 보자. 온 바알의 선지자와 이스라엘 대표들을 갈멜산으로 모아놓고, 그곳에서 여호와가 참 하나님인지 바알이 참 신인지 우리가 시험을 하자고 했습니다.

그래서 아합 왕이 갈멜산으로 바알의 선지자 450명과 모든 이스라엘의 대표들을 다 모았습니다. 거기에서 엘리야가 이런 제안을 했습니다. 우리가 단 두 개를 쌓되 바알의 단도 있고 여호와의 단도 있는데 바알의 단이나 여호와의 단에 각각 송아지 한 마리를 잡아서 각을 떠서 얹어 놓고 기도해서 불로 응답하는 신이 참 신으로 하자. 바알은 그 제사장 수가 450명이 되니 먼저 하라. 그래서 바알의 제사장들이 단을 쌓고 장작을 펼쳐놓고 송아지를 각을 떠서 얹어 놓고 단 주위에 뛰고 춤추며 바알이여, 바알이여, 불을 주소서 불을 주소서, 고함을 치고 오전 때가 되어도 불이 임하지 않습니다.

그러니 엘리야가 나와서 조롱을 합니다. 더 고함을 쳐라 너희 신이 잠에 들었나보다 깨워라, 화장실에서 볼일이 길어지는가 보다 빨리 볼일 마치고 나오게 하라, 혹은 여행을 갔는가 보다 빨리 돌아오게 하라, 그러니 바알의 선지자가 답답하니깐 칼로써 자기 몸을 찢으며 피를 흘리고서 부르짖어도 응답이 없습니다. 저녁에 엘리야의 차례가 왔습니다. 엘리야는 사람들에게 모여 가까이 오라고하고 이스라엘의 무너진 제단을 수축했습니다. 이스라엘의 12자녀의 이름대로 12돌을 취해서 제단을 만들고 그 위에 송아지의 각을 떠서 얹고 난 다음 물 세 동이를 가지고 와서 부으라고 했습니다.

부으니깐 물이 제단과 도랑에 가득했습니다. 두 번째 또 부어라 세 번째도 그리하라, 그리고 난 다음 하나님 앞에 꿇어 엎드려서 하나님 아버지여 여호와께서 하나님이신 것과 내가 하나님의 종인 것과 이렇게 하는 것이 하나님의 뜻인 줄 알게 하여 주옵소서. 하나님께서는 유일한 하나님이요 이 백성으로 하여금 마음을 돌이켜 여호와만을 섬기도록 하나님의 영광을 나타내도록 불로 역사하여 주시옵소서. 내 기도에 응답하시고 불을 내리소서, 불을 내리소서 하고 엘리야가 기도하니 낫과 같이 푸른 하늘에서 불이 제단에 떨어지면서 제단이 바싹 다 타버렸습니다. 온 제물도 타고 물도 다 타고 돌도 다 탔습니다.

그러자 이스라엘 사람들이 엎드려서 여호와 그는 참 하나님이라 여호와는 그는 참 하나님이라고 인정하며 고함을 질 때에 엘리야는 말하기를 바알이 선지자를 다 잡아라, 군중들이 일어나서 450명을 잡으니 그들을 기손 시냇가로 데리고 내려가서 엘리야가 칼을 빼가지고 450명 바알의 선지자들의 목을 다 쳤습니다. 그리고 시체와 피를 기손 시냇물로 다 씻어 흘려 내려 보냈습니다.

그리고 난 다음에 엘리야는 갈멜산에 올라가서 하나님께 비를 달라고 기도할 때에 얼마나 간절히 기도했던지 배가 오그라들어서 머리가 두 다리 사이에 들어갔습니다. 그러면서 자기 종보고 산꼭대기에 올라가서 증거가 있는지 보라. 처음 올라가서 아무 것도 안 보입니다. 일곱 번까지 올라가라 일곱 번째에 가보니 손바닥만 한 구름이 떴습니다. 그러자 빨리 아합 왕에게 가서 비에 막히지 않게 병거를 준비하고 빨리 이스르엘로 들어가라 그러자 곧장 하늘을 덮고 비가 쏟아지는데 억수같이 쏟아집니다.

하나님의 성령이 엘리야에게 임하매 그는 내내 아합의 병거 앞에서 뛰어서 이스르엘까지 들어갔다는 이야기가 있습니다. 이 이야기는 하나님의 위대한 승리를 의미하는 것입니다. 오랫동안 우상 숭배하던 북 이스라엘에 하나님의 선지자 엘리야가 여호와의 이름으로 위대한 승리를 가져온 기록인 것입니다. 이것이 우리에게 가르치는 많은 영적인 교훈이 있습니다.

우리도 우리의 삶 속에 가난을 청산하고 위대한 신앙의 승리를 가져오기 위해서는 이렇게 하시기를 바랍니다. 성경은 하나님의 말씀입니다. 영안으로 말씀을 보면 말씀 속에 있는 영적인 비밀이 보여 집니다. 자신의 나약한 모습이 보여 집니다. 자신이 예수를 믿으면서도 육신에 속한 그리스도인인가 아니면 예수 그리스도의 보혈로 새롭게 태어난 영적인 그리스도인 인가가 밝히 보여 집니다.

그리고 자신이 교만한 사람인가 겸손한 사람인가가 보여 집니다. 말씀 속에서 영적인 세계가 보여 집니다. 성령의 역사가 보여 집니다. 천사의 세계가 보여 집니다. 악령의 세계가 보여 집니다. 사람의 역사가 보여 집니다. 그리하여 자신이 하나님을 역사를 따라가는 성도인가 아닌가가 보여 집니다. 영안으로 자신을 보면 자신이 사람을 두려워하는 성도인가 아닌가가 보여 집니다. 그리고 예수를 믿더라도 육신에 속하고 세상을 즐기면 마귀가 가차 없이 침입하는 것도 알고 깨닫게 됩니다.

하나님은 말씀만 하시는 하나님이 아니라, 말씀하시고 이루시는 하나님이라는 것도 알게 됩니다. 그리고 성경 말씀 속에서 각종 영적인 원리들을 발견하게 됩니다. 영안으로 말씀을 보면 하나님의 음성을 듣는 원리가 보입니다. 영안으로 말씀을 보면 예언하는 원리와 중요성이 보입니다. 영안을 열어 말씀을 보면 영적인 전쟁을 하는 비결이 보입니다. 영안이 열리면 말씀 안에서 하나님의 복을 받는 방법이 보입니다. 말씀 안에는 성도를 하나님의 군사로 훈련시키는 방법을 깨달아 알고 성령의 역사를 따라갑니다. 그래서 연단이나 훈련의 의미 깨닫고 하나님에게 감사하며 훈련을 달게 받게 됩니다. 영안을 열어 말씀 속에서 하나님의 살아 역사하심을 눈으로 보시기를 바랍니다. 그리하여 하나님에게 모두 쓰임을 받으시기를 바랍니다.

4. 성령의 역사를 보고 따라가게 됩니다. 성령집회를 인도하면서 그 때 그 때 성령의 임재를 알고 따라가게 됩니다. 제가 성령집회를 하다가 보면 성령의 임재는 다양하게 역사합니다. 어느 때는

회개의 영으로 임하십니다. 어느 때는 신유의 영으로 임하십니다. 어느 때는 축귀의 영으로 임하십니다. 어느 때는 내적치유의 영으로 임하십니다. 어느 때는 성령의 불로 임하십니다. 어느 때는 예언의 영으로 임하십니다. 어떤 때는 희락의 영으로 임하십니다. 그리고 같은 시간에 간은 장소라도 그룹별로 각각 다른 영이 임하는 경우도 있습니다.

사역자는 이렇게 임하여 역사하는 영을 보고 알아서 집회를 인도하여 나가야 강력한 성령의 역사를 일으킬 수가 있습니다. 성령의 역사는 다양합니다. 그 때 그 때 임재하시고 역사하시는 성령을 따라 사역을 할 수가 있습니다. 성령의 임재는 뜨겁게 기도할 때 임하십니다.

"과연 헤롯과 본디오 빌라도는 이방인과 이스라엘 백성과 합세하여 하나님께서 기름 부으신 거룩한 종 예수를 거슬러 하나님의 권능과 뜻대로 이루려고 예정하신 그것을 행하려고 이 성에 모였나이다. 주여 이제도 그들의 위협함을 굽어보시옵고 또 종들로 하여금 담대히 하나님의 말씀을 전하게 하여 주시오며, 손을 내밀어 병을 낫게 하시옵고 표적과 기사가 거룩한 종 예수의 이름으로 이루어지게 하옵소서 하더라. 빌기를 다하매 모인 곳이 진동하더니 무리가 다 성령이 충만하여 담대히 하나님의 말씀을 전하니라(행 4:27-31)" 이 말씀에도 보면 담대하게 말씀을 전하게 하여 달라고 기도했습니다. 손을 내밀어 병을 낫게 해달라고 기도했습니다. 그리고 표적과 기사가 거룩한 종 예수의 이름으로 이루어지게 해달라고 기도하니, 모인 곳이 진동하도록 강한 성령이 역사했다고 했습니다. 이와 같이 성령 사역시 영안으로 성령의 임재 역사하심을 보시기를 바랍니다. 그래서 성령의 임재와 역사를 요청하며 사역을 이끌어 가시기를 바랍니다. 성령이 권능으로 역사하게 하려면 권능의 영으로 임할 것을 요청해야 합니다. 성령이 불로 임하시게 하려면 성령의 불로 임할 것을 요청해야 합니다.

그리고 성령의 불이 임하면 성령의 불을 청중에게 던져야 합니다. 성령이 회개의 영으로 임하시게 하려면 회개의 영으로 임하실 것을 요청해야 합니다. 그러면서 청중들에게 지금 성령께서 회개의 영으로 임하셨습니다. 하고 담대하게 선포해야 청중에게서 강한 회개의 역사가 일어나는 것입니다.

그러기 때문에 영안은 성령 사역시 중요하게 사용되는 것입니다. 그래서 성령 사역자는 영안과 영감으로 성령의 역사하심을 감지하여 즉각 청중에게 선포해야 역사가 강하게 일어나는 것입니다. 성령님은 인격이기 때문에 인격적으로 대접할 때 강하게 역사하는 것입니다. 우리도 영안을 열어 성령의 역사를 감지하고 성령이 집회와 예배의 중심이 되게 하기를 바랍니다. 성령이 주인된 예배라야 성도가 복을 받습니다.

5. 사람에게 역사하는 선한 영을 봅니다. 예수님은 요한복음 1장 47-48절에서 나다니엘을 보실 때 "예수께서 나다나엘이 자기에게 오는 것을 보시고 그를 가리켜 이르시되 보라 이는 참으로 이스라엘 사람이라 그 속에 간사한 것이 없도다. 나다나엘이 이르되 어떻게 나를 아시나이까 예수께서 대답하여 이르시되 빌립이

너를 부르기 전에 네가 무화과나무 아래에 있을 때에 보았노라.”
고 말씀하십니다. 이와 같이 영안은 선한 영도 보이는 것입니다.
우리는 사람 안에 숨어 있는 선한 영(하나님의 형상)을 볼 줄 알아
야 합니다. 많은 사람들이 사람을 보는 눈이 열리지를 않아서 사
람으로 인하여 낭패를 당하는 것을 종종 보게 됩니다. 사기꾼과
가까이 하다가 사기를 당하기도 합니다. 요셉과 같이 하나님이 함
께하는 형통의 복이 있는 사람을 냉대하여 굴러들어온 복을 발로
차내는 경우가 있습니다. 사람은 윗사람도 잘 만나야 하지만 아래
사람을 잘 만나야 합니다.

그런데 윗사람을 보는 눈만 열려서 윗사람에게만 관심을 가지
니 아랫사람을 등한히 하여 더 큰 것을 놓치는 경우가 있습니다.
우리는 시위대장 보디발과 같이, 야곱의 삼촌 라반과 같이 자신
과 같이 지내는 아랫사람을 보는 눈이 열려야 합니다. 저는 상담
을 할 때 그 분들의 어두운 그림자 뒤에 있는 하나님의 함께 하심
을 알려주어서 희망과 꿈을 갖게 합니다. 순종하는 분들은 말씀과
자신으로 어두운 그림자를 치유하여 목회자는 목회를 성공적으로
목회를 하고 계십니다. 영안이 열리고 성령의 임도를 받는 영적인
지도자의 말에 순종한 성도는 사업에 성공하여 부자 되신 분들이
다수 있습니다.

그런데 조언을 해도 순종하지 않은 분들은 고생하고 계십니다.
무엇보다도 영적인 지도자의 권면에 순종하는 것이 중요합니다.
그래서 성령을 체험하고 치유하여 영육의 그림자를 제거해야 하
나님의 역사가 일어납니다. 그림자란 성도가 하늘의 복을 받는 데

방해하는 요소를 말하는 것입니다. 그림자는 성령의 역사로만이 제거되는 것입니다. 말씀과 성령으로 충만하여 자신을 영안으로 보고 찾아 인정해야 그림자는 없어지는 것입니다. 성령의 역사에 순종만 하여 자신의 모습이 변하면 그림자는 바꾸어지는 것입니다. 우리는 영안이 열렸다고 것 사람에게서 보이는 그림자만 보지 말아야 합니다. 그림자 뒤에 있는 하나님의 함께 하심을 보시기를 바랍니다. 시위대장 보디발이 요셉을 본 것 같이 말입니다. "여호와께서 요셉과 함께 하시므로 그가 형통한 자가 되어 그의 주인 애굽 사람의 집에 있으니, 그의 주인이 여호와께서 그와 함께 하심을 보며 또 여호와께서 그의 범사에 형통하게 하심을 보았더라(창세기39:2-3)"

이렇게 하나님이 함께하는 형통함을 보는 것도 영안이라고 저는 생각합니다. 우리 영안을 열어 악한 영물만 보려고 하지 말고, 사람에게 역사하는 선한 성령의 함께 하심을 영안을 열어 보시기를 바랍니다. 그리고 자녀가 있는 분은 사위나 며느리를 고를 때 영적인 원리를 적용하시기를 바랍니다. 그리고 사업하시는 성도님들과 목회자분들은 직원이나 부교역자를 채용할 때 활용하시기를 바랍니다. 하나님의 역사가 같이 가니 어디를 가도 형통한 것입니다. 성령의 인도는 성도를 형통하게 합니다.

8장 성령에 대하여 바르게 깨달아야 한다.

(마 3:11)"나는 너희로 회개하게 하기 위하여 물로 세
례를 베풀거니와 내 뒤에 오시는 이는 나보다 능력이 많으
시니 나는 그의 신을 들기도 감당하지 못하겠노라 그는 성
령과 불로 너희에게 세례를 베푸실 것이요"

영적인면으로 자기관리를 하려면 성령에 대하여 바르게 깨달
아야 합니다. 성령님께서 모든 것을 알게 하시고 역사하시고 인도
하시기 때문입니다. 하나님은 성령으로 세례를 받으리라(행1:5).
말씀하십니다. 사도행전 2장 1-4절에 보면 "오순절 날이 이미 이
르매 그들이 다 같이 한 곳에 모였더니, 홀연히 하늘로부터 급하
고 강한 바람 같은 소리가 있어 그들이 앉은 온 집에 가득하며, 마
치 불의 혀처럼 갈라지는 것들이 그들에게 보여 각 사람 위에 하
나씩 임하여 있더니, 그들이 다 성령의 충만함을 받고 성령이 말
하게 하심을 따라 다른 언어들로 말하기를 시작하니라." 했습니
다. 성령으로 세례를 받으니 성령의 충만함을 받고 다른 언어(하
늘의 언어)로 말을 했습니다. 성령으로 세례를 받으니 하늘의 사
람으로 변하여 하늘언어를 했다는 것입니다.

필자는 20년이 넘도록 성령치유 사역을 했습니다. 성령치유 사
역을 하다가 보니 성령의 세례를 받고 자신 안에서 성령의 불세례
를 받으면 그때부터 성령으로 바뀌고 치유가 이루어지기 시작 했

습니다. 저는 성령의 세례를 이렇게 표현하기도 합니다. 성령의 세례는 예수를 영접할 때 내주하신 성령께서 순간 폭발하여 전인격을 사로잡는 것이라고 하기도 합니다. 예수를 믿으면 성령이 내주하십니다. 즉시로 죽었던 영은 살아납니다. 그러나 육체는 성령으로 온전하게 장악당하지 않은 상태입니다. 육체는 구습을 따르는 옛 사람이 그대로 있다는 말입니다. 그러므로 옛 사람에게 역사하던 세상신이 여전히 주인노릇을 하고 있다는 뜻도 됩니다. 하지만 성령으로 세례를 받으면 성령께서 전인격을 사로잡으므로 옛 사람에게 역사하던 세상신이 떠나가기 시작을 하는 것입니다.

그래서 하나님은 성도들이 성령으로 세례를 받아 영적으로 변하기를 소원하십니다. 성령으로 세례를 받아야 전인격이 하나님을 따를 수 있기 때문입니다. 목회자나 성도나 할 것 없이 성령의 불 받기를 사모합니다. 그러나 성령의 세례를 받아야 성령의 불로 세례를 체험할 수가 있습니다. 저의 개인적인 견해로는 성령의 세례가 없이 성령의 불세례를 받을 수가 없습니다. 성령의 불세례가 없이는 성령으로 충만할 수가 없습니다. 성령의 불세례를 받으려면 먼저 성령의 세례를 체험해야 합니다. 성령의 세례를 받으려면 세례를 받을 수 있는 영육의 상태가 되어야 합니다.

성령의 세례를 받으려면 먼저 마음을 열어야 합니다. 성령은 사람의 영 안에서 역사하십니다. 영은 사람의 마음 안에 있습니다. 그래서 마음을 열어야 영 안에 계신 성령이 역사하는 것입니다. 성령이 역사해야 사람이 영적인 상태가 되는 것입니다. 영적인 상태가 되어야 하나님과 교통할 수가 있는 것입니다. 그러므로 우리는 회개의 세례인 물세례로 만족하지 않고 다음은 성령의 세례를 받아야 합니다. 그리고 성령의 불세례를 받아야 합니다.

많은 목회자와 성도들이 '성령체험과 '성령 세례'와 '성령 충만'을 혼용해서 사용하고 있습니다. 이러한 혼동은 바르지 못한 구원관에서 비롯되었다고 생각합니다. 그러므로 이 장에서 성령체험과 성령 세례와 성령 충만이 무엇인지 분명히 제시하고자 합니다. 이는 필자의 견해이니 오해가 없으시기를 바랍니다.

1. 성령체험이란 무엇인가? 성령체험이란 성령하나님을 맛보기로 체험하는 것을 말합니다. 성령님은 보이지 않지만 살아계신 분이시구나, 성령을 체험하니 몸과 마음에 실제로 느낄 수가 있구나, 하나님은 보이지는 않지만 실제적으로 나의 전인격에 살아서 역사하는 분이시구나 체험적으로 깨달아 아는 것입니다. 성령체험은 성령님에 대하여 맛만 보는 것입니다. 성령 체험했다고 다되었다고 생각하면 체험적인 신앙생활이 되지 못합니다. 성령체험은 그저 몸으로 성령하나님을 느끼는 정도이기 때문입니다. 그래서 성령체험을 했어도 성령님이 온전하게 영향력을 발휘하지 못하십니다. 성령의 세례와 성령의 불세례, 성령의 충만으로 이어지는 신앙생활이 되어야 성령의 지배를 받는 것입니다. 성령께서 영-혼-육의 질병을 예방하도록 역사하시기 때문입니다.

2. '성령 세례'란 무엇인가? 성령세례는 성령의 역사를 몸과 마음으로 느끼고 체험하는 실제적인 역사입니다. 필자는 성령세례는 자신 안에 주인으로 오신 성령께서 폭발하여 자신의 전인격이 장악하기 시작하시므로 몸과 마음으로 느끼고 눈으로 보며 체험하게 하시는 사건이라는 것입니다. 성령세례의 의미에 대해서는 교단마다 또 교회마다 또 개인에 따라서 달라지기 때문에 이것이 성령세례입니다 하고 말씀드리기는 조금 어려운 단어입니다. 일반적으로 성령세례는 두 가지 의미로 쓰인다고 봅니다.

첫째가 성령의 내주하심입니다. 우리가 예수님을 믿게 되면 성령께서 우리 안에 들어오셔서 우리와 함께 동행하시게 되는데 이것을 성령이 내주하심이라고 합니다. 또한 이것은 성령 세례라고 하기도 합니다. 바로 우리가 예수님을 믿고 하나님의 자녀가 됨으로 말미암아 성령과 연합되는 것입니다. 성령으로 거듭난다는 뜻이 바로 우리가 예수님을 믿음으로 하나님의 자녀가 되는 사건을 의미하는 것입니다. 이런 경우 성령세례란 우리의 일생에 딱 한번 있는 단회적인 사건이 되는 것입니다.

두 번째가 우리가 예수님을 믿고 나서 특별한 경험을 하는 경우입니다. 성령의 특별하고 강력한 역사로 말미암아 뼛속까지 회개하는 경험도 하게 됩니다. 방언을 받게 되는 경우도 있고 성령과 친밀한 교제를 하게 되는 경우도 있습니다. 하늘의 권능을 받는 것입니다. 권능 있는 삶을 살아가는 계기가 됩니다. 자신은 없어지고 성령님이 주인 된 삶을 살아가게 됩니다. 이런 경험을 성령세례라고 칭하는 경우도 있습니다. 이런 경우 성령세례란 우리의 일생에 한번 체험할 수 있는 사건이 될 수 있습니다. 성령의 세례를 체험하고 나면 성령에 강하게 사로잡힐 때마다 성령의 역사를 체험하게 된다는 뜻입니다.

바울 사도가 한 번은 에베소 교회를 방문했습니다. 교인들에게 바울이 "너희가 믿을 때에 성령을 받았느냐 가로되 아니라 우리는 성령이 있음도 듣지 못하였노라 그러면 너희가 무슨 세례를 받았느냐 대답하되 요한의 세례로라"(행 19:2-3)고 했습니다. 이때에 "바울이 그들을 안수하매 성령이 그들에게 임하시므로 방언하고 예언도 하니 모두 열 두 사람쯤 되니라"(행 19:6)라고 해서 성령세례가 성령세례 받은 사람을 통하여 전이 된다는 사실과 성령세례의 필요성을 알게 된 것입니다.

하나님은 성령의 세례를 체험하게 하고 단련하여 하나님 마음에 합한 자를 하나님의 일에 사용하십니다. 베드로의 경우를 예로 들어봅니다. 고기를 잡는 어부였던 베드로가 예수님의 부르심으로 그물을 버리고 주님을 따랐습니다. 주님을 따라 다니면서 문둥이를 치유하고, 죽은 자를 살리고, 오병 이어의 기적을 일으키고, 귀신을 쫓아내는 이적과 기적을 보면서 3년 동안 주님을 따랐습니다. 베드로가 이렇게 주님의 능력을 인정하고 주님을 따르면서 3년 동안 훈련을 받았지만 믿었던 주님이 십자가에 죽게 되자 세 번씩이나 주님을 모른다고 부인한 겁쟁이입니다. 왜 그렇습니까? 성령으로 세례를 받지 못해서 그런 것 아니겠습니까? 성령의 세례를 체험하지 못하고 인도받지 못하니 아직 육신적인 믿음의 수준을 넘지 못한 증거입니다.

그러던 베드로가 마가의 다락방에서 120 문도와 함께 기도하다가 성령으로 세례를 받고 완전히 사람이 변했습니다. 육신적인 사람이 초자연적인 5차원의 사람으로 변화되었습니다. 성령이 베드로를 장악한 것입니다. 그러자 성령의 언어를 합니다. 어떻게 변화되었습니까? 초자연적인 성령의 사람이 됩니다. 베드로는 오순절 마가의 다락방에서 완전히 변화되어 성령 충만한 사도로 능력의 삶을 보여 주기 시작하였습니다. 하나님께서 자신을 통하여 일하신다는 믿음이 충만해지니 기도할 때 귀신이 떠나가고, 병자가 고쳐지고, 정신질환이 치유되고, 죽은자가 살아났습니다. 베드로가 전하는 말씀에 감동 받아 하루에 3천명이 예수님 믿고 구원받는 역사가 나타났던 것입니다. 놀라운 일이 아닐 수 없습니다. 우리도 성령의 세례를 받고 성령의 인도 하에 하나님의 훈련을 순종하므로 받으면 우리에게도 베드로와 같은 역사가 나타날 수 있다고 확신합니다. 성령의 세례를 받으시기를 바랍니다. 그리고 성령의 불세례도 받아 성령의 불을 밖으로 품어내시기를 바랍니다.

성령으로 세례를 받음은 하나님의 영으로 사로잡히는 것입니다. 성령의 세례는 성도의 마음을 그리스도에 대한 이해와 사랑과 신뢰로 가득 차게 하며, 성령이 삶의 주관자가 되게 하며, 하나님의 자녀로서 하나님의 부름에 적합하도록 능력을 부여합니다. 거듭나는 것과 성령으로 세례 받은 것과는 다른 별개의 사건입니다. "누구든지 그리스도의 영이 없으면 그리스도의 사람이 아니라."(롬 8:9). 성령의 세례를 받음으로 성령의 지배와 장악, 성령의 이끌림을 받게 됩니다. 그리스도인은 성령에 의해 태어난 사람으로 성령은 그 사람 안에서 중생의 사역을 이루십니다. 그리스도인이란 그 안에 성령이 내주 하는 사람을 지칭하며 성령세례 받은 자를 의미하는 것은 아닙니다. 거듭남으로 구원을 받게 됩니다. 즉 성령으로 거듭나서 하나님의 자녀가 되는 것입니다. 그러나 사람이 성령에 의해 거듭났지만, 성령으로 세례 받지 못한 경우도 있습니다. 그러므로 중생과 성령세례는 동의어가 아니라는 뜻입니다.

그러므로 성령으로 세례를 받으시기를 바랍니다. 성령의 세례를 받음으로 비로소 성령의 인도를 받을 수가 있습니다. 그리하여 성령으로 깊은 영의 기도를 할 수 있게 되는 것입니다. 성령으로 깊은 영의기도를 하므로 성령의 불이 임하고, 마음 속에서 성령의 불이 올라오는 온몸 기도를 할 수 있는 것입니다. 성령의 세례는 성령의 불로 사로잡히는 것이기 때문입니다.

3. 성령의 불세례.성령의 불세례란 자신안의 지성소에 주인으로 계시는 예수님으로부터 성령의 불이 끊임없이 타오르는 것을 말합니다. 예수님을 믿는 사람이라면 누구나 한번쯤은 '성령의 불'에 대한 관심을 가져 봤을 것입니다. '성령의 불'에 대해서 한번도 들은 적도 없고 관심도 갖지 않은 분이라면 이런 책에 관심

도 없으실 것입니다. 하나님을 믿는 사람들에게 있어서 성령의 불을 받는다는 것은 신비적인 체험과도 같습니다. 성령의 불세례를 받는다는 것을 다른 말로 표현하면 '성령충만'입니다. 그것은 또한 '성령의 기름부으심'으로 표현되기도 합니다.

요즘에 성령충만이란 말이 하도 많이 남용되어서 "성령충만 합시다"라고 말하면 그저 성령과 더불어 살아가는 정도로 생각합니다. 하지만 성령을 충만이 받게 되면 성령님이 자신의 주인이 되시며 성령님께서 소유하고 있는 권능을 사용할 수 있게 됩니다. 이것은 사도행전 1장 8절의 말씀이기도 합니다. "오직 성령이 너희에게 임하시면 너희가 권능을 받고 예루살렘과 온 유대와 사마리아와 땅끝까지 이르러 내 증인이 되리라 하시니라"(행 1:8)

한 가지 짚고 넘어가야 할 것은, 윗 구절에서 언급된 성령은 성령세례가 아니라 성령의 기름부으심을 말합니다. 그것은 곧 불세례를 말합니다. 자신 안에 주인이신 예수님으로부터 성령의 불세례, 성령의 기름부으심을 받을 때 하늘의 권능을 받게 됩니다.

물론 성령세례를 받을 때에도 역사가 일어납니다. 하지만 성령의 불세례에 성령의 기름부으심에는 더 큰 권능이 있습니다. 예수님께서 제자들에게 이 구절을 말씀하셨을 때는 단순한 성령세례가 아니라 성령 충만(성령의 불세례)이었음을 알아야 합니다. 세례요한은 우리로 하여금 성령세례와 성령의 불세례에 대한 보다 명확한 이해를 돕기 위해 다음과 같은 말을 남겼습니다. "나는 너희로 회개케 하기 위하여 물로 세례를 주거니와 내 뒤에 오시는 이는 나보다 능력이 많으시니 나는 그의 신을 들기도 감당치 못하겠노라 그는 성령과 불로 너희에게 세례를 주실 것이요"(마 3:11)

이 구절에 대해서 성경학자들마다 다른 의견을 가지고 있습니다. 하지만 저는 이 구절의 의미를 확실하게 알고 있습니다. 세례 요한은 물세례를 베풀었습니다. 고로 물세례는 위임된 사람이 베푸는 것입니다. 하지만 영이신 예수님께서는 성령과 불로 세례를 주십니다. 이미 우리는 성령세례가 무엇인지 알고 있습니다. 이제 남은 것은 성령의 불세례입니다. 이것은 성령의 기름부으심을 말하며 또한 성령의 불세례를 가리키는 것이기도 합니다.

세례요한은 성령과 불에 대한 충분한 이해가 있었던 사람이었습니다. 그는 예수님께서 예수님을 믿어 하나님의 자녀된 성도들을 성령과 불로 세례를 줄 것임을 알았습니다. 성령세례가 물세례보다 더 중요하듯이 불세례는 성령세례보다 더 중요합니다. 성령세례와 불세례는 많은 차이가 있습니다. 물세례와 성령세례가 다르듯이 성령세례와 성령의 불세례는 다른 것입니다. 같은 것이 아니라는 말씀입니다. 성령세례도 중요하지만 성령의 불세례는 더 중요한 것입니다. 성령세례만으로도 하나님의 은혜가 있고 삶의 변화가 있고 영적 능력이 있는 것은 사실입니다. 하지만 성령의 불세례에는 더 큰 은혜와 영광과 능력이 있습니다.

이러한 성령의 불세례는 성령의 불로 표현할 수 있습니다. 성령의 불세례는 성령세례와는 다른 것입니다. 물세례를 이해한다면 성령세례 또한 이해할 것입니다. 물세례는 사람에게 물로 받는 세례이고 성령세례는 예수님으로부터 성령으로 받는 세례입니다. 물세례가 육체적인 것이라면 성령세례는 영적인 것입니다. 하지만 성령의 불세례는 물세례도 아니고 성령세례도 아닙니다. 오히려 그 이상의 것입니다. 성령의 불세례를 받아야 합니다.

성막의 구조상으로 볼 때 번제단은 성막의 뜰에 놓여져 있습니다. 성막의 뜰은 예배를 준비하는 곳이지 예배를 드리는 곳이 아닙니다. 성막의 뜰은 참경배자가 되기 위한 준비 장소이기 때문입니다. 성령세례는 성막의 뜰을 지나 성소에서 행해지는 것입니다. 그러나 성령의 불세례는 성령님의 인도로 성소를 지나 지성소에 계시는 예수님으로부터 행해지는 것입니다. 지성소에서 끊임없이 흘러나오는 것입니다. 물세례와 성령세례 없이 갑자기 성령의 불세례를 받을 수는 없습니다. 장성한 자가 되기 위해선 반드시 어린아이의 시절을 거쳐야 하듯이 성령의 불세례를 받기 위해선 물세례와 성령세례가 먼저 행해져야 합니다. 성령세례를 받은 후에 불세례가 나오는 것입니다.

성령세례가 성소에서 얻어지는 것이라면 성령의 불세례는 마음 안에 예수님이 계시는 지성소에서 얻어지는 것입니다. 자신의 마음 안 지성소에 주인으로 계시는 예수님이 주시는 것입니다. 물세례가 물로 행해지는 것이고 성령세례가 성령으로 행해지는 것이라면 성령의 불세례는 성령의 기름부음으로 행해집니다.

성령세례에도 강력한 능력이 나타납니다. 성령세례를 통해 어떤 이는 방언을 하며 또 어떤 이는 예언도 합니다. 하지만 성령의 불세례를 받은 사람에겐 그 이상의 신령하고 초자연적인 역사가 일어납니다. 어떤 사람은 병을 치유하는 능력을 드러냅니다. 또 다른 사람은 하나님의 음성을 직접 듣기도 합니다. 신유의 은사에도 여러 가지입니다. 어떤 사람은 다리의 길이가 다른 것을 똑 같은 길이로 길어지게 하는 치유만을 가지고 있는가 하면 또 다른 사람은 소경의 눈을 뜨게 해 주는 치유역사를 가지고 있습니다.

성령의 불세례에는 초자연적인 큰 능력이 있습니다. 그래서 사도 바울은 자신의 복음 전함의 근원이 능력과 성령과 큰 확신으로 되었다고 고백을 했던 것입니다. "이는 우리 복음이 말로만 너희에게 이른 것이 아니라 오직 능력과 성령과 큰 확신으로 된 것이니 우리가 너희 가운데서 너희를 위하여 어떠한 사람이 된 것은 너희 아는 바와 같으니라"(살전 1:5). 믿으십시오. 성령의 불세례에는 엄청난 권능과 능력이 있습니다. 그리고 그 성령은 성령세례와 함께 성령의 불세례 성령 충만 함이 있음도 믿으시기 바랍니다. 우리는 자신 안에서 성령의 불이 나오는 자신 안에서 성령의 불세례를 받는 자가 되어야 합니다.

4. 성령 충만이란? '성령 세례'는 택한자가 거듭날 때 최초로 한 번 받는 것입니다. 그러나 '성령 충만'은 성령의 불세례를 이미 받은 성도가 그의 남은 일생동안 계속적으로 사모하면서 받아야 할 은혜입니다. 사도행전 2장을 보면 예수님 부활 후 첫 오순절에 제자들이 최초로 성령의 세례를 받는 장면이 나옵니다.

그리고 그 이후에 수많은 반대와 핍박에도 불구하고 담대히 복음을 전하고 기도하다가 성령의 충만을 받는 장면을 발견할 수 있습니다(행 4:23~31). 사도행전을 보면 제자들이 주로 기도와 찬송 중에 성령의 충만을 받는 모습을 발견할 수 있습니다(행 4:23~31). 성령의 불세례를 받는 일이 없었는데도 불구하고 감히 성령 충만하다고 함부로 말하는 사람들을 (타 교회에서) 종종 볼 수 있었습니다. 이것보고 관념적인 신앙생활을 하는 것이라고 할 수가 있습니다. 알기만 하는데 실제 체험이 없다는 것입니다. 단순히 기분이 좋다는 표현을 성령 충만하다는 식으로 농담으로 표현하는 사람도 있었습니다. 성령님은 삼위일체의 제3위가 되시는 하나님이십니다. 하나님의 거룩하신 이름이 들어가는 단어를 진지하고 신중하게 사용해야 합니다.

성령 충만하다는 것은 성령님이 자신을 차고 넘치는 상태입니다. '예수님 그리스도의 영으로 충만해진 상태'를 말하는 것입니다. 그리스도의 거룩하심과 뜨거운 사랑으로 충만해지는 것입니다. 주님의 거룩하신 성품과 사랑과 말씀과 지혜와 능력으로 충만해지는 것을 말합니다. 성령 충만한 사람은 이기적 욕심이 완전히 죽고 성령님께서 인도하시는 이타적 삶으로 인도함을 받게 되어있습니다. 세상이 줄 수도 없고 알 수도 없는 평안과 기쁨이 충만합니다. 세상의 염려와 걱정을 하나님께 내어 맡기고 담대히 자신이 짊어져야 할 '십자가의 사명 (하나님께서 주신 이타적 사명)'을 지고 즐거이 주님을 따르는 삶을 살게 됩니다. 성도라고 한다면 예수님으로부터 성령의 불세례를 받아 성령이 차고 넘치는 성령의 충만함으로 성령의 기름부으심으로 살아야 합니다.

　결론입니다. 저는 성도라면 모두가 예수를 영접하고 성령으로 세례를 받아야 한다고 강조합니다. 제가 말하는 성령의 세례는 성령의 내주하심이 아니라, 성령이 전인격을 장악하는 성령 폭발을 말하는 것입니다. 내주하신 성령이 폭발하여 성도의 전인격을 장악해야 육이 치유되어 영의 지배를 받는 영의 사람으로 변하는 것입니다. 성령이 전인격을 장악해야 비로소 육체에 역사하던 세상신이 떠나가기 시작하기 때문입니다. 성령은 초자연적인 권능이 있으시고, 세상신은 권위 면에서 한 단계 하위인 초인적인 존재들이기 때문입니다.

　이는 성도에 따라 성령께서 장악하는데 시간이 다르게 걸립니다. 그래서 하나님은 "항상 기뻐하라! 쉬지 말고 기도하라! 범사에 감사하라! 이것이 그리스도 예수 안에서 너희를 향하신 하나님의 뜻이니라"(살전5:16-18). 하시는 것입니다. 전폭적으로 성령의 인도를 받으며 맡기는 성도는 빨리 변화가 되고, 그렇지 못한 성도는 변화되는데 시간이 더 걸릴 것입니다.

　성도가 성령으로 빨리 장악이 되면 그 만큼 연단의 기간도 짧아지는 것입니다. 하나님은 성도가 성령으로 전인격이 장악 되어 하나님이 원하시는 수준이 되어야 성도에게 배당된 하나님의 복을 풀어주시는 것입니다. 그러므로 성도는 부단하게 성령으로 세례를 받고 전인격이 성령의 지배를 받으려고 의지적인 노력을 해야 합니다. 자신의 생각이나 의지를 내려놓고 전폭적으로 성령의 인도하심을 따르면 좀 더 빨리 하나님이 원하시는 영적인 수준에 도달할 수가 있는 것입니다.

성령의 세례는 성도에게 와 있는 영육간의 문제를 치유하는데도 지대한 영향을 미치게 됩니다. 성령으로 세례를 받지 않으면 치유가 되지 않습니다. 육체에 역사하는 세상신의 힘이 강하기 때문에 좀처럼 치유가 되지 않습니다. 그러다가 성령으로 세례를 받고 뜨겁게 기도하기 시작을 하면 육체가 성령의 지배를 받게 됨으로 치유가 되기 시작 하는 것입니다.

그러므로 성도가 당하는 영육의 문제를 치유 받으려면 최우선으로 체험해야하는 것이 성령의 세례입니다. 성령의 세례가 없이는 아무리 능력이 강한 사역자라도 치유할 수가 없습니다. 치유는 성령께서 하시기 때문입니다.

하나님은 영이십니다. 영육의 문제는 영이신 하나님이 치유하시는 것입니다. 하나님이 치유하시게 하려면 영적인 상태가 되어야 하는 것입니다. 영적인 상태가 되려니 성령으로 세례를 받고 성령의 깊은 임재에 들어가야 합니다. 그러면 하나님의 치유의 손길이 역사하기 시작을 합니다.

하나님의 음성을 들으려고 해도 성령으로 세례를 받아야 합니다. 상처를 치유 받으려고 해도 성령으로 세례를 받아야 합니다. 귀신을 쫓아내려고 해도 성령으로 세례를 받아야 합니다. 질병을 치유 받으려고 해도 성령으로 세례를 받아야 합니다. 혈통에 흐르는 영-혼-육의 문제를 치유 받으려고 해도 성령으로 세례를 받아야 합니다. 재정의 문제를 해결하려고 해도 성령으로 세례를 받아야 합니다. 성령의 세례가 없이는 아무것도 이루어지지 않습니다. 그러므로 성령의 세례는 모든 성도가 꼭 받아야 합니다.

성령의 세례로 만족하시지 말고 성령의 불세례를 받으시기를 바랍니다. 그래야 초자연적이고 권능 있는 성도가 되는 것입니다. 성령의 불세례=성령충만=성령의 기름부음은 같은 것입니다.

성령으로 세례를 받고 불세례 받으며 성령 충만을 받아 성령의 지배와 장악을 받으며 신앙생활을 하려면 "성령의 불 받는 법." "성령의 불로 충만 받는 비결" "불같은 성령의 기름부으심" "성령의 불세례에 숨은 비밀" "성령의 불 받을 때 느낌 체험" 책을 읽어보시기를 바랍니다.

9장 영적검진을 주기적으로 해야 한다.

(요삼 1:2)"사랑하는 자여 네 영혼이 잘됨 같이 네가 범
사에 잘되고 강건하기를 내가 간구하노라"

하나님은 예수를 믿고 성령으로 거듭난 크리스천들이 자기관
리를 잘하여 영육으로 건강한 삶을 살아가기를 소원하십니다. 호
흡이 건강할 때 건강관리를 잘하고 면역관리 잘하고 전인적인 건
강을 위하여 온몸에 보물을 쌓아야 합니다. 보물을 자신의 영혼을
건강하게 관리하는데 사용하라는 것입니다. 자신이 하나님의 나
라, 보물이 되고 건강에 관심을 가지라는 뜻입니다. 건강하게 살
기 위해서 주기적으로 건강진단을 받아야 하는 것처럼, 건강한 삶
을 살기 위해서는 주기적으로 영적 진단을 받을 필요가 있습니다.
필자는 주기적인 영적진단을 아주 많이 강조합니다. 예방신앙이
되어야 하기 때문입니다. 온몸 속에 영적-정신적-육체에 악영향
을 끼치는 독소가 쌓이지 않게 하기 위해서입니다. 성령의 역사가
강한 장소에 가셔서 마음을 열고 기도하며 자신의 영적인 상태를
주기적으로 진단하는 것입니다.

암은 조기에 진단하면 100% 치유가 되지만, 검진을 하지 않으
면 말기가 될 때까지 우리 몸은 암을 느끼지 못합니다. 그래서 의
사들이 하는 말이 암을 발견하는 것은 주기적인 검진 밖에 없습니
다. 라고 합니다. 영적인 병도 이렇습니다. 병의 바이러스인 마귀

나 귀신이 들어왔는데도 우리의 몸이 느끼지 못하는 경우가 많습니다. 영은 신호를 보내는데도 무지해서 그 신호를 놓치는 경우가 많습니다. 그러므로 주기적으로 자신의 영적인 상태를 점검할 필요가 있습니다. 영적검진을 어떻게 해야 합니까? 성령의 역사가 있고 개별로 안수하며 치유하는 교회를 찾아가야 합니다. 목사님이 전하는 진리의 말씀을 듣고 안수를 받으며 성령으로 기도할 때 자신의 영적인 상태를 검진할 수가 있는 것입니다. 성령께서 자신의 영적-정신적-육체적인 상태를 본인이 직접 깨달아 알게 하십니다. 영적검진을 하려면 시간과 물질과 노력이 투자되어야 합니다. 거저 그냥 되지 않습니다. 주기적인 영적 상태 점검은 무엇보다 중요합니다. 세대에 역사하는 영적인 존재들은 태중에서 들어옵니다. 이것들이 평소에는 잠복하여 있다가 스트레스를 받고 몸속에 독소가 쌓여서 취약한 시기가 되면 고개를 들고 일어나 문제를 일으키는 것입니다. 이를 예방하기 위하여 주기적인 영적 검진이 필요한 것입니다.

저는 평소에 이렇게 말합니다. 예수를 믿고 교회에 들어오면 먼저 성령으로 세례를 받아야 합니다. 성령으로 세례를 받은 다음에 말씀과 성령으로 내면의 상처를 치유하는 것입니다. 상처를 치유받으면서 병행하여 자아를 십자가에 매다는 것입니다. 자아를 십자가에 매단다는 것은 자신의 자아를 죽이는 것을 말합니다. 성령 안에서 몸속의 염증과 독소를 녹여서 배출하는 것입니다. 성령의 역사가 자신 안에서 일어나면 성령께서 몸속의 독소를 배출하십니다. 어려울 것이 없습니다. 문제는 자신이 다니는 교회에 성령의 역사가 일어나느냐 일어나지 않느냐가 문제입니다. 성령의 역사가 일어나면 성령께서 자신의 상태를 인정하게 하시며 몸속의 독소를 배출하십니다. 성령님은 우리 개인의 심령의사로 오셔서 주인으로 계시기 때문입니다. 자신의 마음 안에서 성령의 역사만 일어나면 몸속의 독소는 녹아지고 배출이 됩니다. 성령께서 성도들의 몸속에 독소가 쌓이는 것을 불허하기 때문입니다.

교회에 나와서 예배드리면서 자신의 영적 상태를 진단받는 것입니다. 자신이 마음만 열면 성령께서 하십니다. 물론 처음 성령을 체험하는 분은 거북스러울 수가 있습니다. 초자연적인 성령님이 자신을 지배하고 장악할 때 일시적으로 거북스러운 역사가 일어날 수가 있는 것입니다. 이는 누구나 필연적으로 체험하는 것입니다. 자신이 영이시고 권능이신 하나님께서 지배하고 다스리게 됨으로 일어나는 현상입니다. 이런 살아계신 초자연적인 성령의 역사가 일어나야 몸속의 독소가 녹아지고 배출되는 것입니다.

교회에 나와서 졸기나 하고 시간 때우기 식의 예배를 드리면 안 됩니다. 예배드리지 않으면 문제가 생길 지도 모르기 때문에 의무로 생각하고 예배에 참석하면 안 됩니다. 교회에 나와서 예배를 드리는 것을 담임목회자에게 얼굴 도장 찍기 위해서 교회에 나오면 안 됩니다. 이런 의식을 가지고 있으면 예배시간에 졸음이 오고 졸다가 예배 끝내는 것입니다. 예배는 자신을 살리는 것입니다. 자신을 위하여 드리는 것입니다. 예배를 통하여 모든 것이 이루어집니다. 마음을 열고 영과 진리로 예배를 드리면서 잠자는 영혼을 깨우기도 합니다. 설교말씀을 들으면서 영이 깨어나고 자랍니다. 기도하면서 몸속의 염증과 독소를 녹이기도 하고 배출하기도 합니다. 기도하면서 영적진단을 받는 것입니다. 예배는 참으로 중요한 시간입니다.

그래서 교회는 참으로 중요한 곳입니다. 교회를 잘 찾아가야 합니다. 교회마다 성령의 나타남이 각각 다르기 때문입니다. 이유는 무엇입니까? 그것은 한마디로 교회의 담임목회자가 추구하는 방향에 따라 성령의 역사가 다르게 나타나는 것입니다. 많은 성도들이 성령의 다양한 은사들을 사모함에도 불구하고 자신의 교회 안에서는 잘 일어나지 않는데, 기도원이나 치유센터나 부흥회와 같은 특별한 성격의 집회에서 잘 일어나는 까닭이 무엇인지 궁금해하는 분들이 많을 것입니다. 그토록 사모했고 기도도 많이 했는데 혼자 기도할 때나 교회 안의 예배나 집회에서는 전혀 받을 수 없던 성령의 역사와 성령의 은사가 특별한 모임에서는 흔히 나타나는 것을 누구나 알고 있을 것입니다.

그래서 은사를 사모하는 사람들은 그런 집회를 찾아가게 되는 것입니다. 오랜 신앙생활을 했음에도 불구하고 방언조차 하지 못하던 목회자들이 특별한 집회에 참석했다가 뜻하지 않게 방언을 받는 경우가 흔히 있습니다. 우리가 알아야 할 것은 혼자 기도하여 방언의 은사조차 받기가 쉽지 않습니다. 성령의 역사가 있는 장소에 찾아가야 합니다. 지금의 성령의 역사는 성령의 역사가 함께하는 사람을 통하여 전이되고 나타나기 때문입니다. 어쨌든 교회 안에서 열리는 모임에서는 그토록 사모하건만 잘 되지 않던 영적 경험이 영성집회에서는 쉽게 경험할 수 있는데, 은혜를 경험하고 다시 교회로 돌아오면 얼마 가지 못해서 다시 냉랭해지는 것입니다. 일종의 영적 '요요현상'인 것입니다. 이는 자기 교회에서는 영성집회와 같은 성령의 역사가 일어나지 않기 때문에 나타나는 현상입니다. 사람은 육이 있기 때문에 항상 성령으로 충만한 곳에서 말씀을 듣고 기도하지 않으면 육으로 돌아가기가 쉬운 것입니다. 목회자들도 자신의 교회 안에서 뜨거운 성령의 역사가 일어나기를 간절히 사모함에도 불구하고 좀처럼 역사가 일어나지 않기 때문에 갈등이 심합니다.

이런 영적 경험이 교회 안에서 나타나지 않는 이유는 개 교회마다 다를 수 있겠으나 원칙적으로 담임목사가 성령으로 세례를 받았느냐, 성령의 역사를 사모하느냐 아니냐에 따라서 성령께서 역사하시고 나타나는 것입니다. 현대교회는 보수성이 강한 편이고 다양한 영적 현상들을 적절히 다룰 수 있는 수준에 이르지 못한 것이 가장 큰 이유입니다. 그렇기에 성령께서 사모하지 않고 관심을 두지 않는 보수적인 교회 안에서 강력하게 역사할 수 없는 것입니다. 성령님은 인격이시기 때문에 관심을 가지고 사모하고 받아들일 때 역사하십니다. 앞에서도 말씀드렸지만 목회자의 영성과 추구하는 목회방향에 따라 성령의 역사가 다른 것입니다. 목회자가 성령의 역사를 사모하고 관심을 가지고 목회하면 나타나지 않을 수가 없는 것입니다. 성령은 성령의 사람을 통하여 나타나기 때문입니다. 지금은 성령으로 충만한 사람을 통하여 나타납니다.

목회자로부터 성도에 이르기까지 신령한 은사에 관한 이해가 부족한 현실에서 교회 안에서 성령의 역사가 광범위하게 일어나게 되면 고린도교회와 같은 오류를 범할 수 있습니다. 교회 안에는 성숙한 성도와 미숙한 성도가 섞여 있을 뿐만 아니라 다양한 형태의 믿음을 소유한 사람들이 모여 있습니다. 목회자가 성도들의 수준을 어느 정도 높여서 그 차이를 좁혀놓아야 할 뿐만 아니라 성향도 성령님이 역사하실 수 있는 일정한 형태로 변화시켜주어야 합니다. 그런데 목회자가 성령의 역사와 은사에 대하여 체험하지 못해서 성령의 깊은 것까지 이해하지 못한 연고입니다. 그래서 목회자가 성령과 은사에 대하여 알고 체험하고 이해하는 수준에서 성령의 역사가 일어나는 것입니다.

목회자가 큰 은사가 있는 경우에 그 교회에 모이는 성도들은 그와 같은 은사를 사모하는 사람들이 대부분입니다. 우리 충만한 교회의 경우가 그러한데, 성령의 세례와 내적치유, 영육건강 검진하는 일, 몸속의 독소를 배출하는 일, 온몸 안에 보물을 쌓는 일, 성령의 은사를 비롯해서 그 밖의 은사를 사모하는 사람들이 모입니다. 경건하고 거룩한 예배를 지향하는 사람들은 우리 충만한 교회에 오지 않습니다. 일정한 성향을 지닌 사람들이 모이는 교회에서는 성령은 역사할 수 있는 바탕이 마련되기 때문에 강하게 역사가 일어나는 것입니다. 우리 충만한 교회의 경우 주일 예배에도 성령의 강한 역사가 일어납니다. 충만한 교회에 오시는 분들이 성령의 역사를 사모하고 예배에 참석하기 때문입니다. 예배에 참석한 모든 사람들이 성령을 체험하고 영육을 치유하며, 귀신을 떠나보내고 몸속의 독소가 배출됩니다. 자신의 영육의 상태를 검진 받습니다. 정말 대단한 성령의 역사가 일어납니다.

성령의 은혜를 경험하게 되면 자신도 모르게 고린도 교인들과 같은 생각을 하게 됩니다. 대체로 감성적인 사람은 지성이 딸리는 법이기에 제 멋대로 생각하고 판단하는 경향이 강합니다. 즉 은혜를 받는 사람은 하나님이 더 사랑하고, 그렇지 못한 사람은 바리새인들처럼 형식적인 신앙생활을 하거나 아니면 죄가 있을 것이라는 생각을 하게 됩니다. 따라서 교회가 은혜 받은 사람들과 받지 못한 사람들로 나뉠 가능성이 많습니다. 이것은 바람직하지 못할 뿐만 아니라 위험하기까지 합니다. 이러한 현상을 담임 목회자가 하나로 만들어야 합니다. 하나를 만드는 제일 좋은 수단이 말씀과 성령의 역사입니다. 성령의 역사를 체험하게 하는 것입니다. 성령의 역사를 체험하게 하려면 목회자가 성령의 강력한 역사가 모든 성도들을 장악할 수 있도록 뜨겁게 기도하게 해야 합니다.

그 다음 이유는 교회 안의 영적 분위기에 기인합니다. 성령의 역사는 다양한 영적 주체들의 작용에 의해서 일어납니다. 즉 수많은 천사들이 주의 명령에 따라서 역사를 수행하게 되는데, 기도원이나 치유센터와 같은 장소는 그곳에 이미 성령으로부터 보내심을 받은 일정한 기능을 담당하는 천사들이 있습니다. 이들은 기도원이나 치유센터의 전임 사역자에게 부여된 직임과 연관되어 있기 때문에 보다 더 강력하게 역사하게 됩니다.

목회자들의 수준을 높여야 교회마다 강력한 성령의 역사가 일어날 것입니다. 성도들 역시 성령의 역사와 지배와 장악과 인도를 사모해야 합니다. 성령의 역사하심은 이미 설명한 것이지만 영적 분위기가 무척 중요합니다. 성령은 모성성이기 때문에 분위기를 무척 타는 분입니다. 즉 여성은 분위기를 좋아하는 것처럼, 성령의 역사는 반드시 영적 분위기가 되어야 강하게 역사합니다. 그런데 개인이나 교회는 남성적인 사고구조로 오랫동안 내려왔기 때문에 분위기에 어색합니다. 무뚝뚝한 남자들처럼 삭막한 것이 우리 교회 현실이 아닙니까? 분위기를 잘 타는 여성들에게는 숨이 막힐 지경입니다. 그러니 성령 또한 숨이 막히는 것입니다. 그러니까 영적인 것을 아는 성도들은 이곳저곳을 돌아다니면서 부족한 영성을 채우려고 하는 것입니다.

청춘 남녀가 사랑을 고백하기 위해서는 분위가 좋은 장소로 가야 합니다. 그리고 그윽한 조명 아래에서 사랑을 고백한다면 성공할 것입니다. 그런데 이런 분위기를 모르고 시장 한 복판 분식점에서 고백한다면 일을 그르칠 수가 있을 것입니다. 성경의 아가서가 무엇을 의미하는 줄 아시지 않습니까? 하나님과 사랑의 고백이 아닙니까? 우리는 그런 그윽한 분위기를 좋아하시는 성령님의 취향을 이해해야 합니다. 교회는 그윽한 분위기를 잡기에는 다소 모자라는 곳입니다. 그렇기 때문에 분위기를 바꿀 필요가 있습니다. 목회자부터 고답적이고 권위적인 분위기에서 벗어나야 합니다. 목회자가 먼저 성령을 체험해야 합니다. 목회자가 성령으로 세례를 받고 성령으로 충만해야 합니다. 성령으로 변화되어야 합니다. 그래야 교회 전체에 흐르는 영적 분위기가 바뀌게 됩니다. 목회자가 변하지 않으면 절대로 교회가 성령으로 충만 할 수가 없습니다. 교회는 목회자의 영적 성향으로 인해서 성도들이 자신도 모르게 솔타이(영의얽힘)가 되어 있습니다. 이것이 성령의 역사를 가로막는 중요한 장애가 되기도 합니다.

자신이 다니는 교회 안에서는 부흥회 때 단회적으로 밖에 일어날 수 없는 성령의 역사가 교회 밖, 치유센터나 기도원 등 다른 곳에서는 매 집회 때마다 일어나는 것을 조금 이해가 되었을 것입니다. 성령의 역사하심이 얼마나 신앙생활에 중요한 것인지는 말하지 않아도 잘 알 것입니다. 결혼한 사람은 정서적으로 안정을 갖는 까닭은 사랑하는 사람이 있기 때문입니다. 그 가족의 사랑이 힘들고 어려운 세상을 이기게 하고 인간다운 삶을 살게 해줍니다. 그러나 가족을 이루지 못한 사람은 자신들은 잘 몰라도 어딘가 부족함을 주변 사람들은 느낍니다. 주님의 사랑은 성령을 통해서 경험하게 됩니다. 그 사랑이 날마다 확인되고 넘쳐 난다면 영적 삶은 분명히 다르게 될 것입니다. 영적 경험은 혼자 하기란 쉽지 않습니다. 그래서 경건한 사람들이 여럿이 모여서 기도회를 한다면 보다 쉽게 경험하게 될 것입니다.

성령의 역사는 장작불의 원리입니다. 성령으로 충만한 성도들이 모인 장소에 성령의 역사가 강하게 나타나는 것입니다. 성령은 자신 안에 계십니다. 그리고 우리 안에 계십니다. 성령의 지배하에 전하는 말씀 안에 성령님이 계십니다. 그러므로 성령으로 충만한 사람들이 모인 장소에 성령이 강하게 역사하는 것입니다. 일반 교회에서 영적현상이 나타나는 것이 미약한 것은 성령의 역사를 거부하는 사람들이 있기 때문에 영적 현상이 약하게 일어나는 것입니다. 이는 마가복음 6장 4-5절을 보면 알 수가 있습니다. "예수께서 그들에게 이르시되 선지자가 자기 고향과 자기 친척과 자기 집 외에서는 존경을 받지 못함이 없느니라 하시며, 거기서는 아무 권능도 행하실 수 없어 다만 소수의 병자에게 안수하여 고치실뿐이었고" 알고 대비하시어 항상 성령의 영적현상이 일어나는 교회가 되도록 하기를 바랍니다. 이를 위하여 담임 목회자부터 성령의 역사의 중요성을 깨닫고 성령의 지배와 장악이 되고 성령의 인도를 받는 사람으로 변해야 할 것입니다. 목회자가 변하지 않고는 절대로 교회에서 성령의 역사가 일어날 수가 없습니다. 그래서 담임 목회자의 추구하는 목회 방향과 영성이 중요한 것입니다. 성령의 역사를 예배마다 체험하고 싶은 분은 우리 교회에 성령의 역사가 일어나지 않는 다고 불평하지 말고, 그런 성향의 교회를 선택하여 믿음 생활을 하면 쉽게 해결이 될 것입니다.

성령의 역사가 강하게 나타나는 교회예배당에 나와서 예배를 드리면서 성령의 역사로 몸속에 쌓인 독소를 녹이고 배출하며 혈통에 대물림되는 악한 영을 축귀하는 것입니다. 그리하여 호흡이 건강할 때 온몸 안에 보물을 쌓는 영적체질을 만드는 것입니다. 이는 어려서부터 적용해야 되는 것입니다. 세대에 역사하는 악한 영을 성령의 역사로 들어내어 미리 축귀하는 것입니다. 그래서 저는 우리 충만한 교회에 다니고 있는 성도들의 자녀를 매주 안수를 해서 영적으로 맑은 상태를 유지하게 합니다. 이렇게 주기적으로 안수를 받으니 영적으로 깨끗해지는 것은 물론이고 육적으로도 건강하게 지냅니다.

기존 성도들은 주일날 영적점검을 받는 것입니다. 성령의 역사가 강하게 나타나니 세대에 대물림 되던 악한 영이 더 이상 숨어 있지 못하고 정체를 폭로하는 것입니다. 폭로되어 떠나가게 하고 매 주일 성령의 역사를 체험하며 영적 상태를 유지하는 것입니다. 성령께서 자신의 영육의 상태를 환하게 보게 하면서 깨달을 수가 있도록 하십니다. 저는 항상 이렇게 말합니다. 성도들은 주일날이 아주 중요하다고 말입니다. 요즈음 세상 살아가는 것이 힘이 들어 주일 하루 밖에 교회를 나오지 못하는 분들이 많습니다. 이 중요한 주일을 성령으로 충만하게 예배를 드려서 영성을 유지하는 것입니다. 이렇게 신앙생활을 하지 못하니 세대에 역사하던 악한 영들이 예수를 믿어도 꼼짝하지 않고 숨어 있다가 영육으로 취약한 시기에 고개를 들고 나와 문제를 일으키는 것입니다. 필자가 지금까지 성령치유 사역을 하면서 체험한 바로는 세대에 역사하던 악한 영이 장로가 된 다음에도 영육으로 이해 못하는 고통을 가하는 것입니다.

우리 충만한 교회 성령치유 집회와 주일 예배에 참석하여 성령의 강한 역사를 체험하고 자신 안에 도사리고 있던 중풍의 영들이 정체를 폭로하여 떠나보낸 분들이 부지기수입니다. 또 무속의 영들이 숨어 있다가 정체를 폭로하여 떠나보낸 성도 목회자가 많습니다. 이는 현재 진행형입니다. 지금도 역사가 일어난다는 것입니다. 오늘도 일어날 것입니다. 이렇게 사전에 성령의 역사로 정체를 폭로하여 떠나보내지 않고 취약한 시기에 드러나서 고통을 당하다가 찾아오는 분들 또한 부지기수입니다.

고통을 당하다가 이렇게 해도 안 되고, 저렇게 해도 안 되니, 할 수 없이 저희 교회 같은 곳에 치유를 받는 것입니다. 그런데 때는 이미 늦은 것입니다. 이미 정체를 드러냈기 때문에 치유하려면 시간이 많이 걸리는 것입니다. 세대에 역사하는 악한 영은 태중에서 침입을 합니다. 침입하여 정체를 드러내는 시기는 두 가지가 있습니다. 첫째로 성령의 역사에 의하여 정체를 드러냅니다. 이것이 제일로 좋은 현상입니다. 두 번째는 여러 가지 상황이 좋지 못하여 스트레스를 당하여 체력이 떨어져서 기력이 약해지고 면역력이 떨어진 영육으로 취약한 시기에 드러내는 것입니다. 이 상황이 제일로 나쁜 것입니다. 이런 취약한 시기에 드러나는 것을 방지하기 위하여 주기적인 영적 점검을 하여 악한 영들을 드러내는 것입니다. 그래서 성도는 교회를 잘 정해야 합니다. 그리고 주일을 효과적으로 보내면서 주기적인 영적 점검을 받아야 합니다. 많은 성도들이 이렇게 주기적인 영적 점검을 받지 않음으로 인하여 불필요한 고통을 당하고 있습니다. 어떤 분은 목사가 된 다음에 스트레스를 많이 받음으로 악한 영들이 드러나 고생을 합니다. 어떤 분은 안수 집사가 된 다음에 악한 영이 드러나 말로 표현 못하는 고통을 당하기도 합니다. 저는 하나님의 은혜로 성령치유 사역을 하고 있습니다. 사역을 하다가 보면 영적으로 무지하여 예수를 잘 믿으면서 불필요한 고통을 당하면서 사는 분들을 볼 때 참으로 안타깝기 짝이 없습니다.

참으로 안타까운 일입니다. 필자는 참으로 안타까운 전화를 많이 받습니다. 목사님! 저희 어머니는 젊었을 때 노방전도도 열심히 하셨고, 교회에서 기도도 봉사도 열심히 하셨습니다. 그런데 갱년기에 들어서니 체력이 약해지고 점점 영적인 상태가 좋지 못하시다가 지금 치매가 와서 요양원에 계십니다. 목사님! 저의 어머니를 치유할 수 있을 까요? 다른 사정은 우리 딸이 어려서부터 믿음이 좋아서 교회를 그렇게 잘 다녔습니다. 그런데 고등학교에 들어가더니 시름시름 아프다가 지금 영적이고 정신적인 문제가 발생하여 학교를 다니지 못합니다. 어찌해야 하겠습니까? 모두가 정기적인 영적검진을 받지 않아생긴 일입니다. 영적검진을 받았으면 사전에 예방이 가능한 질병입니다. 예방신앙이 정말로 중요합니다. 보물을 영적검진 받는데 사용해야 합니다.

기독교 신앙은 예방 신앙입니다. 주기적인 영적검진이 필요한 것입니다. 다시 한 번 강조합니다. 우상 숭배가 혈통에 대물림되는 성도는 반드시 들이납니다. 어떤 사람은 15세(중2) 다른 사람은 17세(고1)에 발생합니다. 어떤 사람은 20세에 발생합니다. 어떤 분은 26세에 발생하기도 합니다. 어떤 분은 34세에 발생할 수도 있습니다. 어떤 분은 43세에 발생할 수도 있습니다. 드러나는 시기는 스트레스를 받고, 충격을 받다가 체력이 떨어지니 독소로 변하여 영혼이 감당하지 못할 때 정체를 드러냅니다. 거의 태중에서 들어온 존재들이 영혼육의 상태가 정상일 때는 숨어 있다가 스트레스를 받아 체력이 떨어져서 영적-정신적-육체적인 상황이 악화되면 정체를 폭로하는 것입니다. 대략 이런 증상이 발생하는 사람의 유형을 보니 집안에 우상의 숭배가 심한 집안의 내력이 있는 가문에서 발생을 합니다. 그리고 태중에서나 유아시절에 상처를 많이 받았던 분들이 많이 발생이 됩니다. 대개 심장이 약하여 잘 발생합니다. 그러므로 제가 강조하는 것과 같이 불같은 성령을 체험하며 영적인 상태를 진단하고 필요하면 내적치유를 미리 받아야 합니다. 그러면 성령의 지배로 사전에 상처가 드러나서 치유가 됩니다. 정기적인 영적 진단이 아주 중요합니다.

그리고 병이 들었을 때 주변에서 안다고 해서 그 사람이 고치지 못하듯이 영적 질환도 같은 이치입니다. 병이 들면 전문의의 도움이 필요하듯이 영적 질병 역시 전문 사역자의 도움이 필요한 것입니다. 목회자는 부분적으로 고칠 수는 있습니다. 그러나 전문가가 접근하는 방식과는 다릅니다. 전문가는 총체적으로 접근하며 병의 뿌리를 제거합니다. 그래서 전문가가 있는 것입니다. 영적 진단은 주기적으로 받아볼 필요가 있습니다. 병의 근원을 조기에 발견하면 치유가 쉽습니다. 그러나 그 시기를 잃게 되면 거의 치유가 되지 않습니다. 치유가 된다하더라도 시간과 노력이 많이 듭니다. 조기 검진 이것이야말로 효과적인 치유의 지름길입니다.

주기적인 영적진단을 하여 영육의 문제가 발생하기 전에 치유를 받는 것입니다. 그러면 불필요한 고생을 방지 할 수가 있습니다. 저는 군에서 지휘관을 했습니다. 군대는 정말로 예방활동이 중요한 곳입니다. 지휘관이 부지런하여 예방활동을 부단하게 하면 병사들이 불필요한 사고를 당하지 않습니다. 그런데 목사가 되어 영적인 면을 깨닫고 보니 교회도 예방 신앙을 철저하게 해야 한다는 것입니다. 그런데 일부 성도들이나 성도들이 예방신앙을 잘 이해하지 못합니다. 그래서 방심하고 지내다가 영육의 문제가 발생한 다음에 해결을 하려고 하니 힘이 듭니다. 우리 주기적으로 영적인 진단을 받아 예방 신앙을 생활화 합시다. 그래서 귀중한 생명과 재산을 보호 합시다. 영육의 문제가 발생한 다음에 불필요한 곳에 보물을 사용하지 말고 예방건강에 시간과 물질, 보물을 사용하여 하나님의 나라 천국을 누리기를 바랍니다.

하나님은 "너희를 위하여 보물을 땅에 쌓아 두지 말라."(마 6:19). 하십니다. "네 보물 있는 그 곳에는 네 마음도 있느니라." (마 6:21). 마음을 건강하게 지내는데 보물을 사용하시고 마음의 중심을 자기관리에 두시기를 바랍니다. 주기적으로 영적 검진하여 영혼이 건강하게 지내는데 보물을 사용하시기를 바랍니다. 자신의 온몸이 성전이 되도록 하는 예방건강과 영적검진에 보물을 사용하는 습관을 들이시기를 바랍니다. 그러면 영적-정신적-육체적으로 건강한 상태에서 하나님의 살아계심을 증명하며 살아갈 수가 있습니다. 하나님은 예수를 믿는 우리를 최고의 보물로 여기신다는 것을 깨닫고 하나님의 보물로서 건강하고 행복하시기를 바랍니다.

10장 온몸집중치유를 자주 해야 한다.

(시 38:8)"내가 피곤하고 심히 상하였으매 마음이 불안
하여 신음하나이다."

영적인면으로 자기관리를 효과적으로 하려면 성령으로 온몸
을 정밀집중치유를 자주해야 합니다. 몸속에 독소가 강하게 뭉쳐
서 스스로 예배나 기도를 통하여 배출할 수 없는 경우에 개별정밀
집중치유를 하는 것입니다. 충만한 교회는 매주 월-화-금-토요일
정기적인 성령치유 집중기도가 있습니다. 많은 분들이 이 기도에
참석하여 몸속의 독소를 배출하고 있습니다. 깨달은 분들이 계시
겠지만 몸속의 독소가 쌓인 기간이 길고 독소가 강하게 뭉쳐서 도
저히 해결이 40-50분 기도하여 배출이 되지 않는 분들이 계십니
다. 이런 분들이 사전에 예약하여 개별정밀집중치유를 받습니다.
기도하는 시간이 길어서 성령의 지배와 장악이 수월하여 깊은 곳
까지 독소를 녹이면서 배출합니다.

1.집중정밀치유를 해야 하는 이유: 사람의 마음 안에는 세상을
살아오면서 자신도 모르게 받은 상처와 스트레스, 독소들이 쌓여
있습니다. 이 독소들이 영적생활을 해치고 건강을 해치는 것입니
다. 하나님은 사람을 창조하셨습니다. 창조하실 때 건강하게 900
세 이상 오래 살도록 창조하셨습니다. 그래서 아담은 930세까지
살다가 죽었습니다(창 5:2-5). 하나님은 아담과 하와를 창조하시

고 900세 이상 살도록 하셨습니다.

그런데 사람들이 세상에 빠져서 하나님의 말씀을 무시하고 자기들의 편리한 대로 살아가게 됨으로 사람의 수명이 점차로 단축되게 됩니다(창 6:1-3). 사람들이 하나님의 말씀보다 세상을 더 좋아함으로 점점 하나님과 멀어지게 됨으로 하나님의 진노가 임합니다(창 6:5-8). 하나님은 세상을 홍수로 멸망하게 하십니다. 그러나 하나님의 말씀에 순종하는 노아는 은혜를 입고 하나님의 진노를 면하게 됩니다.

사람이 노아와 같이 하나님의 은혜 안에 들어오려면 성령으로 거듭난 하나님과 교통할 수 있는 영적이 되어야 가능한 것입니다. 그래서 하나님은 예수를 세상에 보내신 것입니다. 예수 안에 들어온 사람은 성령으로 거듭난 영적인 사람이 됨으로 하나님의 말씀에 순종하면서 하나님의 은혜 안에서 살수가 있는 것입니다. 그래서 사람이 세상에서 건강하게 장수하며 살아가기 위해서는 성령으로 온몸 기도하여 하나님과 대화할 수 있는 영적이 되는 것입니다. 성령으로 온몸기도를 하려면 먼저 해야 할 것이 하나님의 말씀을 듣고 순종할 수가 있는 영적이 되는 것입니다. 영적이 되려면 먼저 하나님과 관계에 가로노인 벽을 허물어야 합니다. 이 벽은 사람의 힘이나 능력으로 허물 수가 없습니다. 반드시 죽어야 해결되는 죄가 가로막혀 있기 때문입니다.

그 담을 예수님께서 십자가에서 죽으심으로 허무신 것입니다(엡 2:13-18). 사람이 예수님이 아니면 하나님과 통할 수가 없고 노아와 같이 하나님의 은혜 속에서 살아갈 수가 없는 것입니다.

예수를 믿는 사람은 성령으로 노아와 같이 하나님의 축복을 받을 수가 있는 것입니다. 이유는 예수님께서 하나님과 막힌 죄악을 십자가에서 단번에 해결하셨기 때문입니다. 예수님을 믿는 사람은 하나님과 원수가 되었던 죄가 단번에 사해지는 것입니다. 이제 죄를 사함 받음과 동시에 하나님의 말씀에 순종하면서 살아야 노아의 복을 받을 수가 있는 것입니다. 노아와 같이 하나님의 말씀에 순종하면서 살도록 하시는 분이 성령이십니다. 그런데 성령님은 예수를 믿었다고 주인으로 역사하시는 것이 아니고 반드시 성령으로 세례를 받고 성령님을 주인으로 모시고 지배와 장악을 받아야 주인으로 역사하십니다. 이는 예수님께서 부활하시고 40일 동안 지상에서 보이시다가 하늘로 승천하실 때 하신 말씀을 깨달아야 이해가 됩니다(행 1:4-5). 이 말씀을 듣고 믿고 순종하는 120명의 사람들에게 성령세례가 임합니다. 말씀을 들었다고 다 성령세례를 받은 것이 아니고 성령세례가 임할 때까지 인내하고 기다린 사람들만 받게 됩니다(행 2:1-4).

이때 성령세례를 받은 사람들만 하나님과 교통하면서 노아와 같이 복을 받으면서 살아가게 됩니다. 지금은 성령이 역사하시는 교회시대입니다. 이 교회는 예수를 믿고 성령으로 세례 받은 성도, 우리들을 말하는 것입니다(고전 3:16). 그렇기 때문에 예수를 믿고 교회에 나오는 사람들은 모두 성령으로 세례를 받고 성령의 지배와 장악을 받으면서 성령의 이끌림을 받아야 합니다. 그러면 전인격이 보이지 않지만 초자연적이고 5차원인 성령님 주인이 되심으로 온몸에 끼어있는 세상에서 삶을 살 때 자신도 모르게 들어와 집을 짓고 있으면서 취약한 시기를 노리는 독소들이 제거되는 것입니다. 그렇기 때문에 육체와 마음과 정신에 숨어있는 독소는 성령의 역사로만 제거가 되는 것입니다. 독소는 사람보다 강한 초인적이면서 4차원인 세상 아니 마귀귀신이 장악하고 있기 때문입니다. 그래서 필자가 성령으로 온몸기도를 습관적으로 하라고 하는 것입니다. 누구를 위해서 자신의 건강과 하나님의 축복을 받기 위하여 그렇게 하라는 것입니다. 담임목사를 위해서 그러는 것이 아닙니다. 여러분 본인들을 위해서 집중기도도 습관적으로 하도록 하는 것입니다. 한번 가슴에 손을 얹고 기도해 보시기를 바랍니다. 호흡이 있을 때 준비해야 합니다. 호흡이 끊기면 때는 늦습니다. 이는 미련한 자들에 대한 마태복음25장 5-12절 열 처녀의 비유를 읽으시면 이해가 빠를 것입니다. 호흡이 살아있을 때 준비해야 합니다. 준비는 성령 안에서 온몸기도하면서 성령 충만하게 지내는 것입니다.

필자는 집중치유기도를 중요하게 생각합니다. 마음을 집중하여 집중 치유 기도할 때 성령의 역사로 세상을 살아오면서 자신도 모르게 쌓인 온몸에 상처와 독소를 제거할 수가 있기 때문입니다. 우리교회 성도들은 매주 1-2회 집중 온몸기도를 하고 있습니다. 이를 통하여 온몸을 성령으로 충만하게 유지할 수가 있기 때문입니다. 덩달아서 자신도 모르게 온몸에 쌓여있는 상처와 스트레스, 독소를 제거하여 영-혼-육이 강건한 사람이 될 수가 있기 때문입니다. 앞에서도 여러번 이야기를 했지만 영-혼-육에 쌓여있는 독소는 성령의 역사로만 해결이 됩니다. 필자가 말하고 싶은 것은 예수를 믿어도 성령으로 거듭난 영적인 성도가 아니면 이렇게 먼저 세상방법을 찾는 다는 것입니다. 이분들이 결국에는 완치하지 못하는 경우가 많습니다.

이분들이 성령의 역사를 알고 영적치유를 받으면 쉽사리 완치가 됩니다. 우리는 이것을 알아야 합니다. 대상포진이라는 질병이 있습니다. 이병은 젊어서부터 몸속에 잠복해있던 대상포진 균들이 상처와 스트레스를 받고 면역력이 약해지면 밖으로 나타나는 것입니다. 대상포진은 주로 기온이 높아지는 6~9월에 가장 많이 발생합니다. 더위로 인한 체력 저하와 스트레스 누적으로 면역력이 저하되기 때문이라고 합니다. 주로 면역력이 떨어지는 50대 이상 고령일수록 발생빈도가 증가합니다. 또 여성에서 발병률이 높은데 특히 폐경기 여성에서 두드러지며, 이는 상처와 스트레스 호르몬 영향으로 추측하고 있습니다.

왜 대상포진을 언급하느냐하면 모든 영-혼-육의 질병은 상처와 스트레스 독소에 의해서 발생합니다. 이들이 평소에는 잠복해 있다가 상처 스트레스가 과하면 밖으로 나타나 영-혼-육의 문제를 일으키는 것입니다. 이를 사전에 예방하기 위하여 집중 온몸기도를 하는 것입니다. 그러면 성령의 역사로 사전에 드러나서 밖으로 배출이 되기 때문에 건강하게 지낼 수가 있는 것입니다. 그리고 온몸이 성령으로 충만하여 성령의 지배와 장악이 됨으로 에덴동산에서 하나님께서 아담과 하와를 창조할 때와 같은 영성을 갖추게 됨으로 지금 살아서 천국을 누리는 것입니다. 성령으로 온몸기도를 숙달하여 오랜 시간 집중기도하면 몸속의 독소가 제거되면서 온몸이 하늘나라 천국이 되어 노아와 같이 축복된 삶을 살게 됩니다.

2. 몸속 독소로 나타나는 영적인 고통. 스트레스를 받다가 해소하지 못하고 몸속에 독소가 쌓이면 영적으로 좋지 못한 변화를 체험적으로 느낄 수가 있습니다. 스트레스는 영적인 생활에도 지대한 영향을 미칩니다. 그래서 스트레스를 만 가지 문제의 근원이라고 하는 것입니다.

◎ 기도하기가 힘들어 집니다. 스트레스로 무기력과 탈진에 빠져서 영혼이 자유 함을 누리지 못하면 기도의 문이 막혀서 기도하기가 힘듭니다. 기도하지 못하여 영육의 기능이 비정상적으로 되기 때문에 분노와 혈기와 찌증이 심해집니다. 가장 신뢰하고 사랑해야 할 부부 사이에 불화가 생깁니다. 자기의 잘못을 인정하기보다 다른 사람에게 책임 전가를 하는 이기주의자가 됩니다. 하는 일마다 잘 되지 않아 경제적인 고통이 찾아옵니다. 살아가는 것이 짐으로 느껴집니다. 거짓말을 스스럼없이 하고 삽니다. 하나님보다 사람의 눈치를 보며 삽니다.

습관적인 죄에 빠지며 삶의 변화가 없는 입술의 고백만을 하고 삽니다. 마음이 불안하고 답답하며, 심각한 정신 질환인 우울증, 조울증, 공황장애, 불안장애, 치매 등으로 고통을 당하기도 합니다. 시기 질투가 강하여 다른 사람을 죽이고 싶은 충동까지도 종종 느끼게 됩니다. 약을 사용해도 아무 효력이 없는 원인 모를 육신의 질병으로 고생하기도 합니다. 이곳저곳에 뼈와 신경의 질병과 근육통이 생깁니다. 영적인 질병으로 발전이 되어 가위눌림을 당하기도 합니다. 필자도 스트레스로 영육이 정상이지 못할 때 가위눌림을 당하여 죽는 줄만 알았습니다. 귀신들림으로 고통을 당할 수도 있습니다. 육신이 병든 증거로 고통이 극심함과 같이, 영혼이 병들은 증거도 이와 같이 영적 고통이 임하는 것입니다. 영에서 병이 드니 정신으로 육체로 병이 진전되는 것입니다. 그래서 크리스천이 영혼의 만족은 참으로 중요합니다.

◎ 말씀이 들리지 않고 보이지 않습니다. 필자역시 교회를 개척하고 부흥되지 않아 스트레스를 받다가 스트레스에 걸려 영적인 무기력과 탈진에 빠지니까, 무엇보다도 괴로운 것은 말씀이 들리지 않고 보이지 않는 것입니다. 은혜를 받겠다고 성령집회에 찾아가면 말씀을 들을 수가 없었습니다. 잡념과 졸음으로 집중을 하지 못하였습니다. 그렇게 6개월여를 고통을 하다가 하나님께 지혜를 구했습니다. 그랬더니 이렇게 감동하시는 것입니다. 말씀을 받아쓰기를 하라는 것입니다. 그리고 녹음을 하라는 것입니다. 이유는 이렇습니다. 받아쓰기를 하면 집중할 수가 있기 때문입니다. 녹음을 하는 이유는 받아쓰기를 못한 부분은 교회에 돌아와 저녁에 녹음한 것을 들으면서 보강하라는 것입니다. 그러면서 서서히 집중력이 생기고 말씀이 들리기 시작했습니다. 본인이 노력을 하여 극복하려고 해야 좀 더 빨리 해방이 될 수가 있습니다.

◎ 영육으로 무기력해 집니다. 스트레스를 받다가 스트레스에 걸려 무기력과 탈진에 빠져서 영혼이 불만족한 사람은 방향감각이 없습니다. 필자가 교회를 개척하고 부흥되지 않아 스트레스를 받을 때 항상 머리가 묵직하고 멍했습니다. 생각이 떠오르지 않는

것입니다. 육체는 망가져서 속은 쓰리고 아프고 조그마한 소리에도 참지 못하고 분을 발했습니다. 금방 굶어서 죽는 것과 같았습니다. 믿음이 아예 없었던 것입니다. 하나님을 믿지를 못하는 것입니다. 모든 것을 필자가 해야 하는 것으로 생각하니 매사가 불안하고 두려움이 떠나가지를 않는 것입니다. 정신이 흐리멍덩하며 자신이 지금 어디로 향하고 있는지 위치 파악이 안 되는 것처럼, 스트레스로 인하여 탈진에 빠진 사람은 지금 자신이 가고 있는 방향이 어디인지를 모릅니다. 목표와 방향이 없기 때문에 왜 신앙생활을 해야 하는지를 모릅니다. 무엇 때문에 목회를 했는지 모릅니다. 무엇 때문에 말씀을 전해야 하는지도 모르고 전합니다. 아무리 앉아서 기도하려고 해도 기도가 되지를 않습니다. 죽고 싶은 생각만 났습니다. 사당역에서 몇 번이나 전철에 뛰어들려고 생각했다가 어린 자식들과 사모가 살아가려면 얼마나 고생할까, 내가 자살하는 것은 무책임한 일이다고 생각하고 접었습니다.

◎ 영적의지를 발휘하지 못합니다. 정상적인 신앙생활을 하던 크리스천이라도 스트레스를 지속적으로 받아 탈진 상태에 빠지면 혈통이나 육체에 역사하던 귀신이 현재의식을 장악하여 정상적인 의지를 하지 못하게 합니다. 마음이 어두워지고 평안과 기쁨과 감사를 잃어버립니다. 귀신이 사람의 의지를 잡으니까, 일어나는 현상입니다. 미운 생각, 세속적 생각, 교만한 생각, 부성석 생각의 사람이 됩니다. 항상 생각이 부정적이 되어서 정상적인 사람들과의 대화가 되지를 않습니다. 은혜가 소멸되어 기도와 교회가 멀어지고 말씀을 불순종하며 거역합니다.

귀신에게 영이 눌려서 잠을 자니 생명의 말씀이 깨달아지지 않기 때문입니다. 차가운 사람, 불순종의 사람, 거짓을 말하고 증오를 합니다. 좋은 이야기를 해도 의심하며 받아들이지 않기 때문에 정상적인 사람들이 대화하기를 꺼려합니다. 양심이 마귀의 화인을 맞아 죄책을 느끼지 못합니다. 스트레스로 인하여 귀신이 마음을 억압하면 자신을 학대하게 되는데 의욕상실, 우울증, 불면, 패배감, 자포자기, 환각, 환청, 자살충동, 정신이상 등 자신의 본래 모습을 상실하고 맙니다. 옛사람이 나타나서 유혹의 욕심을 따라서 정욕으로 행합니다. 우상을 좇습니다.

허영을 좇습니다. 음욕이 불타서 성적인 범죄를 저지릅니다. 환경에 지기 때문에 심령이 병드는 것입니다. 스트레스로 환경과 자신을 이기지 못하면 마치 막 5장의 군대 귀신들린 자의 모습(막 5:1-20)이 됩니다. 자기 몸에 상처를 내며 사람들에게 공포를 조성하는 사람이 됩니다. 이 모든 일들이 스트레스를 제때 해소하지 않고 잠재의식에 독소가 쌓여서 일어나는 영적인 현상입니다.

3. 몸속의 독소로 인한 건강 적신호. 적당한 스트레스는 삶의 활력소가 되지만 현재 세상에서 살아가는 대다수 사람들은 지나친 스트레스를 받고 있습니다. 스트레스를 해소하지 못하여 몸속에 독소가 쌓이면 건강에 문제가 생기기 시작을 합니다. 스트레스로 인하여 몸속의 독소가 쌓여서 일어나는 건강적신호는 이렇습니다. 스트레스가 독소로 변하여 잠이 안 오거나, 가슴이 두근거리거나 숨이 차거나, 소화가 안 되거나 두통이 생기거나 하는 증

상으로 병원을 찾는 많은 환자들이 각종 검사를 한 후에 이상이 없다는 결과를 듣고 나서야 비로소 스트레스 때문이 아닌가하는 생각을 하게 됩니다. 더군다나 이곳저곳에서 병원치료를 받아도 치유가 되지 않으면 그때서야 하나님을 찾는 것이 보통입니다.

어느 젊은 여 집사가 저에게 전화를 했습니다. 목사님! 저는 지금 정상이 아닙니다. 직장을 다니고 있는데 몸이 비정상입니다. 가슴이 답답하고, 잠을 자도 늘 피곤하여 닭이 병든 것과 같이 꾸벅꾸벅 졸기 일 수입니다. 기도가 막혀서 기도를 할 수가 없습니다. 그리고 조그마한 소리도 받아들이지 못하고 짜증이 심합니다. 불안하고, 두렵고, 우울할 때도 있습니다. 몸이 천근만근 무겁습니다. 그래서 서울대 병원에 입원하여 450만원을 들여서 건강검진을 받았습니다. 그런데 결과는 모든 기능이 정상으로 나왔습니다. 그런데 몸은 비정상입니다. 다른 것은 대전 아파트를 매매하려고 1년 6개월 전에 부동산에 내놓았는데 팔리지를 않습니다. 목사님! 이유와 원인이 무엇입니까? 하나님의 은혜로 해결 받고 싶습니다.

필자가 이렇게 대답을 했습니다. 스트레스를 많이 받아 몸속에 독소가 쌓여서 영을 압박하여 영이 자기 역할을 못하니 정신과 육체까지 영향을 미쳐서 일어나는 현상입니다. 병원에서 약을 먹어도 치유가 불가능한 질병입니다. 하나님만이 치유하실 수 있는 스트레스로 인한 영적, 정신적, 육체적인 질병입니다. 전형적으로 영이 약한 성도에게서 일어나는 현상입니다. 저희 교회에 매주 토요일 날 개별집중정밀치유 프로그램이 있습니다. 예약하고 오셔서 정밀집중치유를 받으시면 완치가 가능합니다.

집사님이 바르게 아셔야 할 것이 있습니다. 집사님은 스트레스를 많이 받아서 몸속에 독소가 일으키는 병이기 때문에 세상 의술로는 치유가 거의 불가능합니다. 이유는 스트레스와 독소가 잠재의식에 쌓여있기 때문입니다. 사람의 잠재의식을 성령님만이 만지실 수가 있습니다. 다행하게 집사님은 예수를 믿어서 하나님의 자녀가 되었습니다. 하나님의 자녀는 하늘에 시민권이 있습니다. 이제 하나님께서 주시는 것으로 살아야 합니다. 영육의 문제도 하나님이 알려주시는 방법으로 치유를 해야 합니다. 하나님께서는 자녀들의 문제를 하나님의 사람을 통하여 치유하십니다. 세상에서 치유하지 못하는 문제도 하나님께 기도하면 하나님께서 하나님의 사람을 만나게 하여 치유하십니다. 하나님은 치유하지 못하시는 것이 없습니다. 하나님께서 치유하실 것이니 걱정하지 마세요.

여 집사가 토요일 날 개별 집중치유를 예약하여 집중치유를 받았습니다. 첫날 기도를 하는데 성령세례를 받지 않은 상태였습니다. 일단 성령의 임재가 여 집사를 장악하게 하여 성령세례가 임하도록 했습니다. 얼마 지나자 성령세례가 임했습니다. 소리를 내면서 한동안 울었습니다. 울음이 그치니 기침을 사정없이 했습니다. 그러면서 분노가 올라왔습니다. 들어보니 남편을 향한 분노였습니다. 제가 남편이 힘들게 합니까? 그랬더니 울먹이는 소리로 그렇다는 것입니다. 사사건건 충돌이 일어난다는 것입니다. 서로 마음에 여유가 없어서 생기는 현상입니다. 계속 기도를 하게 했습니다. 그리고 돌아가서 남편을 설득해서 남편하고 같이 와서 치유를 받았습니다. 의외로 남편이 쉽게 성령으로 장악이 되었습니다.

안수를 하니까, 깊은 곳까지 치유가 일어났습니다. 여 집사의 깊은 곳에서 치유가 일어났습니다. 남편도 생전처음 성령으로 세례를 받고 체험했다고 좋아했습니다. 필자가 대전 아파트가 나가도록 영적 전쟁하는 비결을 가르쳐 주었습니다.

돌아가서 이렇게 메일로 소식이 왔습니다. "한 달 전 남편과 같이 대전에서 올라와 치유 받은 ○○○ 집사입니다. 답답했던 가슴이 뚫리고 기도가 너무나 잘됩니다. 건강도 아주 좋아졌습니다. 더군다나 1년 6개월 동안 팔리지 않았던, 대전 아파트가 며칠 전 계약이 되었습니다. 먼저 하나님께, 그리고 목사님께 감사드립니다. 목사님께서 알려 주신 데로 남편과 같이 열심히 영적전쟁하며 대적 기도를 했습니다. 대적기도의 결과 응답되었고, 앞으로 마귀를 불러들이는 일은 하지 않아야겠다고 깨닫게 되었습니다." 이렇게 스트레스가 잠재의식에 쌓여서 포화 상태가 되니 병원에서 진단해도 병증이 나타나지 않는 질병으로 고생하는 것입니다. 거기다가 환경의 문제가 발생하는 것입니다. 영적이고 심리적인 독소이기 때문입니다. 그래서 반드시 성령의 역사가 일어나야 치유되는 것입니다.

이유는 잠재의식에 스트레스와 독소가 쌓여있기 때문에 인간적인 방법이나 기교로는 잠재의식을 정화할 수가 없는 것입니다. 필자가 병원에 전도하러 다닐 때 많은 크리스천들이 8-10개월간 병원에 입원하여 치료를 받아도 더하지도 않고 덜하지도 않다고 대답을 합니다. 모두 잠재의식의 스트레스와 독소가 강해서 병원약이나 기술로는 치료가 되지 않는 것입니다. 이런 분들은 반드시 앞에서 간증한 여 집사와 같이 성령으로 잠재의식에 쌓여있는 영적이고 심리적인 독소를 녹이고 정화하고 배출해야 완전치유가 됩니다. 몸속의 독소는 인체의 각종장기의 기능을 저해하기 때문입니다. 우리의 몸이 독소로 가득차면 몸은 독소를 없애려고 합니다. 또한 겉으로는 보이지 않는 신호들을 보내기도 합니다. 이 모두는 몸 안에 독소를 없애려는 노력의 일환입니다. 우리 모두는 어떠한 형태로든 너무 많은 독소의 영향에 노출되어 살고 있습니다. 이는 심지어 좋은 식습관과 건강한 삶을 사는 사람에게서도 발견됩니다. 우리가 살고 있는 세상은 그야말로 입자로 가득 차 있습니다. 입자들은 공기, 물, 음식이 되고 우리는 이들과 직접적으로 접촉합니다. 대부분의 독소를 모아 배출하는 역할을 하는 장기들이 있지만, 이 장기들이 독소로 가득 차 버리면 제대로 일할 수 있는 능력이 감소됩니다. 그 결과, 우리의 몸에는 독소들이 쌓입니다. 이유는 근본적으로 잠재의식의 영적심리적인 독소가 배출되지 않았기 때문입니다. 독소들이 한 번 축적되면 쉽게 제거되지 않는 것이 특징입니다. 그러면서, 우리는 일련의 신체적, 정서적 건강의 문제들을 겪게 됩니다. 가끔은 우리에게 문제가 있다는 걸 알아차리기가 어려울 때도 있습니다. 하지만 복합 증상으로 발전하기 전에 우리의 몸은 우리에게 계속되는 신호를 보냅니다.

◎ 끝이 없는 피로입니다. 우리의 몸은 다른 조직들에 쌓인 독소를 제거하기 위해 초과 근무를 합니다. 몸이 초과 근무를 할 시, 우리는 점차 심해지는 피로를 느낍니다. 이는 심지어 우리가 자고 있을 때도 일어납니다. 피곤하고, 집중하기 어렵고, 짜증이 나고,

조그마한 말에도 참지 못하고 반응하며, 잠만 자고 싶은 건 위험 신호입니다.

◎ 구취가 심합니다. 구강 위생을 철저히 하는데도 입 냄새가 난다면, 문제가 있는 것입니다. 입 냄새는 소화기 문제나 간의 독소 축적 때문입니다. 이는 소화기의 환경을 바꾸게 됩니다. 이 변화를 통해 나쁜 박테리아가 입, 잇몸, 치아에서 자라게 됩니다.

◎ 몸무게가 지속적으로 들어납니다. 심지어는 물만 마셔도 살이 찐다고 하소연을 합니다. 체중 감량은 쉬운 일이 아닙니다. 끊임없는 식이 조절과 정기적인 운동이 필요하기 때문입니다. 하지만 이렇게 하는데도 계속 살이 찌고 있다면, 이는 위험 신호입니다. 호르몬 불균형이 원인일 수 있습니다.

◎ 배변이 시원치 못합니다. 우리의 장은 독소 제거에 있어 중요한 역할을 합니다. 배설이 잘되면 건강한 것입니다. 반대로 변비는 문제가 있다는 지표가 됩니다. 당연히 노폐물이 몸 안에 쌓이기 때문입니다.

◎ 피부에 병이 생깁니다. 우리의 피부는 독소가 과적되면 이를 바로 표현하는 장기 중 한 곳입니다. 여드름, 아토피, 발진, 습진, 알레르기 반응 등은 독소에 대한 아주 명확한 지표입니다.

◎ 끝이 없는 두통입니다. 혈액 속의 독소는 우리의 신경계에 식섭석으로 영향을 미쳐 끊임없는 두통이라는 결과를 불러올 수 있습니다. 신경계 조직은 독소에 아주 민감하기 때문에 두통이 생길 수밖에 없습니다. 성령으로 독소를 녹여 배출해야 합니다.

◎ 몸의 열 발생 또는 홍조입니다. 몸에 독소가 쌓였다는 징후

는 몸에 열이 오르는 것입니다. 얼굴이 붉어지는 것입니다. 이는 독소 축적이 간의 작용을 평소보다 더 어렵게 만들기 때문입니다. 간이 고생할 때 몸에선 땀이 나고 땀은 피부를 통해 독소를 제거할 수 있도록 돕습니다.

◎ 복부 지방 축적입니다. 몸의 기능이 정상적이지 못하여 밖으로 배출이 되지 않는 연고로 복부지방이 축적됩니다. 몸속의 독소제거는 체중 감량에도 도움이 될 수 있습니다. 몸속의 독소 제거를 통해 지방 주위에 지방을 쌓이게 하는 노폐물질을 제거할 수 있기 때문입니다.

◎ 담석입니다. 쓸개에 과도한 독소가 쌓이면 쓸개를 해칠 수 있고, 담석도 생성됩니다. 간은 쓸개에 지나치게 많은 담즙을 저장하기 시작하고, 담즙은 쓸개를 방해합니다. 이 방해 때문에 쓸개는 담석을 만들어내는 것입니다. 담석으로 고생하고 있습니까? 그렇다면, 가공 음식을 끊어야 합니다. 또한 물과 신선한 과일, 채소의 섭취량을 늘려야 합니다.

4. 개별집중정밀치유를 받아야 하는 분들이다. ◎ 어려서부터 건강이 좋지 못하고 몸이 약해서 건강에 관심이 많은 분. ◎ 기존 예배나 집회에 참석해도 몸속의 독소가 시원하게 배출되지 않는 분. ◎ 영의 만족을 누리지 못하여 방황하는 분. ◎ 기도할 때뿐이고 마음이 답답한 분. ◎ 가슴이 답답하고 기도하기가 힘이 드는 분. ◎ 강 목사가 가진 성령의 은사를 전이 받고 싶은 분. ◎ 삶에서 하나님을 누리는 축복의 통로를 뚫고 싶은 분. ◎ 성령사역

을 하실 분으로 최단 단기간에 능력 받아 사역하실 분. ◎ 부모가 자녀들의 상처를 치유해주고 싶은 분. ◎ 성령의 불세례를 체험하고 지배와 장악되고 싶은 분. ◎ 불치병, 귀신 역사로 고통이 심하여 해결 받고 싶은 분. ◎ 직장과 학업, 생업으로 평일 날 시간 없어 집회에 참석하지 못해 치유 받지 못하는 분. ◎ 마음의 참 평안을 체험하고 느끼고 싶은 분으로 세상 사람들이 맞는 프로포폴 효과보다 더 오래가고 더 깊은 평안을 누릴 수가 있습니다. ◎ 목 디스크, 허리디스크, 어깨통증, 허리통증, 근육통, 대상포진, 온몸이 아프고 무거워 생활하기 어려움을 순간치유 받고 싶은 분. ◎ 난치병, 영적인 문제로 고통당하고 계시는 분. ◎ 우울증, 공황장애, 조울증, 불면증으로 고생하시는 분 등입니다.

결론입니다. 건강은 건강할 때 관리해야 합니다. 이는 어려서부터 습관이 되어야 합니다. 앞에서 설명한 바와 같은 상황에 처한 분들은 몸속의 영적이고 심리적인 독소를 제거하는 적극적인 활동을 하시기를 바랍니다. 자신에게 남아있는 인간적인 죄악들을 성령님이 제거하실 수 있도록 마음을 열어야 합니다. 자신의 무의식을 성령으로 정화하는 적극적인 활동을 해야 합니다. 무시로 성령 안에서 기도하면서 자신의 전인격을 성령으로 정화하면 정화할수록 천국을 만끽하게 될 것입니다. 지금 성령께서 육적인 죄악과 자아와 상처와 혈통을 타고 들어온 죄의 문제를 정화하시며 배출하고 계십니다. 집중정밀치유를 주기적으로 하면 독소가 제거되면서 영-혼-육체가 건강하게 됩니다.

3부 정신적인면의 자기관리

11장 상처와 스트레스를 관리 한다.

(시 38:8)"내가 피곤하고 심히 상하였으매 마음이 불안하여 신음하나이다."

세상을 살아가면서 상처와 스트레스를 받지 않으며 살수는 없습니다. 적당한 스트레스는 건강과 생활에 활력을 준다고 합니다. 그러나 과다한 상처와 스트레스, 연일 연속되는 상처와 스트레스는 정신적-영적-육체적으로 심각한 해악을 끼치게 됩니다. 상처와 스트레스는 만병의 근원이 된다고 합니다. 그러므로 상처와 스트레스가 자신 안에 쌓이지 않도록 관리하는 것은 참으로 중요합니다. 스트레스는 일상생활에서 개인이 경험하는 정신적, 감정적, 생리적인 압력의 상태를 말합니다. 스트레스는 일상적인 상황에서 발생할 수 있는 일시적인 긴장 상태에서부터 심각한 신체적 및 정신적 질환이 발생할 수 있는 만성적인 상태까지 다양한 형태로 나타납니다.

스트레스는 주로 외부의 상황이나 내부의 생각, 감정, 요구사항에 대한 대응으로 인해 발생합니다. 개인의 인지적, 정서적, 생리적 자원을 초과하는 압박이나 요구가 발생하면 스트레스 반응이 시작될 수 있습니다. 스트레스 반응은 자극에 대한 개인의 해석과 해결 방법에 따라 다르게 나타날 수 있습니다.

스트레스는 신체적인 증상과 정신적인 증상을 동반할 수 있습니다. 신체적인 증상으로는 불면증, 피로감, 두통, 소화 장애, 복부통증, 설사, 근육 긴장, 심장 박동 증가 등이 나타날 수 있습니다. 정신적인 증상으로는 긴장, 불안, 우울, 짜증, 집중력 저하 등이 나타날 수 있습니다. 스트레스는 또한 생활 습관에 영향을 주어 식사, 수면, 운동 등의 패턴을 변경시킬 수도 있습니다.

스트레스의 원인은 다양합니다. 일과적인 압박, 직장에서 문제, 대인관계 문제, 가족 문제, 금전적인 어려움, 건강 문제, 사회적 기대와 역할 충돌 등이 스트레스의 주요 원인으로 언급됩니다.

스트레스 관리는 중요합니다. 일상생활에서 스트레스를 관리하기 위해 휴식, 식사와 수면의 규칙적인 유지, 운동, 사회적인 지지와 대화, 문제 해결 및 대처 전략, 시간 관리, 심리적인 안정을 유지하기 위한 자기 관리 방법, 성령 안에서 복식호흡 기도 등이 도움이 될 수 있습니다. 만약 스트레스가 지속되고 심각한 영향을 주는 경우, 전문적인 도움을 받는 것도 도움이 될 수 있습니다.

하나님은 우리 크리스천들이 스트레스를 효과적으로 관리하여 귀중한 영혼을 손상하지 않기를 원하십니다. 그래서 하나님은 천지 창조 때에 낮과 밤을 창조하셨습니다. 밤에는 잠을 자고, 낮에는 활동을 하라는 취지입니다. 그리고 일주일 중에 하루는 쉬라고 안식일(주일)을 정하셨습니다. 크리스천은 하나님께서 정하신 법칙을 준수해야 스트레스에 걸리지 않는 것입니다. 스트레스는 하나님의 창조법칙을 준수하지 않아서 발생하는 것이라고 해도 과언이 아닙니다. 자신의 욕심으로 일하여 스트레스에 걸리는 것입니다. 스트레스에 걸리지 않는 것은 성령의 인도를 받는 것입니다. 성령의 지배가운데 평온하게 지내는 것입니다. 그러나 스트레스가 해롭다고 꼭 피해야만 하는 것은 아닙니다. 오히려 어떤 측면에서는 우리가 살아가는 데에 필수적인 면을 가지고 있습니다.

우리가 스트레스에 대해 보이는 반응의 대부분은 정상적이고 건강하고, 스트레스를 통해 세상을 배우고, 고난을 극복합니다. 다만 스트레스가 개인이 견딜 수 있는 한계를 넘어서 오랫동안 지속되고, 개인이 이를 극복할 수 없을 때에 비로소 여러 가지 문제들이 발생합니다. 명절이 끝난 다음에 이혼율이 높아지는 것도 스트레스의 영향입니다. 스트레스는 "몸 또는 마음에 부담이 되는 일"이라 할 수 있습니다. 가사노동이나 시댁과의 갈등과 처가의 갈등이 심하여 스트레스를 감당하지 못하고 이혼이라는 극단의 선택을 하는 것입니다. 참을 만큼 참았으나 스트레스가 포화상태가 되어 참고 지낼 수가 없다고 생각하고 갈라서면 더 이상 당하지 않겠지 하고 이혼을 선택하는 것입니다. 스트레스로 인하여 발생하는 영육의 적신호입니다.

1. 스트레스로 인한 건강 적신호. 적당한 스트레스는 삶의 활력소가 되지만 현재 세상에서 살아가는 대다수 사람들은 지나친 스트레스를 받고 있습니다. 스트레스를 받으면 일어나는 건강적신

호는 이렇습니다. 바르게 알고 예방하는 것이 좋습니다.

1) 이유 없는 피로감. 평소의 생활하는 대로 변화 없이 살아가는데 갑자기 극심한 피로감이 느껴지고 지속적으로 그렇다면 스트레스에 의한 간장 쪽에 이상이 생겼을 때 흔히 나타나는 증상이라고 합니다. 우리 몸에 필요한 해독기능을 담당하는 간장에 이상이 생기면 스트레스, 과로 등으로 생긴 유해물질, 독소 등을 제대로 분해하지 못합니다. 그렇게 되니 항상 만성 피로에 절어서 살게 됩니다. 잠을 충분히 자도 피곤이 풀리지 않는 것은 잠재의식에 스트레스가 쌓여 건강에 이상이 생긴 것입니다. 극심한 피로는 스트레스로 인해서 갑상선에 문제가 생겼을 때 벌어집니다. 부신은 아드레날린과 다른 호르몬이 분비되는 기관인데 이곳에 이상이 생기면 피로가 잘 풀리지 않게 됩니다. 실제로 갑상선에 질환이 생긴 사람들은 만성 피로를 호소합니다. 장기에 문제가 없더라도 스트레스가 심하면 낮에는 병든 닭과 같이 꾸벅꾸벅 졸기 일쑤입니다. 영적치유를 겸하여 받아야 해방될 수가 있습니다.

2) 두통과 가슴통증. 많은 분들이 필자에게 찾아와 가슴이 답답하고 소화도 잘되지 않는다고 호소합니다. 특별하게 명치끝이 아프고 답답하다고 합니다. 그러나가 기도하면서 안수 받고 얼마 있지 않아서 답답함이 사라졌다고 합니다. 스트레스로 발생한 것입니다. 평소에 두통이 없던 사람이 갑자기 심한 두통을 호소하면 뇌종양의 가능성이 있어서 진단받아 봐야 합니다. 물론 스트레스로 인해 그럴 수도 있으니 진단을 바르게 하고 평소에 관리를 잘

해야 할 것입니다. 폐암 환자의 30%정도는 가슴에 통증을 느낀다고 합니다. 그래서 이유 없이 가슴이나 복부 상단에 통증이 있다면 검사를 받아보는 것이 좋습니다.

3) 기침과 쉰 목소리. 스트레스가 심하면 목소리가 변합니다. 혀가 말려서 말 소리가 제대로 나오지 않습니다. 아마 많이 경험해 보았을 것입니다. 잦은 기침을 하면서 목소리가 쉰 소리가 나온다면 역류성 식도염일 수도 있습니다. 역류성 식도염역시 스트레스로 발생하는 경우가 있습니다. 이는 위장 속 내용물이 식도 쪽으로 역류하는 질환입니다. 위에는 위산으로 부터 보호하는 점막이 있는데 식도에는 보호막이 없어서 쉽게 염증이 생길 수 있어서 만성 기침 증상이 있는 것입니다. 자연스럽게 성대가 망가지니쉰 목소리가 나오는 것입니다. 마른기침이 계속 되고 신물이 올라오거나 목소리가 자꾸 쉰다면 역류성 식도염일 수 있습니다. 스트레스로 심장이 자기 기능을 하지 못하여 생기는 현상입니다.

4)배변습관의 변화와 혈뇨. 스트레스를 해소하지 못하고 쌓이면 항문출혈이나 변비와 설사를 할 수가 있습니다. 소변에 피가 섞여 나올 수가 있습니다. 항문 출혈이나 변비, 설사 등 갑자기 배변습관이 바뀌었다면 대장암 쪽일 수도 있습니다. 반복적으로 눈에 띄는 피가 소변에 섞여 나오고 배뇨 통이 있다면 스트레스로 인해서 발생할 수 있습니다. 필자가 군대에서 전역하기 전에 스트레스가 과하여 소변에 피가 나오고 소변볼 때 아프고 힘이 들었습니다. 일주일 입원하여 치유한 경험이 있습니다. 여성이라면 요로

감염증일 수 있습니다. 성령치유가 필요합니다.

5) 뒷목 당김과 두통. 많은 분들이 필자에게 찾아와 뒷목이 당기고 머리가 아프다고 호소합니다. 모두 스트레스에 의해서 발생한 것입니다. 과도한 스트레스는 근육 수축의 원인이 되며, 허리의 경우 근육의 빈번한 팽팽함은 근육의 정렬을 무너뜨릴 수 있고, 허리 쪽으로 산소와 영양을 공급하는 혈관들을 수축시킬 수 있으며, 이로 인해 요통을 유발할 수 있습니다. 그리고 긴장된 근육이 목뼈를 잡아당기게 되면 목의 형태를 변화시키고, 목뼈 사이에 있는 디스크가 변형된 형태의 목뼈에 눌려서 압박을 받으면 목디스크가 생길 수 있습니다. 오랜 시간 앉아서 일하는 직장인들, 책상을 떠날 수 없는 학생들 사이에서 목통증을 호소하는 사람들이 급격하게 증가했습니다. 피로하거나 스트레스를 많이 받으면 뒷목이 뻣뻣한 것을 느끼며, 뒷목에 피가 몰려있는 것 같이 당기고, 목을 원활하게 돌릴 수 없을 때가 있는데, 이런 경우 역시 스트레스 때문에 생리작용이 원활하게 이루어지지 않기 때문입니다. 스트레스로 인한 목통증을 가벼운 피로 누적으로 쉽게 생각할 수 있는데 이러한 증상이 지속될 경우 목 디스크 부위에 질환이 생길 확률이 높아지니 주의해야 합니다.

6)체중감소. 딱히 체중관리를 하지 않았는데도 체중감소가 일어난다면 건강에 문제가 생겼을 수 있습니다. 식욕은 많은데 체중은 줄어든다면 당뇨병일 수 있습니다. 그 외에도 다른 질병일 수도 있습니다. 중년이상의 연령층에서 일반적으로 증상이 나타나

는데 암의 초기 증상일 수도 있기 때문에 정확한 진단을 받아봐야 합니다. 반대로 식욕이 줄고 체중도 빠진다면 스트레스로 인한 것이니 관리가 필요합니다. 불려서 상상해서 생각 말고 정확한 진단이 필수입니다.

7) 평소처럼 잠을 이루지 못한다. 평소에 잠을 자던 패턴과 크게 달라졌다면 건강에 이상이 생긴 것일 수 있습니다. 적어도 불면증이 생겼다면 꼭 건강을 체크해야 합니다. 불면증의 가장 큰 이유는 스트레스라고 합니다. 이러한 수면 장애가 문제가 되는 것은 우리 몸이 잠을 자는 동안 놀라운 일들을 하기 때문입니다. 인간은 수면 상태에 빠지면 몸에서 코르티솔(cortisol) 양이 줄어듭니다. 코르티솔은 스트레스를 주관하는 호르몬으로 우리 몸에서 중요한 역할을 담당합니다. 그런데 잠을 자는 동안 신체가 제 기능을 발휘하지 못하고 코르티솔 분비량이 줄어들지 않으면 건강에 이상이 생기는 전조인 것입니다. 잠을 자는 동안 우리 몸에는 다양한 호르몬이 분비돼 다양한 기관을 회복시키고 신체의 에너지를 재충전 시켜줍니다. 스트레스를 받으면 불면증이 생기는 경우가 많다는 통계가 있습니다.

8) 밤새 기분 나쁜 꿈에 시달린다. 꿈은 수면 중에 점차적으로 긍정적으로 변하는 경향이 있기 때문에 사람들은 잠자리에 들 때 보다 일어났을 때 기분이 더 좋다고 합니다. 하지만 스트레스를 받아 수면 중 자주 깨게 되면 꿈이 긍정적으로 변하기 전에 중단되어 밤새도록 기분 나쁜 꿈만 계속해서 꾸게 된다고 합니

다. 가위눌림을 당하기도 합니다. 건강한 수면을 위해 하루 7~8시간 수면을 취하고 취침 전 카페인과 알코올 섭취를 피하는 것이 좋습니다.

9) 단 음식이 자꾸만 당긴다. 스트레스가 단 것에 대한 욕망을 더 유발할 수 있습니다. 여성에게 단 것에 대한 욕망을 자극하는 것은 호르몬보다는 스트레스와 같은 다른 요인인 것 같다고 미국 필라델피아 병원 의학연구팀은 밝혔습니다.

10) 피부 가려움증에 시달린다. 성인 남녀 2000명을 대상으로 한 최근 연구결과에 따르면 소양증(pruritis)이라 알려진, 만성 가려움을 가진 사람들은 그렇지 않은 사람에 비해 스트레스를 받을 확률이 2배 높은 것으로 나타났습니다. 가려움은 스트레스를 유발하지만 스트레스 또한 가려움을 유발하고, 피부염, 건선, 아토피, 습진과 같은 피부 질환을 악화시킬 수 있다고 합니다. 전문의는 "스트레스는 신경섬유를 활성화하여 가려움을 유발할 수 있다"고 말했습니다.

11) 복통이 생긴다. 스트레스는 두통, 요통, 불면뿐 아니라, 위경련이나 복통을 야기할 수 있습니다. 많은 분들이 저에게 찾아와 배가 아프다고 호소합니다. 얼마간 기도하게 하고 안수하면 통증이 없어졌다고 합니다. 심장이 스트레스로 인하여 정상 기능을 하지 못하여 발생하는 것입니다. 1953명의 성인 남녀를 대상으로 한 실험에서 가장 스트레스를 많이 받는 사람이 복통을 겪을 확률이 3배 이상 높았습니다. 뇌가 정신적 스트레스를 받을 때, 같은

신경경로를 이용하는 내장도 동일한 신호를 받는 것입니다.

2. 스트레스 신체적 증상

○두통: 스트레스로 인해 근육이 긴장되거나 혈압이 증가하여 두통을 유발하는 것은 스트레스 신체적 증상입니다.

○근육 긴장: 스트레스로 인해 근육이 긴장되어 어깨, 목, 등 등에서 통증이 발생할 수 있습니다.

○소화 문제: 스트레스로 인해 소화 과정에 문제가 발생하여 복부 통증, 가스, 속쓰림 등의 증상이 나타날 수 있습니다.

○불면증: 스트레스는 수면에 영향을 미쳐 잠을 자는 데 어려움을 겪을 수 있습니다.

○피로감: 만성적인 스트레스로 인해 지속적인 피로감과 에너지 부족을 느낄 수 있습니다.

○심장 박동 증가: 스트레스로 인해 심장 박동이 빨라질 수 있고, 이는 심장 건강에 부정적인 영향을 줄 수 있습니다.

○면역력 저하: 스트레스는 면역 시스템을 약화시켜 감염과 질병에 노출될 가능성을 높일 수 있습니다.

○피부 문제: 스트레스로 인해 피부에 여드름, 피부 발진 등의 문제가 발생할 수 있습니다.

○체중 변화: 스트레스는 식욕을 변화시켜 과식 또는 식욕 부진을 유발하여 체중 변화를 가져올 수 있습니다.

○호흡 곤란: 스트레스로 인해 숨을 제대로 들이마실 수 없거

나 숨을 헐떡이는 경우가 있을 수 있습니다. 스트레스 관리를 통해 이러한 증상을 완화시키고 자율신경을 안정시키고 신체 건강을 지키는 것이 중요합니다. 스트레스를 효과적으로 치료하려면 다양한 접근법과 전략을 사용하는 것이 중요합니다.

3.스트레스 해소방안: 스트레스를 해소하는 방안은 다양한 전략을 활용할 수 있습니다. 아래에 몇 가지 효과적인 스트레스 해소 방법을 제시하였습니다.

○성령 안에서 온몸기도: 복식호흡하며 기도하면 성령의 역사에 의하여 스트레스가 정화됩니다. 복식호흡기도를 숙달하면 정신건강에 아주 좋습니다.

○신체적 활동: 운동은 스트레스를 해소하는 데 매우 효과적입니다. 꾸준한 유산소 운동이나 요가, 명상과 같은 정적인 운동을 선택하여 신체적인 긴장을 풀고 스트레스 호르몬을 감소시킬 수 있습니다.

○균형 잡힌 식단과 충분한 휴식: 올바른 식단과 충분한 수면은 신체의 재생과 균형을 유지하는 데 중요합니다. 영양가 있는 식사를 섭취하고, 수면 패턴을 정규화하여 신체적인 스트레스를 완화할 수 있습니다.

○심리적 지원: 가족, 친구, 동료와의 대화, 사회적인 연결, 상담, 심리치료 등을 통해 스트레스를 나누고 지원을 받을 수 있습니다. 스트레스를 이해해주는 사람들과의 소통은 해결책을 찾는

데 도움이 될 수 있습니다.

○시간 관리: 효과적인 시간 관리는 스트레스를 줄이는 데 도움이 됩니다. 우선순위를 정하고 계획을 세워 일상적인 업무를 효율적으로 처리할 수 있도록 합니다. 이렇게 하면 시간과 업무에 대한 불안과 스트레스를 줄일 수 있습니다.

○취미와 여가 활동: 취미 활동이나 여가 활동은 스트레스를 해소하고 긍정적인 경험을 제공하는데 도움을 줍니다. 읽기, 그림 그리기, 음악 듣기, 정원 가꾸기 등 개인적으로 즐기는 활동을 찾아보세요.

○숙면: 충분한 휴식과 규칙적인 수면은 신체와 정신의 회복에 도움을 줍니다. 잠이 부족하면 스트레스에 대한 저항력이 약해지고 증상이 더 악화될 수 있습니다.

○긍정적인 태도와 마인드풀니스: 긍정적인 태도를 유지하고 마인드풀니스를 실천하는 것은 스트레스를 관리하는 데 도움이 됩니다. 현재 순간에 집중하고, 자신의 감정과 생각을 받아들이며, 감사와 선의의 마음으로 생활하는 것이 중요합니다.

이러한 스트레스 해소 방법들은 각 개인의 선호와 상황에 따라 조정될 수 있습니다. 효과적인 방법을 찾기 위해서는 여러 방법들을 시도해보고 자신에게 가장 적합한 방법을 찾아가는 것이 중요합니다. 만약 스트레스가 지속되고 심각한 영향을 주는 경우, 전문적인 도움을 받는 것도 고려해보세요.

4. 건강하려면 매일 마음에 스트레스를 청산해야 되는 것이다.

이 세상에 사는 동안 육신에도 여러 가지 질병이 다가오는 것처럼 사람의 마음에도 끊임없이 병이 다가옵니다. 마음에 병을 키워 놓고 나면 마음에 죽음이 다가오는 것입니다. 이렇기 때문에 마음에 죽음이 다가 오기 전에 마음의 병을 자꾸 청산하고 치료해 나가야 되는 것입니다. 마음이 평안해야 영-혼-육이 건강합니다. 나아가 생활 속의 문제도 떠나갑니다. 삶에 문제로 고생하고 있습니까? 마음을 말씀과 성령으로 치유해야 합니다. 마음의 병은 무엇으로 생길까요? 미움이나 분노, 울분, 원한 등을 그대로 내버려두면 이것이 마음에 무서운 파괴적인 병을 일으키는 것입니다. 이렇기 때문에 성경은 말씀하기를 "분을 내어도 죄를 짓지 말며 해가 지도록 분을 품지 말고"라고 말 한 것입니다. 오늘날 인생을 살면서 우리 마음속에 화낼 일, 미운 일, 분노, 원한을 안 당하는 것이 아닙니다. 그러나 이것을 가지고서 마음에 품은 채로 하루해를 건너고 잠자리에 들어가면 이것이 우리의 심정 속에 무서운 파괴를 가져오는 것입니다. 이렇기 때문에 미움이 들어오고, 분노가 들어오고, 원한이 마음속에 사무치더라도 그 해가 지나기 전에 주님 앞에 나와서 이것을 다 고백해서 청산해 버리고 성령의 임재 가운데 성령과 예수의 피로 씻어 버리고 이것을 다 흘러가는 물처럼 흘러 보내게 되시기를 주의 이름으로 축원합니다.

그뿐 아니라 마음속에 불안과 공포가 사람인 이상 안다가올 수 있습니까? 환경의 여러 가지 불안과 공포가 소용돌이치며 다가옵니다. 이 불안과 공포가 다가올 때 이것을 가지고서 전전긍긍 하지 말고, 불안하고 공포가 차거들랑 일하는 손을 다 놓아버리고 마음 안에 골방으로 들어가서 하나님께 부르짖으십시오. 왜냐하면 이 세상의 어떠한 불안과 공포라도 하나님은 더 위대하신 것입니다. 이 위대하신 하나님께 나가서 마음을 열어놓고 간절히 기도해서 불안과 공포 대신에 예수 그리스도의 사랑이 마음속에 충만하게 되면 하늘과 땅을 지으신 하나님께서 나를 사랑하시고 품어 주심으로 말미암아 나는 두려워 할 것이 없다는 신념이 생겨나게 되는 것입니다.

그리고 부정적인 마음과 좌절감을 청산해 내야 되는 것입니다. 우리는 환경에서 부정적인 환경과 부정적인 생활의 여러 가지 요건이 다가오는 것입니다. 이것을 그대로 받아들여서 부정적인 마음이나 좌절감을 가지게 되면 인간은 파멸 당하고 마는 것입니다. 우리들이 이 세상에 살면서 우리가 그늘 밑을 찾아가려면 얼마든지 그늘이 있습니다. 아무리 태양이 쨍쨍 내리쬐는 대낮에도 나무 밑에도 그늘이 있고, 빌딩 밑에도 그늘이 있고, 처마 밑에도 그늘이 있고, 그늘진 길을 찾아가려면 얼마든지 찾아갈 수 있습니다.

그러나 태양이 찬란하게 비추는 그 아래에 가려면 태양 빛 아래도 얼마든지 갈 수 있는 것입니다. 이렇기 때문에 행복이란 마음의 선택의 결정에 있다는 것은 이 세상을 살면서 슬픈 것을 찾아서 그것을 집중적으로 바라보면 그 마음이 부정적이고 파괴적이 될 수도 있고, 또 우리의 환경 가운데서 밝고 맑고 환하고 희망찬 것을 바라보고 그것을 집중적으로 생각하고 그것을 마음속에 받아들임으로 말미암아 마음속에 긍정적이고 적극적이며 창조적이고 생산적인 인간의 삶의 태도를 취할 수도 있는 것입니다.

가정사도 그렇습니다. 가정에 많은 일들이 생겨나는데 그 일들 가운데서 내가 부정적인 요소를 다 끌어 모아서 내 무덤을 만들 수도 있는 것입니다. 그러나 그 여러 가지 부정적인 요소가 있음에도 불구하고 가정에서 우리를 즐겁게 하고 소망을 채워 기쁘게 하는 요소일 수 있습니다. 이것을 자꾸 끌어 모으고 가꾸어서 이것이 온 가정을 충만하게 채워버리게 할 수도 있는 것입니다. 이러므로 행복과 불행, 절망과 소망은 자신의 마음의 선택에 달려 있다는 것을 우리가 깊이 알아야만 되는 것입니다. 이렇기 때문에 우린 부정적인 환경이나 좌절을 가져오는 환경을 그대로 받아들여서 마음조차 부정적이 되고 좌절해 버리지 말게 되기를 주의 이름으로 축원합니다.

그리고 죄책감을 마음속에 가지고 있어서는 안 됩니다. 마음속에 실제로 죄를 짓고 죄책감이 생기면 곧장 성령 안에서 복식호흡하며 기도하여 하나님께 회개하고 죄를 버리고 양심의 소리를 들어서 마음을 청결하고 깨끗하게 할 때 마음속에 행복이 다가오지, 양심의 죄책을 가지고서 그대로 살 때 행복은 다가오지 않습니다. 또 거짓된 죄책도 있습니다. 사실은 죄가 아닌데도 죄스럽게 생각하는 이런 것조차도 예수의 피로 씻어버리고 정하게 해서 마음이 밝고 맑고 환할 때, 행복이 다가오게 되는 것입니다.

정신문제에 대하여 상세하게 알고 싶은 분은 **"정신질환 불치병이 아닙니다."** 책을 보시기를 바랍니다.

12장 정신건강을 중요하게 관리한다.

(왕상 19:1-14)"(4) 자기 자신은 광야로 들어가 하룻길쯤 가서 한 로뎀 나무 아래에 앉아서 자기가 죽기를 원하여 이르되 여호와여 넉넉하오니 지금 내 생명을 거두시옵소서 나는 내 조상들보다 낫지 못하니이다 하고"

정신건강(精神健康)은 정신면에서의 건강을 의미합니다. 정신건강이라는 말에 대해 마음의 상태가 좋지 않다는 부정적인 이미지를 가지고 있는 분도 있을 것입니다. 하지만 실제로는 아닙니다. 최근에는 '심신 모두 건강한 상태를 지향한다.'는 의미로 사용되는 경우도 늘고 있지만, 본래는 '마음의 건강'이라는 의미입니다. 번역하면 멘탈은 '정신적인', 헬스는 '건강'을 의미합니다. 스트레스를 느끼기 쉬운 현대에서는 정신 건강이 더 친숙한 화제가 될 것입니다. 육체가 건강해야 정신이 건강할 수가 있습니다.

정신이 건강하지 못한 분들이 정신을 집중하지 못하고 산란하기 때문에 마음이 안정적이지 못합니다. 따라서 마음이 평안하지 못하니 주변 사람들을 힘들게 하는 것이 보통입니다. 쉽게 말해서 주변에 있는 부모나 형제나 친척이나 친구들을 편안하게 하지 못합니다. 까칠한 성격이라고 말하면 쉽게 이해할 수가 있을 것입니다. 보통사람들은 쉽게 이해하고 지나칠 일인데도 정신이 건강하지 못한 사람들은 그냥 넘어가지 못하고 주변사람들에게 질문하고 따지면서 힘들게 하는 경우가 많습니다. 자꾸 자신의 정신과 마음을 쉬지 못하게 대처하는 것입니다. 자신이 자신의 정신과 마음에 상처와 스트레스를 만드는 것입니다. 그래서 정신이 건강하지 못한 사람 옆에 있는 것조차 힘이 드는 것입니다. 옆에 있는 사람들을 편안하게 하지 못하고 자꾸 질문하고 투사하여 힘들게 한다는 것입니다. 아무것도 아닌 일인데 무슨 큰일이나 생긴 것같이 주변사람들에게 질문을 하는 것입니다. 쉽게 말해서 옆에 있는 사람을 피곤하게 한다는 말입니다. 그런데 정신적으로 건강하지 못한 사람은 자신의 행동이 주변 사람들을 힘들게 하는 줄을 모르는 것입니다. 자꾸 자신의 상태를 주변사람들에게 질문하면서 답을 얻으려고 만합니다. 한마디로 사람을 통하여 자신을 치료하려고 하는데 자신의 정신을 치유하여 안정되게 하시는 분은 성령님이시니 자신의 상태를 성령님께 질문하여 치유 받으려는 습관을 들여야 합니다.

우리가 알아야 할 것은 주변사람을 편안하게 하는 사람은 정신과 마음이 편안한 사람입니다. 반대로 주변사람들을 피곤하게 하는 사람은 자신의 정신과 마음이 편안하지 못하다는 것입니다. 자신이 편안하지 못하니 주변사람에게 자신의 상태를 물어보고 투사하며 짜증을 내는 것입니다. 정신과 마음에 문제가 있는 사람 옆에 있는 것조차 힘이 드는 것입니다. 정신적으로 마음 적으로 편안하지 못한 사람은 주변 사람을 통해서 자신의 불안과 두려움과 짜증나는 문제를 해결하려고 하지만 주변 사람을 통해서 해결할 수가 없는 것입니다. 성령치유를 전문으로 하는 목사도, 정신

건강의학과 의사도 자신의 상태를 해결할 수가 없고, 한의사도 해결할 수가 없습니다. 일시적으로 안정은 취하게 할 수는 있을지 몰라도 완전치유는 불가능하다는 것을 인식해야 온전하게 치유하여 자유 할 수가 있는 것입니다. 자신의 정신과 마음을 안정시키고 온전하게 치료할 분은 자신의 주인이신 예수님만이 치료하실 수가 있는 것입니다. 정신과 마음의 문제로 고통을 당하는 분들은 반드시 예수님을 믿고 성령으로 세례를 받아 성령의 역사로 온몸이 지배되고 장악이 되어야 정상적인 삶을 살아갈 수가 있다는 것을 알고 믿고 순종해야 합니다.

1.정신건강이 좋지 않아 보이는 주요 증상: 정신 건강이 좋지 않은 상태에 빠지면 다양한 증상이 심신에 나타납니다. 여기에서는 정신 건강 상태가 좋지 않아 나타나는 주요 증상에 대해 다음과 같이 해설합니다.

1)몸의 증상: 정신 건강에 좋지 않으면 몸에 영향을 미칩니다. 몸에 나타나는 주요 증상은 다음과 같습니다. ○두통이나 요통, 어깨 결림을 느낀다. ○설사나 변비가 생기기 쉬워진다. ○밤중에 눈을 뜬다. ○잠이 잘 오지 않는다. ○어지럼증이나 이명이 있다. ○식욕 부진이나 과식이 된다. 이러한 몸의 사인이 나와 있는 것을 알게 되면 빨리 대처하는 것이 중요합니다. 정신 건강이 좋지 않다는 것을 빨리 깨닫기 위해서는 이러한 사인을 파악해 둡시다.

2)마음의 증상: 정신 건강 상태가 좋지 않은 것은 마음에도

지장을 초래합니다. 주로 다음과 같은 증상이 나타나기 쉬울 것입니다. ○짜증이 나기 쉬워진다. ○눈물이 많아진다. ○사소한 일로 놀라게 된다. ○기분이 우울해지고, 매사에 무기력해진다. ○교제에 부담을 느끼게 된다. 이처럼 마음이 불안정한 상태가 지속되는 경우는 과도한 스트레스를 느끼고 있을 가능성이 있습니다. 가족이나 친구, 치유 목회자나 성령치유 전문가나 정신건강의학과 전문의사 등에게 빨리 이야기하여 혼자 스트레스를 받지 않도록 합시다.

3)정신건강 상태가 좋지 않음을 나타내는 3가지 수준: 스트레스에 의한 정신 건강의 부진에는, 「경고기」 「저항기」 「피곤기」의 3가지 단계가 있습니다. 여기서는 스트레스에 대한 몸과 마음의 변화에 대해 알아보겠습니다.

①경고반응기: 처음 찾아오는 경고 반응기에서는 컨디션 불량을 느끼기 시작하는 경우가 많을 것입니다. 스트레스를 자각하지 못한 상태에서도 몸에는 스트레스 사인이 나타납니다. 어깨 결림이나 집중력의 결여와 같은 상태가 눈에 띄는 시기입니다.

②저항기: 다음에 찾아오는 것이 저항기입니다. 지금까지 받고 있던 스트레스에 대해 몸이 저항합니다. 일시적으로 심신이 활동적이기 때문에 언뜻 보면 스트레스를 해소한 것처럼 느껴질 것입니다. 그러나 실제로는 몸에 상당한 부담이 있는 상태이며 병이 나기 전 단계라고 할 수 있습니다.

③피로기: 저항기가 지나면 피로기가 됩니다. 피로기에는 지친

상태이기 때문에 자력으로 회복하는 것은 어려울 것입니다. 교회에 나와서 성령 안에서 온몸기도를 하며 성령으로 치유를 하거나 성령치유 전문가에 의한 적절한 치료를 필요로 하는 시기입니다.

4)정신건강 셀프케어 방법: 스트레스를 느껴 정신 건강이 좋지 않을 때에는 스스로 관리하는 것도 가능합니다. 최대한 빠른 단계에서 셀프케어를 할 수 있으면 좋겠습니다. 다음과 같은 방법으로 셀프케어 하는 것을 추천합니다. ○성령 안에서 온몸으로 기도를 한다. ○적당한 운동을 한다. ○복식호흡을 한다. ○충분한 수면 시간을 확보한다. ○마음을 안정시키는 효과가 있는 잔잔한 음악을 듣는다.

성령 안에서 집중온몸기도를 하는 것이 좋습니다. 우리 충만한 교회에서 매주하는 성령 안에서 집중적인 온몸기도를 하면 성령의 역사로 온몸이 성령 충만한 상태가 되면서 세상에서 받은 상처와 스트레스가 정화되면서 온몸이 안정되게 됩니다. 잠간 잠간하는 것으로는 효과가 나타나지 않고 매일 2시간 이상해야 쌓인 스트레스가 정화됩니다. 운동을 하면 기분 전환이 가능하고 심신이 편안해지기 때문에 수면 리듬을 조절하는 효과를 기대할 수 있습니다. 격렬한 운동이 아니라 가벼운 달리기나 산책 등 유산소 운동도 효과적입니다. 스트레스를 느껴 호흡이 얕고 빨라질 때에는 복식 호흡을 하는 것이 좋습니다. 코로 숨을 들이쉬고 내쉬면서 배가 움푹 패 일 때까지 숨을 제대로 내쉬고 배가 부풀도록 숨을 들이마시는 것이 포인트입니다.

또한 제대로 잠을 자는 것으로 피로회복과 스트레스 해소 효과를 기대할 수 있습니다. 적절한 수면 시간은 개인차가 있지만, 현대인의 평균 수면 시간인 7시간을 기준으로 하면 좋을 것입니다. 깊은 잠에 들기 위해서는 자기 전에 휴식을 취하는 것이 중요합니다. 피아노나 자연의 파도 소리 등 마음이 차분해지는 음악을 듣는 것을 추천합니다.

5)정신건강을 관리하여 심신건강을 유지하자. 스트레스 사회의 현대에서는 정신 건강에 관심이 쏠리고 있습니다. 정신 건강 상태가 좋지 않은 것은 빠른 단계에서 대처하는 것이 중요한 포인트입니다. 그러나 스트레스보다 몸 상태가 좋지 않다는 것을 먼저 자각하는 사람도 많을 것입니다. 따라서 자신의 스트레스 사인을 알고 일찍 셀프케어를 하는 것이 중요합니다. 셀프케어에는 성령 안에서 온몸으로 기도하고, 적당한 운동과 충분한 수면, 복식호흡, 심신의 휴식 등이 있습니다. 자신에게 맞는 방법으로 정신건강을 관리하고 건강한 심신을 유지합시다.

보건복지부에서 제시한 정신건강을 위한 10가지 수칙에 대해 자세하게 알아보도록 하겠습니다. 정신 건강 문제는 전 세계 질병의 사회적 경제적 부담의 주요 원인 중 하나입니다. 우울증은 전 세계 장애의 두 번째 주요 원인으로 간주되고 있으며 허혈성 심장질환의 주요 원인이기도 합니다.

1. 감사하는 마음으로 산다. 정신건강을 위한 10가지 수칙 첫 번째! 우리의 하루 생활을 돌이켜 보면 우린 참으로 많은 사람들

의 고마운 손길에 쌓여 있음을 알 수 있다. 밤새 무사히 잘 수 있었다는 것도 경비 아저씨가, 경찰이, 그리고 멀리 있는 군인들이 우리를 잘 지켜주었기 때문이 아닐까? 대문에 배달된 우유, 신문도 새벽길을 달려온 고마운 손길 덕분이다. 버스가 나를 데려다준 것도 정비사가 밤새 기름 묻은 손으로 정비를 잘해주었기 때문이다.

내가 입은 옷, 신발 등등 끝이 없다. 이 모든 분들에게 진정 감사한 기분이 들지 않는가? 감사하는 순간, 우리 마음속엔 한없는 은혜로움과 편안한 물결이 일어난다. 감사하는 순간은 어느 누구도 미워할 수 없다. 마음이 편안해져 참으로 행복한 기분에 젖어든다. 스트레스 홍수시대를 사는 지혜 중 하나가 매사에 감사하는 마음으로 사는 것인지도 모른다.

2. 긍정적으로 세상을 본다. 정신건강을 위한 10가지 수칙 두 번째! 마음이 어둡고 걱정이 있는 날, 길을 나서면 온통 세상이 잿빛으로 보인다. 어깨가 늘어지고 의욕이 떨어진다. 무엇을 해도 될 것 같지 않다. 실제로 이런 기분에선 될 일도 안 되기 마련이다. 세상살이가 쉽지 않다. 힘들고 어려운 일도 많이 닥친다. 그래서들 쉽게 좌절하지만 그럴수록 세상을 긍정적으로 봐야 한다. 동전에 양면이 있듯이, 어두운 면이 있는가 하면 밝은 면도 있다. 밝은 쪽을 보자는 것이다. 그러는 순간 중추신경이 밝은 무드로 바뀌면서 조화로운 상태로 되면 온몸에 활력이 넘치게 된다. 어렵게 생각되던 일에도 도전해 볼 용기가 생기고 실제로 길

이 열리게 된다. 사람을 만나도 짜증은커녕 여유가 생기고 친절하게 된다. 어떤 난관에도 긍정적으로 생각하는 것만큼 강력한 힘은 없는 것이다.

3. 약속시간엔 여유 있게 가서 기다린다. 정신건강을 위한 10가지 수칙 세 번째! 시간에 쫓기는 것만큼 우리 신경을 피곤하게 하는 것도 없다. 이것이 가장 악질적인 스트레스가 된다. 길은 막히고, 약속시간은 다 되어가고, 그 초조함을 우리 모두가 한 번쯤은 경험한 바 있다. 그러나 이와 같은 순간 자신의 심장은 엄청난 부담을 안게 되며 치명타가 될 수도 있다. 신호등 아래에서 더 큰 사고가 나는 것도 쫓기는 심리 상태 때문에 그런 것이다. 걷든, 차를 몰든 '다음 신호등에서 건넌다.'는 원칙 하나만 지킬 수 있어도 스트레스로 인한 각종 질병 예방에 결정적 도움이 된다. 출근 시간에 쫓긴다면, 30분만 일찍 일어나자. 여유 있는 아침식사, 버스에 앉아 갈 수 있고, 그리고 그 시간에 책을 읽는다면, 그게 쌓여 자신의 운명이 달라질 수 있다. 비즈니스에서 약속시간의 준수 여부는 신용의 척도가 되며, 약속시간을 잘 지키는 것이 곧 성공의 밑천이 되는 것이다.

4. 반가운 마음이 담긴 인사를 한다. 정신건강을 위한 10가지 수칙 네 번째! 만나는 이웃, 동료, 누구에게나 반갑게 인사를 하자. 찾아오는 고객이나 거래처 지인을 만날 때에도 마음이 담긴 인사를 하도록 하자. 이 모든 고마운 이웃들 덕분에 내 생활이 가능한 게 아닐까? 인사는 인간만사의 기본이다. 누구를 보아도 밝

은 미소로 인사를 잘하면 항상 인정받을 수 있고, 사람의 기본 도리를 아는 사람으로 여겨져 사회적으로도 성공할 확률이 높다. 인사하는 것만 보아도 가문의 내력, 가정교육, 그 사람의 품성까지 파악 할 수 있다. 정중하고 예의 바른 인사, 진심이 담긴 인사는 사람을 감동시키는 강한 힘이 있으며, 반가운 인사를 주고받으면 내 마음까지 밝고 따뜻하게 되는 걸 느낄 수 있다. 성공한 사람들은 밝은 미소를 성공의 첫째로 꼽는다. 옛말에 '웃는 얼굴에 침 뱉으랴'라는 속담처럼 인사를 잘하면 상대방에게 긍정적인 모습으로 다가갈 수 있기 때문이다.

5. 누구라도 칭찬한다. 정신건강을 위한 10가지 수칙 다섯 번째! 우리는 칭찬에 인색한 편이다. 질투가 나서, 자존심이 상해서, 아부하는 것 같아서 등등 칭찬을 안 하는 이유는 사람마다 다르다. 그러나 칭찬만큼 훌륭한 윤활제도 없다. 칭찬한다는 건 그만큼 자신이 있다는 뜻이다. 칭찬하고 부러워한다는 건 나를 격하시키는 게 아니고 오히려 상대방을 올려주는 일이다.

자신 없는 사람일수록 칭찬에 인색하다. 그들은 오히려 빈정거리거나 상대방을 낮추려고 험담을 하곤 한다. 하지만, 세상에 누가 이런 사람을 좋아하겠는가? 결국 그는 사람들로부터 소외당하고 만다. 칭찬은 남을 위해서 하는 것이 아니다. 사실, 나를 위해서 하는 것이다. 칭찬 한마디가 씨앗이 되어 나중엔 큰 보상으로 내게 돌아오기 때문이다.

6. 원칙대로 정직하게 산다. 정신건강을 위한 10가지 수칙 여

섯 번째! 요즘 세상에 원칙을 지켜 정직하게 살다간 밥 굶는다고들 한다. 거짓말하거나 법규를 어기면 당장 편리한 건 사실이다. 그러나 문제는 마음이 편치 않다는 사실이다. 행여 들통이 나랴, 행여 걸리지나 않을까, 늘 가슴이 조마조마 한다. 누가 노크를 해도, 전화벨만 울려도 가슴이 철렁 내려앉는다. 침이 마르기도 하고, 소화가 잘될 리도 없다. 이것이 스트레스 병의 결정적 원인이 되는 것이다. 하늘을 우러러 한 점 거리낌이 없어야 마음이 편하다. 물론, 원칙을 지켜 정직하게 살기란 쉽지 않다. 하지만, 그게 결국 이기는 길이다. 목표를 세워 꾸준히 가자. 사실, 우린 그런 사람을 신임하고 존경한다. 탈세도 뇌물도 없는 회사란 소문이 나면 그 회사는 성공의 반열에 확실히 올라서게 된다. 세무감사에 밤잠을 설쳐야 하는 사람과 대조가 되지 않는가? 정직이 돈, 건강, 성공을 가져다준다.

7. 일부러라도 웃는 표정을 짓는다. 정신건강을 위한 10가지 수칙 일곱 번째! 원래 감정은 자신의 의지대로 잘 조절되지 않는다. 슬플 때는 누가 뭐래도 슬프다. 아무리 기쁜 마음을 먹으려고 노력해도 되질 않는다. 그런데, 참으로 신기하게도 웃는 표정을 지으면 그 순간 기분이 밝아진다는 사실이다. 이것은 안면의 웃음 근육이나 신경이 중추의 웃는 신경 영역을 자극하기 때문이다. 실험적으로 당장 한번 해 보자. 즉시 느낄 수 있을 것이다. 한국인은 표정이 굳어있다고들 한다. 그런 속에 밝은 미소를 짓고 선 사람을 보는 순간, 내 기분도 한결 밝아지는 걸 느낄 수 있게 된다. 누

구도 우거지상은 싫어한다. 밝은 사람을 좋아하기 마련이다. 밝은 웃음을 짓는 순간, 내 기분도 좋아지고 동시에 주위 사람까지 밝게 할 수 있다. 이것이 웃음이 주는 신통한 효과이다. 그리고 이것은 우리의 노력으로 가능한 일이라니 얼마나 다행인가? 화가 날 때도 돌아서 세 번 심호흡을 하자. 그리고 웃으면서 대화를 다시 시도해 보자. 신통하게 일이 잘 풀리는 것을 발견하게 될 것이다.

8. **집착하지 않는다.** 정신건강을 위한 10가지 수칙 여덟 번째! 집착은 어떤 것에 대해 마음이 늘 쏠려서 잊지 못하고 매달리며, 집착하는 대상 이외의 것은 소홀히 대하거나 배척하는 정신적 행위라 할 수 있다. 몰두하는 대상뿐만이 아니라, 그 이외의 것에 대해서도 성실하며, 관대한 집중과는 비슷한 듯 보이나, 그 결과에 있어서는 엄청난 차이가 난다. 예컨대, 집착하는 사랑과 집중하는 사랑은 큰 차이를 지닌다. 집착은 내 안으로 굽어드는 마음이나, 집중은 나를 여는 마음이다. 집착하는 사랑은 아드레날린을 만들고, 집중하는 사랑은 엔도르핀을 만든다. 집착은 습도가 높은 흐린 여름날 같이 칙칙하고, 집중은 푸른 가을 하늘같이 넉넉하고 상쾌하다. 집착은 파멸로 이어지나 집중은 성과로 이어진다.

9. **때론 손해 볼 줄도 알아야 한다.** 정신건강을 위한 10가지 수칙 아홉 번째! 땅도 좁고 워낙 코앞에 닥친 불끄기에 급급해서 일까? 우린 작은 일에 핏대를 세우는 일이 많다. 특히, 눈앞에 작은 이익에 연연하다 그만 큰 걸 놓치는 우를 범하고 있는 경우가 많다. 소탐대실, 우리 선현들이 그렇게 경고했건만 오늘도 우리는

작은 이익에 연연해 핏대를 올리며 아웅다웅하고 있다. 양보도 좀처럼 하지 않는다. 서로가 끝까지 밀어붙이니 교통사고가 나지 않을 수가 없다. 양보하고 나면 상대가 손을 흔들어 감사 인사로 답하고, 얼마나 즐거운 나들이가 될까? 남을 도와주는 일, 봉사에도 인색한 것이 우리이다. 이것은 남을 기쁘게 해주는 일이 자신에게 얼마나 큰 기쁨과 자부심을 준다는 걸 모르기 때문이다. 병실 환자가 확실히 좋아지는 때는 다른 환자를 도와주는 순간부터라고 한다. 때론 손해 볼 줄도 알아야 내 마음이 편하고 그게 언젠가는 큰 보상으로 내게 돌아온다.

10. 상대방의 입장에서 생각해본다. 정신건강을 위한 10가지 수칙 열 번째! "내가 약속을 어기면 사람이 그럴 수도 있는 거고, 남이 약속을 어기면 사람이 그럴 수가 없는 거고"라든지 "남이 하면 스캔들, 내가 하면 로맨스"라는 식으로 사람은 누구나 대인관계에서 자기중심적으로 생각하기 쉽다. 그러기에 서운한 생각도 들고 화가 치밀고 상대방이 밉기도 하고 때론 다툼으로 번질 수도 있다. 그러나 잠시 생각을 돌려 상대방의 입장에서 한번 생각해보자.

그러면 왜 그 사람이 그런 말을 했으며, 또 왜 그런 행동을 했을까 이해할 수 있게 된다. 내가 너무 내 생각만 했구나, 후회도 되고 상대를 용서힐 수도 있게 된다. 분노가 화해로 바뀌어 편안한 기분이 된다. 때론, 먼저 사과할 수도 있다. 그런 당신을 상대방은 존경할 것이며, 신뢰가 쌓이면 둘은 참으로 좋은 사이가 될 수 있을 것이다. 우리 모두 영적으로 정신적으로 건강하게 살아갑시다.

13장 내면의 세계를 알고 관리한다.

(마15:16~20)"예수께서 가라사대 너희도 아직까지 깨달음이 없느냐 입으로 들어가는 모든 것은 배로 들어가서 뒤로 내어버려지는 줄을 알지 못하느냐 입에서 나오는 것들은 마음에서 나오나니 이것이야말로 사람을 더럽게 하느니라. 마음에서 나오는 것은 악한 생각과 살인과 간음과 음란과 도적질과 거짓 증거와 훼방이니 이런 것들이 사람을 더럽게 하는 것이요 씻지 않은 손으로 먹는 것은 사람을 더럽게 하지 못하느니라."

내면세계란 겉으로 드러나지 아니하는 마음속의 감정이나 심리라고 합니다. 내면세계는 자신을 보는 눈이 열린 사람이 깨달아 알 수가 있습니다. 보이지 않지만 자신의 영-혼-육체의 건강에 지대한 영향을 미치는 분야입니다. 사람은 내면세계가 건강해야 합니다. 우리는 실체보다는 상징을 더 숭배하는 사회에 살고 있습니다. 많은 사람들이 내적인 것보다는 외적인 것에 더 이끌립니다. 그러나 우리는 외적인 것을 너무 좋아하면 안 됩니다. 그러면 뿌리 깊은 나무가 될 수 없습니다. 외적인 것은 재미를 주지만 내적인 것은 깊이를 줍니다.

세상은 깊이보다 재미를 중시하지만 하나님은 재미보다 깊이를 중시합니다. 세상은 겉이 큰 것을 좋아하지만 하나님은 속이 큰 것을 좋아합니다. 옛말에 "못 생긴 나무가 산을 지킨다."는 말이 있습니다. 긴 시간을 두고 보면 교계도 못 생긴 목회자들이 지키고, 교회도 못 생긴 성도들이 지키는 것을 봅니다. 그런 의미에서 우리 교인들이 다 잘생겼지만 그래도 "나는 하나님 앞에서 만은 잘 생긴 존재가 아니다."라는 겸손한 인식과 태도를 가져야 합니다.

외적인 화려함이나 인기에 이끌려 발 빠른 존재가 되기보다는 내면을 잘 가꾸고, 내면을 잘 살펴서 어떤 바람에도 흔들리지 않는 뿌리 깊은 나무가 되기를 힘써야 합니다. 우리가 "성도답게 산다."는 것은 "내적인 삶을 중시하면서 산다."는 것입니다. 사실 우리의 외적인 삶을 준비하는 것은 내적인 삶입니다. 그러므로 내면이 건강해야 합니다. 삶에서 중요한 것은 "우리에게 어떤 일이 일어나고 있는가?"하는 것이 아니라. "우리 안에 어떤 일이 일어나고 있는가?"하는 것입니다.

필자가 체험한 바로는 내면세계가 약하기 때문에 영육의 무기력과 탈진에 빠지는 것입니다. 내면세계를 강하게 해야 합니다. 내면세계는 생명의 말씀과 성령으로 강하게 되는 것입니다. 우리는 현재의식을 잘 분별해야 합니다. 현재의식은 잠재의식에서 올라오는 경우가 많기 때문입니다. 하나님은 애굽에서 430년 동안 종살이하던 이스라엘인들에게 젖과 꿀이 흐르는 가나안 땅을 약속해 주셨습니다. 큰 기대와 기쁨으로 모세를 따라 그들이 험한 광야를 천신만고로 지나면서 가나안 땅을 바라보고 국경지대인 가데스바네야까지 왔습니다. 그러나 결국 그들은 약속의 땅에 들어가지 못하고 도로 광야로 쫓겨나가 40년 동안 방황하다가 20세 이상 애굽에서 나온 모든 사람들은 다 죽고 말았습니다. 왜 그들은 가나안 땅에 들어가지 못했을까요?

바로 현재의식의 결과입니다. 인간의 마음은 감각기관을 통해서 보고 듣고 말하고 느끼는 현재의식과 현재의식의 여러 가지 경험을 토대로 하여 움직이는 잠재의식이 있습니다. 현재의식은 "한다. 안한다. 좋다 나쁘다."등을 생각하고 이성적으로 판단하고 결정할 수 있습니다. 잠재의식은 그 사람의 느낌(감정)을 만들어 내는 일을 합니다. 사람의 생각과 느낌은 서로 다른 마음의 영역에서 만들어지는 것으로서, 그 사람의 인간된 모습을 외부에 있는 사람들에게 전달해 주는 역할을 합니다. 시어머니에게 상처를 많이 받고 살아가는 며느리가 시어머니와 비슷한 사람이 자신에게 싫은 말을 하면, 잠재의식이 자기도 의식하지 못하는 순간 분노와 혈기가 나오게 하는 것입니다. 현재의식에서 만들어지는 생각이 사람의 의지에 의해서 만들어지는 것이라면, 잠재의식에서 만들어지는 느낌(감정)은 사람의 의지와는 전혀 상관없는 잠재의식이 만들어냅니다.

그리고 현재의식의 밑바닥에 있는 잠재의식은 인간이 태어난 이후 모든 행복하고 불행하고 기쁘고 슬프고 잘하고 못하고 등의 모든 인생 경험이 컴퓨터에 입력되듯 기록되고 있습니다. 잠재의식은 의식의 내부에 깊숙이 숨겨진 엄청난 능력입니다. 어린아이가 태어나면 무엇이 선하고 악한지 옳고 틀린지를 모릅니다. 그의 가장 가까이에서 말하고 행동하는 사람이 누구냐에 따라 그의 잠재의식은 형성됩니다. 이들이 애굽에서 어렸을 때 애굽 사람들에게 받는 잠재의식의 상처가 현재의식(느낌과 감정)에 작용하여 하나님의 눈으로 가나안 땅을 바라보지 못하게 했기 때문입니다.

1. 마음에 쌓여있는 상처와 독소. 내면세계의 관심은 마음을 관리하는 것을 말합니다. 마음의 정화는 성령으로 됩니다. 성령으로 충만해야 마음을 관리할 수가 있다는 것입니다. 성경말씀에 보면 우리의 마음속에서 자체적으로 쓰레기가 생겨난다고 말합니다. 우리 몸의, 때도, 밖에서 갖다 칠하지 않아도 자체적으로 항상 생겨납니다. 목욕할 때마다 때를 밀면 때가 나오는 것처럼, 우리의 마음속에 쓰레기도 밖에서 들어오지 않아도 자체적으로 산출되어 나오는 것입니다.

우리가 평소에는 점잖고 괜찮은 것 같으나, 어떠한 동기가 부여되면 마음속에 있는 쓰레기들이 일어납니다. 그래서 세상에 취하고 방탕하고 허랑한 더러움이 우리의 생애 속에 나타난 것입니다. 우리도 모르는 사이에 우리 육체를 통한 쓰레기가 우리 속에 꽉 들어 차 있다는 것입니다. 이로 인하여 내면세계에 세상이 형성되어 하나님이 주신 잠재력을 이끌어내지 못하는 것입니다.

그래서 하나님은 갈5장 21절에서 "전에 너희에게 경계한 것 같이 경계하노니 이런 일을 하는 자들은 하나님의 나라를 유업으로 받지 못할 것이요." 라고 하시므로 끊임없이 속에 있는 쓰레기를 우리가 성령으로 기도하며 청소해야 된다는 것입니다. 그대로 내버려 두면 안 된다는 것입니다. 예수님께서도 "마음에서 나오는 것은 악한 생각과 살인과 간음과 음란과 도둑질과 거짓 증언과 비방이니, 이런 것들이 사람을 더럽게 하는 것"이라고 말한 것입니다. 씻지 않은 손으로 음식 먹는다고 더러워지는 것이 아니라, 마음에서 나오는 이 여러 가지 부정적인 일들이 우리 인생을 더럽게 한다고 말한 것입니다.

저는 언젠가 「건강 다이제스트」지(誌)에 이런 얘기를 읽은 적이 있습니다. 사람이 화를 낼 때에 자기도 모르게 입김이 강하게 나오지 않습니까? 그것을 받아서 영하 100도로 급랭을 시키면 액체로 만들 수 있는데, 한 연구에서 웃는 사람의 입에서 나오는 입김과, 화를 내는 사람의 입김을 받아가지고서, 영하 100도로 급랭을 시켜서 액체로 만들었습니다. 그런데 그 액체를 만들어 보니까 색깔이 달랐습니다. 성을 내면서 화를 낸 사람의 입에서 나오는 입김의 냉동된 액체 색깔은 고동색이나 검은색을 띄고, 반면에 활짝 웃는 사람의 것은 푸른색이나 흰색을 띄었다는 것입니다.

그리고 두 액체를 각각 실험용 쥐에 넣어 보았더니, 화를 낸 사람의 액체는 주사한 뒤 2시간 만에 쥐가 죽어 버렸습니다. 그러나 웃고 즐거워하는 사람의 입에서 나온 입김을 냉동한 그 액체를 쥐에게 주사 했더니, 쥐가 팔팔 살아났습니다. 쥐가 기뻐서 뛰더라는 것입니다. 마음속에서 생겨나는 분노의 쓰레기들은 이처럼 무서운 독이 된다는 것을 알아야 되는 것입니다. 그러므로 육체를 가지고 사는 우리 속에 자연적으로 발생하는 쓰레기를 말씀과 성령의 역사와 기도로 청산해야 되는 것입니다. 이 쓰레기들이 자신을 죽이고 다른 사람을 죽이는 독이 될 수가 있는 것입니다. 자신의 잠재의식에 숨겨있는 잠재능력을 깨우는데 악 영향을 미치는 것입니다.

또 마귀가 투척하는 쓰레기가 있는 것입니다. 이는 자신의 내면세계가 정돈되어 있지 못하여 자신의 내면세계의 쓰레기가 쓰레기를 불러들이기 때문입니다. 우리 집에서 나온 쓰레기가 아닌데, 이웃 사람이 우리 대문 앞에 쓰레기를 갖다 쏟아 넣는 것과 같은 것입니다. 자신의 내면세계가 하나님의 나라가 이루어지지 않으면 마귀는 끊임없이 쓰레기를 우리의 마음에 갖다 붓습니다. 마귀는 환경을 통하여 우리에게 쓰레기를 갖다 붓습니다. 육신의 정욕, 안목의 정욕, 이생의 자랑을 우리 마음속에 퍼붓습니다.

아담과 하와를 선악과 밑에 유혹해서 데리고 와서 "보아라. 먹음직하고 보암직하고 지혜를 얻기에 탐스럽지 않느냐? 먹어라, 먹어." 이와 같이 환경을 통해서 마귀는 세속으로 우리를 유혹하고, 세상의 쓰레기를 가슴속에 부어넣는 것입니다. 이 정욕을 원수 마귀는 끊임없이 가져와서 우리의 마음속에 덤핑하는 것입니다. 우리는 이것을 언제나 성령으로 기도하여 빨리빨리 청소해야 됩니다. 왜 내 마음속에 쓰레기를 갖다 붓느냐고 대항할 여가가 없습니다. 빨리 말씀과 성령의 빗자루로 쓸어내어서 청소해 버려야 되는 것입니다. 우리 나쁜 친구는 끊임없이 우리들을 쓰레기 더미 속에 끌고 들어가는 것입니다. "속지 말라 악한 동무들은 선한 행실을 더럽히나니(고전15:33)"

원래 술주정뱅이 같은 술친구를 만나서 돌아다니다가 알코올 중독자가 되는 것입니다. 마약도 한가지고, 도박도 도박꾼 친구와 같이 있다가 도박꾼이 되어 버리고 마는 것입니다. 이렇기 때문에 친구들이 자신의 가슴속에 더러운 쓰레기 더미를 갖다 부음으로 친구를 잘 선택해야 되는 것입니다. 오늘 날은 정보매체를 통하여 쓰레기가 우리에게 쏟아집니다. 라디오, 인터넷, 여러 가지 정보매체를 통해서 세속적인 것, 음란하고 더럽고 방탕한 쓰레기들이 쏟아져 나오는 것입니다. 그래서 하나님은 데살로니가전서 5장 21절로 22절에서 "범사에 헤아려 좋은 것을 취하고 악은 어떤 모양이라도 버리라"고 말씀하시는 것입니다. 우리가 잘 분별해야 되는 것입니다. 마음 안에 쓰레기가 들어오지 못하게 해야 영육의 눌림이나 침체나 무기력이나 탈진이 빠지지 않습니다. 마음 안에서 성령의 역사가 일어나게 하시기를 바랍니다.

2. 끊임없이 상처 독소를 청소해야 된다. 쓰레기가 왜 오느냐고 원망하고 탄식하고 앉아 있을 수가 없습니다. 쓰레기는 내속에서 자연발생적으로 생겨나고, 마귀가 투척을 하고, 친구들이, 이웃이 쓰레기를 우리에게 갖다 부을 때가 많습니다. 우리는 마음속에 들어오는 여러 가지 쓰레기를 바라보고만 있어서는 안 되는 것입니다. 매일같이 쓰레기 청소를 해야 되는 것입니다. 우리가 방청소를 하는 것처럼, 집안 청소를 하는 것처럼, 그 무엇보다도 마음에 청소를 해야 되는 것입니다. 성령으로 기도하면서 쓰레기 청소를 해야 합니다.

요사이는 청소기가 있어서 쉽게 방 청소를 하잖아요. 우리 하나님도 우리에게 청소기를 주셨는데 그것이 성령의 지배 가운데 복식호흡을 하면서 주여! 주여! 기도하면 성령께서 청소하는 것입니다. 성령의 지배가운데 주여! 주여! 하며 기도하면 기도하는 가운데 더러운 쓰레기더미가 다 빠져 나가는 것입니다. 쓰레기가 많아서 하나님께 버림받는 것이 아니라, 기도하지 않기 때문에 쓰레기가 우리 마음에 쌓여서 죄악의 독으로 죽게 되는 것입니다. 그러므로 성령으로 기도해야 됩니다. "만일 우리가 우리 죄를 자백하면 그는 미쁘시고 의로우사 우리 죄를 사하시며 우리를 모든 불의에서 깨끗하게 하실 것이요(요일1:9)" 육신의 정욕, 안목의 정욕, 이생의 자랑이 안 생길 사람이 어디 있습니까? 사람이 세상에 살면서 보는 것이 죄요, 듣는 것이 죄요, 말하는 것이 죄요, 접촉하는 것이 죄인데 죄악의 쓰레기가 마음속에 안 쌓이는 사람이 누가 있습니까?

문제는 쓰레기를 청소할 수 있는 능력(성령)을 하나님이 주셨는데, 이를 사용하지 않기 때문에 문제가 되는 것입니다. 기도하지 않기 때문입니다. 예수님을 주인으로 모시지 않기 때문에 지옥가는 것이지, 예수를 영접하고 성령의 인도 하에 주께로 나오면 어떤 죄인도 용서받고, 구원받고 영원한 천국에 갈 수 있는 것입니다. 또한 우리는 말씀과 성령의 물로 씻어서 정결하게 되는 것입니다. 성경은 맑은 물과 같습니다. 우리가 성경을 매일같이 읽고 묵상하면 성경말씀이 우리를 깨끗하게 청소해 주는 것입니다. 몸과 마음의 성전을 날마다 성령으로 정화해야 합니다.

예수님은 요한복음 15장 3절에서 "너희는 내가 일러준 말로 이미 깨끗하여졌으니"라고 예수님께서 말씀하신 것입니다. 우리 스스로 체험하면 알 수 있지 않습니까? 늘 말씀을 읽으면 말씀이 희한하게 우리 속에 역사해 주어서 세속과 더러운 쓰레기를 다 청소해 주는 것을 느끼고 있습니다. 1787년 바운티라는 배가 많은 노예들을 태우고 남쪽으로 향했습니다. 이들의 임무는 영국이 지정한 한 섬에 가서 그곳을 개간하는 것이었습니다. 그들은 1년 동안 나무를 심고 집을 짓고, 길을 내고 토인들과 함께 그 섬을 낙원과 같이 만들었습니다.

그런데 그 노예들이 생각하기를 "이제 우리가 영국으로 돌아가면 또 남은여생을 노예 생활할 것이니 에라 선원들과 감독을 죽이고 우리가 여기서 영주하자." 그래서 선원과 감독들을 다 죽였습니다. 그리고 그들은 그 섬에 남았습니다. 그들은 원래 노예요, 죄인들이었기 때문에 그곳에서 온갖 죄를 범하고 술을 만드는 기술을 개발해서 위스키를 만들어서 매일 술 취하고 방탕 했습니다. 낙원같이 아름답던 섬이 생지옥이 되고 만 것입니다. 영국 본부에서 들으니까 완전히 그 섬이 생지옥이 되었다는 것입니다.

너무 멀리 떨어지고 또 군대를 파견할 수도 없고 해서 그대로 내버려 두었습니다. 세월이 유수같이 흘러 거기에 있는 노예들이 거의 다 죽고, 그중에 한사람만 살아남았습니다. 그 사람 이름이 알렉산더 스미스라는 사람입니다. 그도 몸에 병들고 이제 나이가 많아서 얼마 안 있으면 죽게 된다는 것을 깨달았습니다. 그가 허전한 마음을 달래기 위해서 자신이 타고 온 배안을 거닐다가 책 한권을 발견했습니다. 그런데 그것이 바로 성경이었습니다. 그는 할일이 없어서 성경을 창세기부터 계시록까지 읽기 시작하여 10번을 읽은 것입니다. 그러자 말씀이 그 속에 들어오자 크게 말씀이 역사해서 그는 통회하고 자복하기 시작한 것입니다.

말씀이 그 일생을 변화시키고 깨끗하고 정결하게 만들어 주었습니다. 자기가 변화받자 그 성경을 들고 나가서 토인들에게 예수 그리스도의 복음을 증거하고 말씀을 가르쳤습니다. 얼마 있지 아니하여 그 섬은 도로 낙원으로 변화 되었습니다. 나중에 영국 정부에서 사람을 파견해보니, 그 섬에는 질서가 있고 정의롭고 깨끗하고, 아담하고 밝고 맑고 환하고 아름다운 관광지로 변화되어 있었다는 것입니다. 한사람이 말씀을 받아들여서 말씀으로 정결하게 되고 변화되니 그 사람의 입을 통해 나오는 말씀을 통해서 온 섬 전체가 변화되고 밝고 맑고 환하게 되어버린 것입니다.

복음은 우리를 변화시키고 우리를 깨끗하게 하는 능력이 있기 때문에 우리가 매일같이 하나님 말씀을 읽고 묵상해야 되는 것입니다. 말씀이 생명이 되어 우리의 내면세계를 청소시켜 주는 것입니다. 그리고 주님께서 우리에게 보혈의 은혜를 주셨습니다. 예수님 십자가에서 피를 흘리시므로 죄악을 다 이기셨습니다. 보혈은 죽었다가 다시 사는 것이므로 모든 것을 정결하게 하는 하나님의 능력이 되시는 것입니다(히9:22).

예수님의 보혈이 우리를 씻어서 깨끗하고 의롭고 거룩하게 만들어 주는 것입니다. "나의 죄를 씻기는 예수의 피 밖에 없네. 다시 성케 하기도 예수의 피 밖에 없네." 예수 그리스도의 십자가 보배로운 피를 우리가 의지하고 피에 도움을 구하면 성령께서 그리스도의 피로써 어떤 때 묻은 마음도 정결하게 만들어 주는 것입니다. 우리의 양심이 죄악으로 아무리 무디어져도 예수님의 피가 오면 이를 깨끗이 청소해서 정결하게 만들어 주고 건강하게 만들어 주는 것입니다.

1967년 남아공화국의 크리스천 버나드 박사가 세계 최초로 심장 이식수술에 성공했습니다. 다른 장기를 이식하는 것은 그렇게 힘들지 않지만 심장을 떼서 남의 심장에 넣는 것은 힘든 일입니다. 그것을 처음으로 크리스천 버나드 박사가 성공을 해서 세계를 깜짝 놀라게 했습니다. 그런데 이 크리스천 버나드 박사가 육신의 심장은 이식을 했는데 마음의 심장은 이식을 못했습니다.

왜냐하면 자기 부인하고 마음이 맞지 않아서 다투고 싸우다가 그만 부인하고 이혼을 하고 만 것입니다. 그래서 사람들이 말하기를 "이 버나드 박사는 사람의 육신의 심장은 바꾸어도, 마음의 심장은 바꾸지 못한다."는 소문을 냈던 사실이 있는 것입니다. 유명한 교육자였던 페스탈로찌도 이렇게 말했습니다. "교육으로는 참 인간을 만들 수가 없다." 아무리 교육을 시켜 가르쳐도 머리는 예민해지지만, 마음이 변화되지 않는다는 것입니다. 내면세계의 쓰레기를 성령으로 청소하지 아니하면 아무리 가르쳐도, 그 사람은 현명한 죄인이 되지 변화 받지는 못한다는 것입니다. 그러므로 마음의 쓰레기를 청소하지 아니하면 하나님께서 우리에게 주신 잠재력도 이끌어내지 못합니다. 우리 마음의 쓰레기 청소는 오직 예수님의 보혈과 말씀과 성령의 역사가 일어나야 치울 수가 있는 것입니다. 우리의 몸과 마음의 성전에서 성령의 바람이 불어오면 우리의 마음이 변화되는 것입니다.

성령님을 인정하고 환영하고 모셔 들이고 의지하며 뜨겁게 기도하면서 성령으로 내 마음을 정결하게 해달라고 하면 성령의 역사가 일어나서 우리 마음에 쌓인 쓰레기를 깨끗이 청소해 주는 것입니다. 그리고 마귀가 우리 마음속에 늘 와서 엿보고서 쓰레기를 투척하는데 몸과 마음의 성전에 계신 성령하나님이 깨어계실 수 있도록 찾고 찾으며 대화해야 합니다. 성령으로 기도하면서 귀신을 대적해서 쫓아내야 되는 것입니다. 귀신이 우리 잠재의식을 건드리면 자신이 압니다. 왜냐하면 마음에 정상적이지 않은 감정과 생각이 생깁니다. 갑자기 미운 생각이 생깁니다. 분노가 마음에 끌어 오릅니다. 의심이 생깁니다. 마음이 비정상적이고 불안하고 초조합니다. 갑자기 망할 것 같은 생각이 나고 죽을 것 같은 생각이 납니다. 그래서 묻지 마 살인이 일어나는 것입니다. 잠재의식을 말씀과 성령으로 정리하지 않으면 엄청난 파괴적인 능력을 나타냅니다.

이러한 비정상적인 부정적인 생각이 마음에 들어올 때 '이것이 이상하다. 내 마음이 왜 이럴까? 왜 갑자기 분노가 끌어 오를까? 왜 갑자기 미움이 생길까? 왜 부정적인 과거 생각이 떠오를까? 왜 자꾸 죽을 것만 갔냐? 망할 것만 갔냐? 패할 것만 갔냐? 기분이 이상하다.' 이렇게 마음에 이상 징조가 생기면 마귀가 우리에게 도적질하고 죽이고 멸망시키는 쓰레기를 투척하고 있는 것입니다. 우리가 마귀의 생각대로 부정적인 생각을 받아서 생각하고 그것을 상상하고 부정적으로 믿고 말하면 마귀의 올무에 걸립니다. 도적질 당하고, 죽임을 당하고, 멸망을 당합니다.

그렇기 때문에 이럴 때는 성령으로 기도하여 잠재의식을 정화해야합니다. 성령이 충만한 가운데 예수 그리스도 이름으로 귀신을 쫓아내야 되는 것입니다. 예수님께서 내가 너희에게 뱀과 전갈을 밟으며 원수의 모든 능력을 제어할 권능을 주셨다고 말씀한 것입니다. 성경에는 "네가 사자와 독사를 밟으며 젊은 사자와 뱀을 발로 누르리로다."고 했으니 우리가 이를 성령으로 쫓아내야 되는 것입니다. 마음속에 이상한 생각과 감정이 생기면 당장 그 자리에 앉아서 성령으로 기도하여 성령이 자신을 장악했다고 생각이 되면 "나사렛 예수 그리스도의 이름으로 명하노니 너 비정상적인 미움의 생각은 물러가라! 분노는 물러가라! 더러운 생각은 물러가라! 불안과 공포는 물러가라! 좌절과 절망은 물러가라! 두려움은 물러가라!" 1번만 아니라, 2번도 좋고 5번, 10번, 20번, 100번이라도 그 마음에 이상한 생각과 감정이 물러갈 때까지 성령의 충만함으로 마귀를 대적하십시오.

그러면 귀신은 쓰레기와 함께 쫓겨 나가게 되는 것입니다. 많은 사람들이 귀신과 더불어 살고 있습니다. 그것이 큰 문제입니다. 그렇기 때문에 예수님이 이 세상을 떠나시기 전 마지막 남기신 말씀 중에 가장 먼저 하신 말씀이 "너희가 내 이름으로 귀신을 쫓아내라"고 말씀하신 것입니다. 귀신이 와서 우리에게 모든 부정적인 생각을 마음속에 생각나게 하고 쓰레기를 투척하는 것입니다.

그대로 내버려두고 귀신이 투척하는 쓰레기대로 생각하고 상상하고 부정적으로 믿고, 그것을 말하기 때문에 사람들은 마귀에 걸려서 상처투성이가 되고 파괴되고 좌절과 절망에 처하게 되는 것입니다. 우리는 성경말씀에 "뱀을 집어 올리며 무슨 독을 마실

지라도 해를 받지 않겠다"고 한 것입니다. 뱀이란 바로 귀신을 말하는 것입니다. 귀신이 이렇게 가장을 해서 들어올 수 있으므로 내면세계를 성령으로 기도하며 충만하게 하므로 잠재의식을 정화하여 하나님의 성전이 되도록 관리해야 할 것입니다.

3. 마음의 안방에 좋은 것으로 채우라. 우리는 마음의 안방에 쓰레기를 청소하고 좋은 것 성령과 말씀으로 진열해 놓아야 되는 것입니다. 그러면 우리의 마음 안에 숨어있던 잠재능력이 나오기 시작하는 것입니다. 어느 집에 들어가면 방이 쓰레기더미로 있는 데는 들어가고 싶지 않잖아요? 방이 잘 정리 정돈되고, 깨끗하고, 아름답게 되어 있으면 그 방에 들어가서 앉아 쉬고 싶은 마음이 생기지 않습니까? 우리는 우리 마음을 쓰레기더미로 만들지 말고 하나님의 성전으로 만들어야 되는 것입니다. "너희는 너희가 하나님의 성전인 것과 하나님의 성령이 너희 안에 계시는 것을 알지 못하느냐 누구든지 하나님의 성전을 더럽히면 하나님이 그 사람을 멸하시리라 하나님의 성전은 거룩하니 너희도 그러하니라(고전3:16~17)" 걸어 다니는 성전의식을 가져야 합니다. 하나님께서 자신과 동행한다는 믿음을 가지고 살아야 합니다.

성령께서 우리 속에 주인으로 계십니다. 성령은 거룩한 영이므로 거룩한 성령이 우리에게 거하기 위해서는 복식호흡하며 온몸으로 기도하여 쓰레기를 다 청소해야 되는 것입니다. 믿음, 소망, 사랑, 의, 평강, 희락이 마음속에 있어야 되고, 사랑과 희락과 화평과 오래 참음과 자비와 양선과 충성과 온유와 절제 같은 성령의 열매로써 우리 마음을 채워 놓아야 되는 것입니다. 십자가를 통해서 주는 거룩함과 성령 충만으로 채워 넣어야합니다. 십자가를 통하여 오는 치료와 건강으로 채워 놓아야합니다. 십자가를 통해서 오는 아브라함의 축복과 형통으로 채워 놓아야합니다. 십자가를 통해서 오는 부활, 영생, 천국의 소망으로 채워 놓아야 되는 것입니다. 우리 마음속에 사랑하는 자여 네 영혼이 잘됨같이 네가 범사에 잘되며 강건하기를 간구한다는 적극적인 전인구원의 사상으로 채워 놓아야 되는 것입니다. 쓰레기는 생각 속에서 쫓아내고 마음속에서 쫓아내고 우리 입술에서 쫓아내 버리고 하나님의 말씀으로 차곡차곡 채워야 되는 것입니다. 쓰레기가 가득해서 입으로 나오면 온 환경이 쓰레기 더미가 되어서 파멸을 당합니다.

그러나 진주 같은 귀한 말씀이 가득해서 말씀이 밖으로 나오면 우리의 생활 속에 영혼이 잘됨같이 범사에 잘되며 강건하고 생명을 얻되 넘치게 얻게 만들어 주는 것입니다. 성령의 권능이 흘러넘치게 되는 것입니다. 우리는 마음에 쌓인 선한 것을 입으로 늘 말해야 되는 것입니다. 그러면 자신이 알지 못하는 무한한 에너지가 나타나는 것입니다. 우리는 마음 안의 쓰레기를 제거하여 심령이 옥토가 되어야 합니다. 심령이 옥토가 되어야 말씀의 비밀이 보이고 말씀이 온몸에 쌓이게 역사합니다. 그러면 영육의 눌림이나 침체나 무기력이나 탈진에서 자유로워질 수가 있습니다. 정신적인 면에서 자기관리를 효과적으로 하여 정신이 건강하게 지낼 수가 있습니다.

14장 수면의 중요성을 알고 관리한다.

(시127:2)"너희가 일찍이 일어나고 늦게 누우며 수고
의 떡을 먹음이 헛되도다 그러므로 여호와께서 그의 사랑
하시는 자에게는 잠을 주시는 도다."

사람은 수면을 잘해야 영-혼-육체가 건강합니다. 수면 중에 신
체 회복과 성장이 됩니다. 수면 중에는 세포의 수리와 성장이 활
발하게 일어납니다. 성장 호르몬의 분비가 증가하여 근육 회복과
성장을 촉진합니다. 충분한 수면을 취하면 두뇌 기능이 향상되어
사고력, 집중력, 창의성 등 인지 능력이 향상됩니다. 수면은 신체
의 스트레스 호르몬인 코티솔의 분비를 조절하며, 정서적으로 안
정감을 주어 스트레스를 완화합니다.

수면은 근력을 향상시킵니다. 수면 중 근육의 회복이 활발하게
이루어지므로, 충분한 수면을 취하는 경우 근육의 성장과 회복 속
도가 빨라져 근력 향상에 도움이 됩니다. 수면을 통하여 체력과
지구력 향상됩니다. 수면 부족은 심박수와 호흡을 제어하는 신경
계에 영향을 줄 수 있어 운동 시 체력과 지구력이 감소할 수 있습
니다.

수면을 통하여 시방 연소 및 대사가 촉진됩니다. 충분한 수면을
취하는 경우 지방 연소가 촉진되고, 대사량이 유지되어 체중 관리
에 도움이 됩니다. 충분한 수면을 취하는 사람들은 운동성과가 향
상되고 부상 위험이 줄어든다고 합니다. 수면의 중요성은 운동 성

과와 건강에 큰 영향을 미친다는 사실은 더욱 분명해지고 있습니다. 충분한 수면을 통해 우리는 더 나은 건강과 더 높은 운동성과를 얻을 수 있습니다. 따라서 운동을 하기 전과 후에 충분한 수면을 취하며, 수면의 질을 향상시키는 노력을 기울이는 것이 중요합니다. 건강한 생활을 위해 수면의 중요성을 더욱 신경 써야 함을 잊지 말아야 합니다.

1. 충분한 수면의 중요성입니다.

1)뇌 기능 향상: 충분한 수면은 기억력과 학습 능력을 향상시키는 데 도움을 줍니다. 수면 중에 뇌는 기억을 정리하고 정보를 처리하는 데에 활동적으로 참여합니다.

2)면역력 강화: 충분한 수면은 면역 체계를 강화하여 감염과 질병으로부터 우리 몸을 보호하는데 도움을 줍니다.

3)스트레스 감소: 충분한 수면은 스트레스 호르몬인 코티솔의 분비를 줄이고 정서적 안정을 가져오는 데 도움을 줍니다.

2. 부족한 수면의 영향입니다.

1)건강 문제: 만성적인 수면 부족은 심혈관 질환, 비만, 당뇨병 등의 건강 문제와 연관될 수 있습니다.

2)인지 능력 감소: 수면 부족으로 인해 집중력과 의사 결정 능력이 저하되고, 주의력이 흩어질 수 있습니다.

3)우울증과 불안: 충분한 수면이 없을 경우 우울증과 불안 증세가 증가할 수 있습니다.

이렇게 중요한 수면을 제대로 취하지 못하면 불면증이 생깁니다. 불면증은 잠이 쉽게 들지 못하고 잠을 자도 자주 깨며 이른 아침에 깨는 특징을 갖는 증상을 일컫는 말입니다. 불면증은 밤에 잠을 잘 이루지 못하는 불편뿐 아니라, 낮 시간의 활동에도 영향을 미쳐서 주의집중의 저하나 피로감으로 작업장에서 재해의 원인이 되기도 하고, 졸리움으로 인한 교통사고의 위험이 증대되기 때문에 이에 대한 사회적 관심이 증가되고 있는 추세입니다. 국제수면협회의 자료에 의하면, 일 년 동안 인구의 27%에서 일시적인 또는 간헐적인 불면증상을, 인구의 9%에서는 만성적인 불면증을 보인다고 하였습니다.

불면증은 편의상 6개월 이상 지속되는 만성 불면증과 4주 미만 동안 지속되는 급성 또는 단기불면증으로 나누고, 임상적으로는 흔히 최소한 3-4주이상 지속적인 불면 증상을 보이는 경우 치료 대상으로 삼습니다. 만약 불면증이 6개월 이상 지속이 되는 경우는 흔히 여러 가지 소인(예 : 불안증)과 촉발인자(예: 새로운 직업으로 불안), 영구화시키는 인자(예: 술 혹은 수면제 남용)를 가지고 있기 때문에 아주 복잡한 양상을 띠게 됩니다. 이때는 수면제의 지속적인 복용, 불면과 수면제에 대한 두려움, 붕괴된 수면의 각성리듬과 아주 나빠진 수면 위생으로 치료가 더욱 어렵게 됩니다. 이러한 불면증은 반드시 원인에 대한 정확한 평가가 이루어져야 제대로 치료를 받을 수 있기 때문에 이런 경우 꼭 정신과 의사나 가정의를 찾아보길 권합니다.

1.불면증 증상

1) 불면증 증상과 불면증의 심각한 증상.

① 수주 이상 거의 밤마다 잠이 들기 어려울 경우는 불면증입니다. ② 잠이 들기 어렵기 때문에 불안하여 잠자리에 들기가 무서울 경우는 불면증입니다. ③ 낮 동안 몹시 피곤하고 제대로 집중하거나 활동할 수 없을 경우는 불면증입니다. ④ 잠을 자기 위해 술이나 약물에 의존할 경우는 불면증입니다.

2) 수면의 기능에 대해. 수면의 기능은, 잠을 못 자게 했을 때 나타나는 현상을 보고 짐작할 수 있습니다. 사람에게 잠을 못 자게 하면 결국엔 자아붕괴, 환각, 망상이 나타납니다. 동물실험에서 수면박탈은 음식섭취증가, 체중감소, 체온저하, 피부장애 그리고 사망까지 초래함을 보였습니다. 꿈을 꾸지 못하게 해도 과민성, 피로가 나타납니다. 질병, 과로, 임신, 스트레스, 정신기능 과다 등이 있을 때 수면요구가 많아집니다. 잠이 적은 사람이 잠이 많은 사람보다 능률적이고 야심적이며, 만족해한다고 합니다.

3) 수면은 크게 5가지 기능을 갖는다.

① 낮 동안 소모되고 손상된 부분(특히 중추신경계)을 회복시켜 주는 기능이 가장 중요한 수면기능중의 하나입니다.

② 발생학적 기능인데 그래서 급속안구운동수면(REM 수면)은 특히 성장이 활발한 신생아에서 더욱 활발합니다.

③ 인성학적 기능으로 수면은 낮 동안의 생존기능과 본능적 보존 기능을 잘 할 수 있도록 준비시키고 조절 연습하도록 합니다.

④ 인지적 기능으로 특히 급속안구운동수면이 낮 동안 학습된

정보를 재정리하여 불필요한 것은 버리고 재학습 및 기억시키는 기능을 합니다. 급속 안구운동, 수면 중 단백질 합성이 증가되는 것은 학습된 정보를 기억으로 저장시키는 과정이기도 합니다.

⑤ 감정조절기능입니다. 불쾌하고 불안한 감정들이 꿈과 정보처리를 통해 정화되어 아침에는 상쾌한 기분을 갖도록 해줍니다. 특히 흥미로운 것은 우울감정과 수면의 관계입니다. 건강한 사람에서는 충분한 수면을 취하고 나면 우울한 감정이 감소 되는 현상을 보이나 어떤 사람들에서는 수면이 우울감정을 악화시킵니다. 그래서 이런 환자들에게는 수면박탈을 통해 우울을 치료합니다.

4) 불면증의 원인: 불면증은 크게 3가지 원인이 있습니다.

① 정신과적 질환과 동반된 경우인데, 이 경우는 정신과 장애와 관계된 수면장애로 분류합니다.

② 신체장애가 그 원인인 경우는 신체장애와 관계된 수면 장애로 분류합니다.

③ 스트레스, 입원과 일상의 중대한 변화 등과 같은 환경적 변화로 생긴 불면증으로 흔히 억압이 많고 완벽주의 성향이 강한 강박적 성격의 사람들이 수면이 자기 뜻대로 조절되지 않을 때 쉽게 긴장하고 불안해 질 수 있습니다. 그런데 이런 사람은 낮에는 잘 지내다가 수면시간이 가까울수록 정신 생리학적 긴장과 각성이 높아지면서 불면증으로 이행될 수 있습니다.

필자가 내적치유 하다가 어려서 물에 두 번 빠져서 사경을 헤매다가 구출되었고, 불속에서 한 번 구출된 경험이 있는 60세 된 목사님을 내적치유와 축귀를 통하여 치유한 경험이 있습니다. 이 목사님이 불면증으로 2년을 고생하시다가 저의 충만한 교회 성령치유 집회에 연속적으로 참석했습니다. 여러 곳을 다니면서 치유를 받으려고 했지만 불면증을 치유 받지 못하다가 국민일보 광고를 보고 참석하기 시작했습니다. 몇 개월 동안 열심히 다니면서 능력과 치유를 받았습니다. 그런데 어느날 아마 밖의 날씨가 영하 8도 정도 내려갈 때인데 집회를 마치고 집으로 가려고 하는데 내가 보니까 땀을 비가 내리듯이 흘리면서 몸을 가누지를 못하는 것이었습니다. 그래서 내가 그냥 가시면 안 된다고 잠시 안정을 취하고 가시라고 의자에 앉게 했습니다.

그리고 머리에 손을 얹고 안수하며 기도를 했습니다. 그러니까, 성령께서 이렇게 감동을 하시는 것입니다. "어려서 심하게 놀란 일이 있다. 본인에게 한번 물어보아라." 그래서 본인보고 어렸을 때 놀란 일이 있는지 생각하여 보라고 했습니다. 그랬더니 한참을 눈을 감고 생각하더니 "목사님 이제 생각이 났습니다. 제가 물에 두 번 빠져서 죽을 뻔 했는데 하나님의 은혜로 살아나왔습니다. 그리고 불에도 한번 들어가서 타죽을 뻔 했습니다."

그래서 제가 안수를 시작했습니다. 성령이여 임하소서. 성령이여 사로잡으소서. "불속에 집어넣고, 물속에 집어넣어 죽이려고 했던 귀신아 내가 예수 이름으로 명하노니 정체를 밝히고 나와라. 정체를 밝히고 나와라." 하니까 한참을 흐느끼다가 서서히 정체를 드러내기 시작했습니다. 온몸이 부르르하고 한참을 떨었습니다. 숨을 몰아쉬더니 기침을 한동안 사정없이 하다가 떠나갔습니다. 목사님 얼굴이 아주 평안한 상태가 되었습니다. 그렇게 줄 줄 줄 흐르던 땀이 싹 멈추었습니다. 축귀를 한 후에도 계속 몇 개월 동안 다니면서 은혜를 받았습니다. 목사님이 저의 사모에게 축귀를 받고 2년 동안 고통당하던 불면증을 치유 받았다는 것입니다.

2.불면증 치료: 세상에서는 크게 세 가지 원칙에서 행해집니다.

첫째, 원인론적 치료입니다. 정확한 다원수면 검사를 통해 원인을 밝혀 그 원인을 제거하는 것이 가장 중요합니다.

둘째, 수면환경 요법입니다. 이는 불면증 치료뿐만 아니라 일반인의 수면건강을 위해서도 강조되어야 할 내용입니다. 건강한 수면을 위해서는 가능한 충분한 수면 시간을 취하고, 규칙적인 생활을 하는 것이 중요합니다.

① 규칙적인 기상시간을 지킬 것. ② 평소 수면시간만큼만 침상에 있을 것. ③ 불규칙한 낮잠을 피하고, 아무 때나 드러눕지 말 것. ④ 잠을 충분히 잠으로 일어났을 때 상쾌한 기분을 갖도록 할 것. ⑤ 안락하고 적절한, 소음이 차단된 그리고 따뜻한 수면환경을 조성할 것. ⑥ 적당한 운동량과 자극량을 유지할 것. ⑦ 저녁시간에 자극적인 것을 피할 것. ⑧ 잠자기 전 20분 정도 뜨거운 샤워(체온을 올리는)를 해볼 것. ⑨ 일정시간에 식사할 것, 수면 전 과식을 피할 것, 그러나 자기 진에 배고픔을 잊기 위해 소량의 우유나 스낵등을 먹는 것은 도움이 될 수 있습니다. ⑩ 그리고 술(잠이 잘 오기는 하나 자주 깨게 한다)과 담배, 지나 친 각성음료 등 중추신경계 작용물질을 피할 것. ⑪ 정기적으로 저녁에 이완요법(근육

이완, 명상)을 시행해 볼 것. ⑫ 자기 전에 물을 많이 마시지 말 것. ⑬ 잠이 안와 초조하거나 화가 날 때, 자꾸 자려고 하지 말고 일어나 불을 켜고 침실을 나와 쇼파에 앉아 깊은 기도를 하는 것도 좋습니다. 호흡을 들이쉬면서 예수님! 내쉬면서 사랑합니다. ⑭ 그러나 아무리 적게 잤어도 다음 날 제시간에는 일어날 것. ⑮ 자꾸 시계를 보게 되면 시계를 감추어 버릴 것, 그리고 낮에 아무리 복잡한 일이 있고 나쁜 감정이 있었더라도 그날 자기 전에 정리하여 가능한 한 단순하고 편한 마음으로 잠자리에 들것 등입니다.

셋째, 행동 및 인지요법, 이완요법, 역설적 노력, 집중 및 범주화, 단순자극, 수면제한, 자극-조절치료. 깊은 영의기도 등의 적절한 사용이 있습니다. 깊은 영의기도는 수면위생과 함께 행동치료는 정신생리적 및 다른 불면증 치료에 도움이 될 수 있습니다. 행동치료요법으로는 깊은 영의기도, 이완요법, 수면제한 치료, 자극조절요법 등이 있는데 궁극적인 목표는 잠들기 전에 호흡을 깊게하면서 깊은 영의기도 또는 근육의 이완을 통해 각성정도를 낮추고, 졸리울 때만 잠자리에 들도록 하여 수면의 질을 높이는 것입니다. 영적으로 깊어지면 마음이 평안해 지므로 잠을 잘 자게 됩니다. 깊은 영성을 유지하는 방법은 이런 것이 있습니다.

1) 성령으로 온몸기도: 호흡을 깊게 들이쉬고 내쉬면서 깊은 기도를 하는 것입니다. 자세한 것은 "성령으로 온몸기도 하는 법"을 읽어 보세요.

2) 점진적 이완훈련: 점진적 이완훈련은 긴장이 물리적일 때 예를 들어 근육을 이완시키는데 어려움이 있을 때 효과적입니다. 점

진적 이완, 명상, 심호흡, 숫자세기와 같은 이완요법이 있으며 이 훈련을 더 자주 하면 할수록 더 잘 이완될 수 있습니다. 마음으로 에수님을 찾는 방법도 있습니다.

3) 자극-조절치료: 자극-조절 치료의 목적은 침대에 있으면서 잠을 잘 수 없다는 부정적인 연상을 깨는 것입니다. 이것은 특히 수면 초기 불면과 수면 중기 각성 증상이 있는 환자에게 효과적으로 사용됩니다. 규칙은 간단합니다. 졸리울 때만 잠자리에 들고 15분 이내 잠이 오지 않으면 잠자리에서 나오고 다시 잠을 잘 수 있을 것 같다고 생각될 때까지 잠자리에 들지 않습니다. 이것을 수분 이내에 잠을 잘 수 있을 때까지 반복합니다.

4) 수면제한 요법: 수면제한 요법은 침대에서 더 많은 시간 있으면 있을수록 수면이 더 분절되고, 반대로 적은 시간동안 침대에 있을수록 수면이 더 응축된다는 관찰에 근거한 방법입니다. 늘 잠자는 시간에 15분 정도를 더한 시간만을 침대에 머물도록 하고, 이 과정을 8시간 혹은 원하는 시간만큼 수면을 취할 수 있을 때까지 반복하는 것입니다. 이 과정 또한 효과적이 되려면 3-4주 가량이 걸립니다. 수면제한 요법이나 자극-조절요법 모두에서 매일 같은 시간에 일어난다든가 낮잠을 자지 않는다든가 하는 규칙은 늘 지켜져야 하며, 이러한 방법은 낮동안 매우 졸리울 수 있으므로 운전할 때는 조심하는 것이 필요합니다.

3. 말씀과 성령에 의한 영적치유. 불면증을 치유하는 방법 중에 제일 좋은 방법은 말씀과 성령으로 영적치유를 하는 것입니다. 저

는 불면증으로 몇 년씩 고생한 사람들을 말씀과 성령으로 내적치유를 통해서 완전 치유하여 자유하게 한 체험이 많습니다. 그래서 불면증 환자는 먼저 자신의 불면증은 하나님만이 치유하실 수 있다는 강력한 믿음이 있어야 합니다. 말씀과 성령으로 영적치유를 받겠다고 찾아와야 합니다. 교회나 치유센터에 찾아 나와서 말씀을 듣고 기도하며 성령을 체험해야 합니다. 성령을 체험해야 불면증을 일으키던 어두움의 세력들이 떠나가기 시작하는 것입니다.

분명하게 불면증을 일으키는 어두움의 세력이 있습니다. 이 어두움의 세력은 초자연적으로 역사하는 성령의 역사가 일어나야 떠나가는 것입니다. 왜냐하면 성령의 역사는 불면증을 일으키는 세력보다 강하기 때문입니다. 그런데 우리가 바르게 알아야 할 것은 성령의 체험은 말이 아닙니다. 성령으로 체험하면 영적으로 육적으로 본인이 느끼게 됩니다.

내적치유를 해야 합니다. 말씀을 들으면서 사역자의 안수를 받으며 내적치유를 2-3개월 받게 되면 웬만한 불면증은 모두 치유됩니다. 지금까지 우리 교회에 오셔서 불면증을 치유 받지 못한 성도는 거의 없습니다. 본인이 의지를 가지고 다닌 분들은 모두 치유 받았습니다. 저는 항상 이렇게 말합니다. 불면증은 불치병이 아닙니다. 성령을 체험하고 뜨겁게 기도하면서 내면을 치유하고 귀신을 축사하면 치유가 됩니다. 믿음을 가지십시오. 인내력을 가지고 영성훈련에 참여해야 합니다. 그러면 어느날 불면증은 깨끗하게 사라지고 말 것입니다. 불면증을 치유 받았다고 성령 충만한 믿음생활을 중단하면 조금 있다가 다시 재발합니다. 그래서 지속적인 말씀과 성령 충만한 믿음생활을 하여 영성을 유지하면 절대로 재발하지 않습니다. 우리 주변에 불면증으로 고생하는 분이 있다면 잘 권면하여 치유 받게 하시기를 바랍니다.

4. 약물치료. 제일 좋은 방법이 영적인 치유라고 했습니다. 그러나 영적인 치유 기간 동안 잠을 잘 수가 없을 경우 의사의 처방에 따라 약물을 복용해도 무방합니다. 약물을 투여하면서 치유를 받다가 증상이 호전되면 약을 끊으면 됩니다. 세상의술을 사용하는데 너무 거부반응을 하면 안 됩니다. 필요하면 세상의술을 사용하면서 영적치유를 하는 것입니다. 그러나 내면치유 사역자가 약을 복용하라는 지시는 삼가는 것이 좋습니다. 절대로 본인의 판단에 맡겨야 합니다. 본인이 의지로 약을 먹지 않고 치유를 받겠다면 그 것보다 더 좋은 것은 없을 것입니다. 그러나 본인이 견디기힘이 들어서 세상의술을 사용하겠다고 하면 본인의 판단에 맡기는 것이 좋습니다. 절대로 본인이 결정할 요소입니다.

약물치료로는 수면제 이외에 항히스타민제와 진정작용이 있는 항우울제, 항불안제, 항정신병약물 등이 사용될 수 있습니다. 불면증의 양상이나 건강상태에 따라 종류나 용량이 결정되어야 합니다. 주치의의 적절한 진단이 이루어진 후에 처방이 되어야 하고, 경과에 따라 주치의와 상담이 꼭 필요합니다. 수면제의 사용에는 몇 가지 원칙이 있습니다. 급성불면증에서 주로 사용하여 3주 이상 사용하지 않도록 합니다. 간헐적으로 사용합니다. 효과를 볼 수 있는 가장 낮은 용량을 사용합니다.

반감기가 짧은 약제들은 갑작스런 투약중단에 의한 금단을 예방하기 위해 점차 줄여서 끊어야 합니다.

5. 적당한 운동을 통한 치유. 유산소 운동이 좋습니다. 될 수 있으면 등산을 하는 것도 좋습니다. 낮에 잠을 잔다면 밤에 잠을 못 자는 것은 당연한 것입니다. 낮에는 활동을 해야 합니다. 헬스장 같은 곳에 가서 지속적으로 운동을 하는 것도 불면증 치유에 도움이 될 것입니다. 좌우지간 본인이 불면증을 퇴치하려고 부단한 노력을 해야 합니다. 성령이 충만한 교회에서 하는 성령치유집회를 참석하여 근본적인 영적문제를 해결하는 방법도 좋습니다. 성령 치유를 해야 불면증을 일으키는 근원을 제거할 수가 있습니다. 그리고 불면증 환자가 금해야 하는 것은 낮잠을 자는 것입니다. 낮잠을 자면 밤에 잠이 오지 않는 것은 당연한 것입니다.

불면증은 반드시 치유가 됩니다. 성령으로 세례를 받고 내면의 상처를 치유하여 안정된 심령이 되어야 합니다. 기간을 단축하여 치유를 받으려면 매주 월-화-금-토요일 날 실시되는 개별집중치유를 받으면 좀 더 빨리 불면증을 치유 받을 수 있습니다. 집중 치유를 받으면 불면증뿐만 아니라. 다른 질병과 상처가 치유됩니다. 귀신이 축사되어 마음에 참 평안을 찾게 됩니다. 물론 성령의 은사도 받게 됩니다. 일석이조가 됩니다.

15장 피로와 독소가 쌓이지 않게 한다.

(왕상 19:1-14) "(4) 자기 자신은 광야로 들어가 하룻길
쯤 가서 한 로뎀 나무 아래에 앉아서 자기가 죽기를 원하
여 이르되 여호와여 넉넉하오니 지금 내 생명을 거두시옵
소서 나는 내 조상들보다 낫지 못하니이다 하고"

자기의 건강관리를 위하여 피로는 그날그날 풀고 사는 것이 좋
습니다. 피로를 풀지 않고 쌓이면 과로로 발전하게 됩니다. 과로
는 축적성 피로라고 부르기도 합니다. 충분하게 휴식을 취했는데
도 피로감이 회복되지 않으면서 전신으로 통증이 발생하거나 무
기력한 증상이 생긴다면 건강에 문제가 생긴 것입니다. 말씀과 성
령으로 내면을 정화해야 합니다. 과로를 방치하는 것은 위험할 수
있습니다. 피로가 쌓이면 휴식을 취하려는 욕구가 과도해지기도
합니다. 때와 장소를 가리지 못하고 무기력함이 발생할 수 있습니
다. 이 무기력함은 졸음 또는 음주, 흡연과 같은 유흥을 하는 일이
잦아지게 될 수 있고, 이 상태는 일을 손에서 놓아버리는 경우까
지 이어지기도 합니다. 급성피로가 지나치게 되면 사망에 이르기
도 합니다. 피로의 주범인 스트레스 관리를 잘해야 합니다.

오늘 본문에 엘리야가 갈멜산 전투에서 스트레스를 받고 피로
가 누적되어 탈진에 빠졌습니다. 탈진은 번 아웃입니다. 하나님
께서 엘리야를 일으켜 세우는 제일 중요한 것이 번 아웃의 회복

을 위한 치료였습니다. 참으로 어려운 시대에 하나님의 이름과 나라를 위해 온힘을 다해 고군분투 하다가 완전히 탈진한 한 사람이 나옵니다. 엘리야라는 이름은 '엘=하나님!' '리=나!', '야=여호와!' 그의 이름이 그의 사역을 요약합니다. 나의 하나님! 내가 섬기는 신이 여호와 그분이십니다. 그걸 증명한 게 엘리야 예언자의 일생이었습니다.

이 때 엘리야는 완전 탈진하였습니다. 왜 탈진했습니까? 그 당시 북이스라엘 왕은 아합이었습니다. 아합은 국제결혼을 한 사람이었습니다. 이스라엘 왕인데 외국여자를 데려왔습니다. 하필 바알과 아세라 우상의 본거지인 시돈의 공주를 얻었습니다. 그 사람의 이름은 이세벨입니다. 이세벨은 굉장히 포독한 여자입니다. 여호와의 예언자들을 족족 잡아 죽였습니다. 아합과 이세벨시대 이스라엘이 전보다 나쁘게 여호와 하나님도 섬기고 가나안의 우상도 같이 섬겼습니다. 겸하여 섬겼습니다. 그런데 이때로 오면 이세벨과 혼인하며 여호와 하나님을 완전히 버리고 바알과 아세라가 우리의 하나님이라고 말합니다. 그러니 이단이라 이야기하는 여호와의 예언자들을 잡아 죽인 것입니다. 북이스라엘에서는 여호와의 말씀을 전할 사람이 없었습니다. 있다면 오직 한 사람 엘리야뿐입니다. 하나님께서 자기 백성을 사랑하셔서 3년 반이나 비와 이슬을 내리지 않으십니다. 비는 안내려도 이슬은 내려야 식물이 간신히 숨을 쉬고 생명을 유지합니다. 아침에 이슬이 없고 낮에 비가 없으면 그리고 그게 3년 반이면 먹을 게 떨어지는 것입니다. 1년만 농사를 못 지어 저장 곡식이 바닥이 납니다. 굉장히 어렵게 되었습니다. 극심한 기근으로 나라가 고생했습니다. 이 때 엘리야가 여호와가 진짜 신인지 당신들이 믿는 바알과 아세라가 진짜 신인지 결판을 내자고 합니다. 왕에게 제안합니다. 그래서 우리가 아는 대로 갈멜산에서 일대 결전을 펼칩니다. 바알 아세라와 여호와 하나님 사이 영적 전쟁입니다. 큰 싸움이 붙었습니다.

그 대결에서 승리를 거둔 엘리야가 자기의 원수들이었던 바알선지자 450명을 붙잡아 죽였고 그날 하나님께서 비를 내려주셨습니다. 여호와 하나님이 참 하나님이신 사실을 제단의 불로 입증하시고 동시에 이 땅에 내리신 기근을 해결해 주시는 비를 내리심으로 누가 생명을 주인이고 누가 참 하나님이신지 입증하셨습니다.

일이 이쯤 되었으면 상황이 달라졌어야 합니다. 정신을 차려야 합니다. 그런데 이세벨은 눈도 꿈쩍하지 않았습니다. 도리어 엘리야를 잡아 죽이겠다고 자기 신의 이름으로 맹세합니다. 오늘 본문이 그러하다. 엘리야가 북이스라엘에 머물 수 없게 되어 자기는 자기 혼자 남은 줄 알았습니다. 자기 혼자의 생명도 잃게 되니 도망을 해서 남 유다로 내려왔고 제일 아래 도시가 브엘세바인데 거기 와있는 것입니다. 도피하였습니다. 그 때 엘리야는 스트레스가 극도로 쌓여서 체력이 소진되고 영-혼-육으로 온선하게 탈진된 상태입니다. 이제 나는 더 이상 아무것도 할 수 없다는 완전한 무력감을 느꼈습니다. 패배감에 휩싸였습니다. 어서 죽기만을 바랬습니다.

엘리야의 마음에 찾아온 것은 실망과 좌절과 낙담이었습니다. 그 때에 엘리야에게 영육의 탈진이 찾아왔습니다. 육체적 정신적 피로로 인해서 엘리야는 기진맥진해 더 이상 이세벨과 싸울 힘이 없었습니다. 자신의 사역이 실패했다는 자괴감으로 그는 낙담하여 그곳을 도망치게 됩니다. 그에겐 이 탈진상태에서 벗어나 육체적, 정신적, 영적 재충전이 필요했습니다. 그래서 그는 하나님의 산 호렙으로 도망을 칩니다. 그래서 그는 "여호와여 넉넉하오니 지금 내 생명을 취하옵소서"(왕상19:4)라고 울부짖습니다. 그는 완전히 탈진했습니다. 죽기를 간구할 정도로 극도로 쇠약해져 있었던 것입니다.

우리도 늘 피곤하고 몸이 무겁고 우울한 느낌이 든다면 내 몸속에 독소가 쌓인 것은 아닌지 의심해야 합니다. 체내에 쌓이는 피로와 독소는 대부분의 질병 및 통증에 밀접한 관련이 있다고 알려져 있습니다. 체내에 불필요한 노폐물이 과도하게 유입이 되어 쌓이게 되거나 배출 기능에서 문제가 발생한다면 물질대사를 담당하는 혈액의 기능이 떨어지게 됩니다.

그래서 몸속의 독소를 배출하는 것이 중요합니다. 하지만 나이가 들어가면서 점점 저장능력이 떨어져 독소 배출이 원활하지 않으므로 몸속 곳곳에 독소가 쌓이게 되는데, 당 독소의 경우 혈관에 가장 치명적이며 이는 혈당과 나쁜 콜레스테롤을 생성하기 때문입니다.

그럼 체내 독소가 쌓이는 원인은 무엇일까요? 체내에 독소가 쌓이는 원인에는 여러 개가 있습니다. 먼저 혈통에 흐르는 영적인 문제입니다. 태중에서부터 발생합니다. 살아오면서 충격적인 사건과 환란과 고통을 당할 때 독소가 생깁니다. 직장 생활이나 학교생활에서 당하는 상처와 스트레스로 독소가 발생합니다. 공기 중의 각종 바이러스, 박테리아, 화학물질, 중금속 등의 유해 물질이 호흡을 통해 몸에 들어가면 쌓일 수 있습니다. 또한, 오염된 식품, 오염된 물, 농약, 각종 첨가물 치료약품, 화장품, 염색약, 샴푸 등으로 인해 몸속에 독소가 생성되면서 여러 질환의 발병 원인이 됩니다. 특히 독소는 음식으로 섭취하면서 많이 발생하는데 탄수화물을 많이 섭취할 경우 당 독소가 생기게 되는데 당 독소는 밥, 떡, 빵, 밀가루 음식 등의 탄수화물을 많이 섭취하였을 때 에너지로 사용하고 남은 탄수화물이 지방으로 전환되어 몸속에 저장되면서 독소로 작용하게 됩니다.

이렇게 여러 가지 이유로 인해 체내 독소가 쌓일 수 있는데 이렇게 독소가 쌓일수록 면역체계가 무너지면서 여러 가지 질환을 일으킬 수가 있습니다. 몸속에 독소가 쌓이게 되면 온갖 염증이 생기는 것 외에도 여러 가지 질환이 발생하게 되는 것입니다. 이유 없이 두통이나 불면증, 지속적인 피로, 체중증가 변비, 피부트러블, 홍조, 입 냄새, 우울증 등은 제내에 독소 세서가 원활하지 않다는 신호일 수 있습니다.

체내 독소는 혈관을 파괴하는 것 외에도 혈액이 원활하게 돌지 못하게 방해하므로 뇌졸중, 뇌출혈, 심근경색, 동맥경화 등 생명을 위협하는 무서운 질병까지로 이어질 수 있습니다. 또한 장에 쌓인 독소나 노폐물은 장의 정상적인 기능을 방해해 면역력 저하를 일으킬 수 있으며 뇌 건강에도 영향을 미치므로 기억력 감퇴와 인지기능 저하로 치매에 걸릴 위험이 높습니다. 독소 중 하나인 활성산소의 경우 혈관을 타고 몸속 구석구석 돌아다니면서 여러 질병을 유발하는데 고혈압, 당뇨, 암까지 발생시킬 수가 있습니다. 이렇게 체내에 독소가 쌓이게 되면 여러 가지 질환에 노출이 되므로 배출을 할 수 있도록 노력해야 합니다. 알 수 없는 원인으로 고통을 받고 있다면 체내에 독소가 많이 쌓인 것은 아닌지를 의심해보셔야 합니다.

1. 엘리야의 탈진 원인. 왜 엘리야가 이렇게 나약한 존재가 되고 말았을까요? 본문에 그 이유를 추정할 수 있는 단서가 나타납니다. 본문 10절입니다. "저가 대답하되 내가 만군의 하나님 여호와를 위하여 열심히 특심하오니 이는 이스라엘 자손이 주의 언약을 버리고 주의 제단을 헐며 칼로 주의 선지자들을 죽였음이오며 오직 나만 남았거늘 저희가 내 생명을 취하려 하나이다." 자신이 하나님의 일을 열심히 했지만, 이제 "자신 혼자 밖에 남지 않았다."라는 한탄을 하고 있는 것입니다. 말로 할 수 없는 고독감이 그를 찾아왔고, 그는 '자신 밖에 없다.'라는 두려움에 빠진 것입니다.

우리도 비슷한 경우에 빠집니다. 열심히 살아갑니다. 항상 최선을 다하고, 자신에게 주어진 일을 잘 감당합니다. 그런데 어떤 계기에 '자신 밖에 없다.' 라는 생각에 빠지면 주저앉게 됩니다. '나 혼자 아무리 열심히 해도 소용이 없다.' 라는 생각에 빠지면 모든 의욕을 잃어버리고 맙니다. '혼자만 남았다.'라는 고독감은 그렇게 힘든 것입니다.

또한 엘리야는 육체적으로 탈진했을 것입니다. 그동안 열심을 가지고 하나님의 일을 했습니다. 우리가 같이 읽은 10절에도 "여호와를 위해 열심히 특심하오니" 라는 단어가 이를 증명합니다. 그러다가 그는 지친 것입니다. 그것을 탈진, 영어로 Burn out 이라고 합니다. "열심으로 살다가 다 타버리고 재만 남았다." 라는 뜻으로 그렇게 말하는 것입니다. 엘리야는 지금 사방에 적이고 자기를 도와줄 사람이 없다는 생각에 그만 우울증에다가 탈진이 찾아온 것입니다. 혼자라고 할 때 두려움은 배가합니다. 그렇기 때문에 하나님께서 항상 함께하신다고 알려주시는 것입니다. 필자도 탈진에 빠졌을 때 깊은 기도 가운데 하나님께서 함께하고 계시다는 음성을 들은 다음부터 탈진이 서서히 해소가 되었습니다.

2. 엘리야의 탈진현상들. 본문에 엘리야의 탈진 원인은 없지만 그는 영적인 대승리, 인생의 클라이막스 뒤에 오는 영육의 탈진감 (스트레스)을 이기지 못했습니다. 그는 성경에 흠 없는 사람이라고 나오지만 본문에서 겁쟁이, 비겁자 도망병이 됩니다. 우리 인간은 아무리 의인이고 완벽해서 죄인이고 흠집이 있습니다. 엘리

야라는 위대한 종의 실패를 통해 유한한 죄인의 한계를 발견합니다. 엘리야가 영적인 탈진이 생길 때 보여주는 6가지 모습이 본문에 나옵니다.

1) 형편이 크게 보입니다. 사람이 영적으로 건강하고 힘이 있으면 삶의 문제들을 스스로 극복할 수 있다고 생각하지만 탈진이 되면 자신은 작게 보이고 환경과 문제가 크게 보입니다. 베드로는 예수님을 보고 물에 들어갔지만 풍랑을 보고 물에 빠졌고, 이스라엘 백성은 가나안 땅에 거인(Giant)인 아낙 자손을 보고 자신이 메뚜기처럼 보였습니다. 본문 3절에 "저가 이 형편을 보고"가 나오는 것처럼 엘리야는 아합과 이세벨이란 환경이 크게 보여 탈진했습니다.

2) 생명에 대한 두려움입니다. 인간은 자기 생명 존재의 안정감이 깨져 버릴 때 두려움이 엄습하고, 두려움은 하나님을 떠난 모든 인간들이 가진 기본적 본능입니다. 하나님은 성경 말씀을 통해 "두려워하지 말라"고 말씀하십니다. "두려워 말라"(여호수아1:9), "너는 내 것이고 너와 함께 하리라"(이사야41·43장), "여호와는 나의 빛과 구원"(시편27편)입니다. 본문 3절 "그 생명을 위해 도망하여"라고 나옵니다. 사람이 성령, 용기, 믿음이 충만하면 생명을 돌아보지 않지만, 탈진에 빠지면 목숨을 보존하고 싶어집니다.

3) 현실 도피입니다. 본문 3절 중반에 "도망하여"가 나옵니다. 영적 탈진에 빠진 엘리야는 갈멜산과 사마리아의 사역이 다 싫어

지고 하나님도 귀찮아져 갈멜과 브엘세바까지 140km를 단숨에 달려갑니다. 그는 자기 사환을 거기 놔두고 하룻길 쯤 더 가서 깊은 광야 로뎀나무 밑에서 생활하며 거기서 힘을 얻어 호렙산까지 40일을 갑니다. 사람이 탈진되면 주위의 모든 것(남편, 부모, 아이들, 목사, 친구, 직장, 학교, 교인)이 다보기 싫어집니다. 탈진에 빠진 요나는 배 밑창으로 도망쳤고, 다윗도 현장이 힘들어 블레셋에 도망쳤습니다.

　4) 극단적 선택입니다. 본문 4절에 "죽기를 구하여 가로되"가 나옵니다. 사람이 탈진에 빠지면 극단적인 생각(이혼, 사표, 자살)을 합니다. 탈진으로 부정적인 생각이 사로잡힐 때 행동이 달라지고 이건 위험 합니다.

　5) 비교 의식입니다. 본문 4절 하반절에 "나는 내 열조보다 낫지 못하니이다"가 나옵니다. 성경에 엘리야를 모세와 버금가는 사람이라고 나와 있는데 그는 열조(아브라함, 이삭, 야곱, 모세, 갈렙, 여호수아)보다 자기를 보며 비교의식이 생깁니다. 모든 사람이 이명박, 조용기, 빌리 그래함(Billy Graham), 베니힌 같은 위대한 거구들이 되는 것이 아니라 자기만의 길(My Way)이 있습니다. 탈진은 비교의식을 가지게 합니다.

　6) 자기 연민에 빠집니다. 본문 10질에 "저가 대답하되 내가 만군의 하나님 여호와를 위하여 열심이 특심하오니 이는 이스라엘 자손이 주의 언약을 버리고 주의 단을 헐며 칼로 주의 선지자들을 죽였음이오며 오직 나만 남았거늘", 14절에 "오직 나만 남았거

늘"이라고 나옵니다. 상담심리학적으로 내가 아니면 안 되는 메시야 콤플렉스(Complex)가 있습니다. 엘리야는 자신을 혼자 주님의 일을 떠맡았다고 십자가의 메시야로 생각했고 이런 생각이 자기 연민에 빠지게 했습니다. 자기 동정과 연민은 건강치 못한 증거입니다.

3. 엘리야를 회복시키시는 5가지 과정

우리는 본문을 통해서 하나님께서 정신적으로 마음 적으로 육체적으로 탈진에 빠진 엘리야를 회복시키시는 5가지 과정이 있었다는 것을 알고 대처하는 것이 좋습니다.

1) 잠을 자며 쉬어야 합니다. 본문 5절에 "로뎀나무 아래 누워 자더니"가 나옵니다. 엘리야가 마음으로 기도하다가 잠을 자는 것입니다. 절대로 잠만 자는 것이 아닙니다. 마음으로 기도하며 영육이 쉼을 갖는 것입니다. 사람은 낮에 활동 할 때 혈압이 올라가고 몸의 균형이 깨지는데 8시간 이상 잠을 자므로 자율신경이 균형을 잡아 건강해 집니다. 또한 잠을 충분히 자야 면역 기능이 향상되어 병균을 이길 힘도 생기고 스트레스(Stress)도 날려 버립니다.

2) 먹는 것입니다. 본문 5절에 "천사가 어루만지며 이르되 일어나서 먹으라 하는지라"가 나오고 호렙에 이르러 두 번 먹었다는 기록이 나옵니다. 사람은 영적 존재이고 육체의 존재여서 몸과 영혼은 떨어 질 수 없습니다. 크리스천은 영-혼-육이 균형이 잡혀야

합니다. 한쪽으로 치우치면 문제가 발생합니다. 전인격을 성령께서 지배해야 합니다. 우리는 세상 것으로 만족하지 말고 하나님께서 주시는 것을 먹어야 합니다. 엘리야는 하나님께서 주시는 것을 먹었습니다. 예수님은 낙심한 제자들에게 갈릴리 바닷가에서 구운 생선과 떡을 먹이셨고, 엠마오에서 십자가 죽음을 보고 낙심한 제자들에게 떡을 떼시며 위로해 주셨습니다.

3) 안수와 어루만짐 입니다. 본문 5절 중반에 "천사가 어루만지며", 7절에 "여호와의 사자가 또다시 와서 어루만지며"가 나옵니다. 주님께서 안수를 통하여 잠재의식의 스트레스를 처리하고 소진한 영적능력을 충전한 것입니다. 엘리야가 로뎀나무 아래서 잠잘 때 하나님의 사자가 그를 어루만졌습니다. 이는 안수로 영적충전과 스트레스를 정화했다는 말입니다. 힘들고 아파하는 사람은 말보다 안수하여 영적충전과 스트레스를 정화하면 새 힘을 얻게 됩니다. 동물들 뿐 아니라 사람들도 어루만짐(skin ship)을 통해 영적충전과 스트레스 해소와 위로를 느낍니다. 안수를 통하여 소진한 영력을 보충합니다.

4) 부드러운 말씀의 위로입니다. 탈진을 극복하는 최고의 치료제입니다. 본문 9절 "엘리야가 그 곳 굴에 들어가 거기서 유하더니 여호와의 말씀이 저에게 임하여 이르시되 엘리야야 네가 어찌하여 여기 있느냐", 13절에 보면 "엘리야야 네가 어찌하여 여기 있느냐"라고 하시면서 하나님이 부드러운 터치로 엘리야에게 위로해 주시는 내용이 나옵니다. 하나님은 우리를 몽둥이로 때리시

고, 쫓아다니며 심판하시고 골탕 먹이시는 분이 아니라 인자와 자비로 우리를 이끄시는 분이십니다. 필자도 하나님의 음성을 듣고 탈진이 해소되기 시작을 했습니다.

5) 두 번째 기회를 주시는 소명(Calling)입니다. 하나님께서 함께 하심을 알려주십니다. 혼자가 아니라는 것을 확인 시키십니다. 하나님은 굴에 숨어 있는 엘리야에게 "너는 돌이켜 하사엘과 예후에게 가라! 엘리사에게 기름을 부어 일하게 하라!"고 명령하십니다. 우리는 하나님의 일을 하다가 그만두고 싶은 마음이 있고 탈진이 되어 다 놓고 싶어집니다. 그럼에도 하나님은 우리에게 돌이 킬 수 있는 두 번째 기회를 주십니다.

하나님은 호렙 산의 동굴에 있던 엘리야에게 말씀하십니다. "엘리야야 네가 어찌하여 여기 있느냐(왕상 19:9)" 이 질문에서 핵심은 '여기'라는 부분입니다. 하나님은 엘리야에게 허락하신 사명지인 이스라엘을 떠나 도망하여 여기 호렙 산에 있는 이유를 질문함으로 엘리야에게 자신의 현주소를 다시 생각해 보고 자기의 사명을 다시 붙잡게 하려고 한 것으로 보입니다. 우울증이나 탈진한 예언자는 하나님께 자기중심적인 불평을 터뜨리며 오직 사태의 어두운 면만을 주시하고 있습니다. "오직 나만 남았거늘 그들이 내 생명을 찾아 빼앗으려 하나이다(왕상 19:10)"

엘리야의 탄식에는 하나님에 대한 무언(無言)의 비난이 서려 있습니다. 그러나 하나님은 엘리야를 불러 당신 앞에 세웁니다. "너는 나가서 여호와 앞에서 산에 서라(왕상 19:11a)" 하나님은 탈진하여 고장 난 당신의 종 엘리야를 재소환하십니다. 하나님은 엘리야를 '리콜'(recall)하십니다. 고장 난 자동차만 리콜 대상이 아니라, 탈진한 인간도 리콜 대상이 됩니다. 영적 탈진에 빠진 사람들이 보통의 말로 혹은 지금까지의 방식으로 설득되어 그들의 암울한 영적인 동굴 밖으로 걸어 나오는 일은 거의 없습니다. 하나님은 지금까지 엘리야의 사역을 이끌었던 전통적인 방식인 바람과 지진과 불이 아니라(참고 출 19:16~18), 새로운 방식인 '세미한 소리(음성)'를 통하여 그를 다시 세웁니다(왕상 19:11b~12). 영력을 충전하니 소명을 다시주십니다.

그리고 하나님은 엘리야에게 새로운 임무를 맡기십니다. 다메섹의 하사엘에게 기름을 부어 아람 왕이 되게 하고, 예후 장군에게 기름을 부어 이스라엘의 왕으로 세우고, 엘리사에게 기름을 부어 엘리야의 후계자로 삼으라는 것입니다(왕상 19:15~16).

결론적으로 상처와 스트레스로 인하여 몸 안에 독소가 싸여서 일어나는 탈진은 부끄러운 일이나 실패가 아닙니다. 인간은 본질상 그 자신이 연약한 존재이며, 그렇기 때문에 날마다 하나님의 능력과 은혜로 치유 받고 극복될 수 있는 존재라는 것을 기억해야 할 것입니다. 우리는 탈진을 개인적 범위 안에 놓으려는 경향이 있습니다. 그러나 탈진은 개인적 범위의 문제가 아닙니다. 세상 삶의 현장에 있는 사람은 누구나 탈진에 빠질 잠재적 위험요소를 않고 있는 것입니다. 더욱이 탈진에 빠진 사람은 혼자서 벗어나기가 매우 힘이 듭니다. 그렇기 때문에 탈진에 빠졌다면 빠른 시간 내에 전문가를 만나서 도움을 받아야 합니다.

몸 안에 독소가 싸여서 발생한 탈진을 벗어나기 위해서는 첫째로 절적한 휴식이 필요하고, 둘째는 생업현장에서 현실적인 목표 설정과 삶의 우선순위를 바로 설정하는 것이 중요합니다. 셋째로 영적인 충전을 받는 시간을 가져야 합니다. 일주일에 하루는 자신의 영적충전을 받는 일에 시간을 투자해야 된다고 생각합니다. 넷째로 집중영적정밀진단과 상처와 독소를 배출하는 시간을 갖아야 합니다. 그래서 충만한교회 성도들은 일주일에 한번씩 2시간이상 집중 기도를 하게 하는 것입니다. 목회자라면 과도한 업무를 혼자 감당하다 탈진 하지 않도록 목회 사역을 전문화해가고 성령님의 인도를 받으면서 사역하려는 마음의 여유가 중요합니다.

탈진이 반드시 부정적인 것만은 아닙니다. 탈진은 신학적으로 더 높은 영적 상승을 위한 기회입니다. 탈진의 극복을 통하여 영적인 능력이 한 단계 업그레이드 될 수가 있습니다. 예수님을 닮아가는 기회입니다. 필자도 한 단계 도약을 경험했기 때문입니다. 탈진이라는 신호를 통하여 다시 한 번 목회를 돌아보고 자신을 점검할 수 있는 기회로 삼을 수 있다는 말입니다. 탈진은 모두 한번은 거쳐야 한다고 생각합니다. 그래서 하나님은 "우리가 알거니와 하나님을 사랑하는 자 곧 그의 뜻대로 부르심을 입은 자들에게는 모든 것이 합력하여 선을 이루느니라."(롬 8:28).

4부 육체적인면의 자기관리

16장 자신의 건강은 자신이 관리한다.

(출애굽기 15:26)"이르시되 너희가 너희 하나님 나 여
호와의 말을 들어 순종하고 내가 보기에 의를 행하며 내
계명에 귀를 기울이며 내 모든 규례를 지키면 내가 애굽
사람에게 내린 모든 질병 중 하나도 너희에게 내리지 아니
하리니 나는 너희를 치료하는 여호와임이라"

쾌적한 환경에서 건강한 생활 습관을 가지는 것이 건강관리에
서 가장 중요합니다. 이러한 건강을 이루는 3요소들을 환경 요인
(자연 환경, 생활환경), 유전적 요인과 생활 습관으로 꼽을 수 있
습니다. 그중에서도 우리들 스스로가 가장 각별히 신경 써야 할
부분은 생활습관이 아닐까요? 유전적 요인이나 환경 자체는 자신
이 어떻게 하기 힘든 문제이지만 생활 습관은 자신이 노력하면 얼
마든지 개선할 수 있기 때문입니다.

많은 질병에 있어서 유전적 요인이 결정적인 인자로 작용하긴
하지만, 설령 유전적인 요인을 안고 태어난 사람이라도 노력과 의
지로 좋은 습관을 들이면 각종 질병에 걸릴 확률을 최대한 낮출
수 있습니다. 우리가 예수님을 믿으면 예수로 죽고 다시사신 예수
님으로 태어나 예수님의 인생을 사는 것입니다. 유전적인 요인은

성령의 역사로 바뀌는 것입니다. 그러니까 마음가짐도 절제를 바탕으로 최대한 긍정적으로, 유연성 있게 처신하도록 해야 합니다.

지나치게 체력을 낭비하면서 몸을 챙기지 않는 짓을 삼가는 것도 중요하며, 특히 충분한 수면 시간이 있어야 건강에게 뒤통수를 후려 맞지 않을 확률이 올라가게 됩니다. 특히 한국 사회는 사당오락을 신봉하는 것에서 알 수 있듯 잠을 혐오하는 대표적 사회이며, 이 때문에 수면의 중요성이 쉽게 무시당하곤 합니다. 그러나 수면 문제는 건강에 있어 식습관 이상으로 중요한 요소인데, 일단 대장암 등 주요 암이 수면 문제와 큰 연관성을 가진 것으로 알려져 있으며, 불면증 등의 수면장애를 앓는 사람은 잠이 오지 않을 때 수면제 및 술에 의존하기 쉬워지므로 약물 중독과 알코올 의존증 같이 무서운 중독에 쉽게 노출됩니다. 또한 수면장애는 필연적으로 스트레스를 유발하며 이는 정신병과도 직결됩니다.

건강의 유지는 자기 자신과의 싸움이기도 합니다. 당장 해로운 습관을 가지고 있다 해서 바로 질병에 걸리는 경우는 거의 없습니다. 20대가 거리낌 없이 폭음을 하고, 담배를 마구 태워대도 30대에 폐암, 위암 등 죽을 병에 걸리는 경우는 거의 없습니다. 몇 년 정도 과로를 한다 해서 사람이 바로 죽거나 죽을 병에 걸리지는 않으며, 술과 폭식을 즐기는 비만 환자라도 바로 내일모레 성인병에 걸려 돌연사하지는 않습니다. 사람의 몸은 의외로 튼튼하고 항상성을 유지하려는 성질을 가지고 있어 안 좋은 짓 좀 한다고 바로 몸에 큰 티가 안 납니다.

그러나 이것이 수년 이상 쌓이기 시작하면, 특히 20대가 지나 회복력이 꺾이기 시작하면 엄청나게 위험해집니다. 좋지 못한 생활 습관은 몸의 회복력을 지속적으로 깎아내리며, 이것이 점차 누적되며 결국 돌이킬 수 없는 지경에 이르게 됩니다. 가령 당뇨나 통풍 같은 경우 일단 발현되면 끝장입니다. 콩팥이 망가지면 평생 투석기 달고 죽을 때까지 살아야 합니다. 물론 그때라도 몸 관리를 시작하면 증상이야 완화되겠지만 평생 약을 먹어야 하는 신세가 됩니다. 이렇듯 좋지 못한 습관으로 인해 누적된 것을 몸이 더 이상 버티지 못하면 바로 몸은 주저앉고 이는 돌이킬 수 없습니다. 심하면 사망하게 됩니다. 흔히 "30~50대에 밤잠을 설 처가며 고생하며 돈~돈~돈~하면서 돈에 마음을 **빼앗겨** 살면서 돈을 벌어서 좀 살만해졌다 싶더니 병들어 얼마 못 살고 죽더라."가 바로 그런 케이스로, 젊을 때 고생하면서 자기관리로 휴식, 식습관, 수면 등 모든 것을 못 챙긴 여파가 한꺼번에 들이닥쳐 중년이 되자마자 사망하는 것입니다. 자기 건강관리를 잘해야 건강하고 행복하게 후회 없이 장수하는 것입니다.

당장 강철과 금속으로 만들어진 튼튼한 기계만 해도 수년 동안 아무 관리도 하지 않으면 망가집니다. 당연하지만 사람 몸은 기계보다 연약합니다. 건강에 좋은 습관을 풀이하사년 성기적으로 기계를 닦고 조이며 기름치는 것과 같다고 볼 수 있습니다. 하지만 나쁜 습관으로 인한 건강의 악영향이 늦게 발현되듯 좋은 습관으로 인한 건강 개선도 느리고 완만한 상승세를 보입니다. 10대에 관리한 건강은 20대에 나타나고, 20대에 관리한 건강은 30대에 나타난다고 볼 수 있습니다.

건강이 주는 공감적인 문제가 살짝 있는데, 평소 건강하던 사람이 병에 걸리면 치료되는 속도는 빠릅니다, 그러나 그걸 타인에게 전염시켰거나, 같은 병에 걸린 사람을 보게 되면 자신의 경우와 겹쳐보면서 그 병의 증상이 어느 정도인지 상관없이 과거의 자신을 기준으로 삼아서 공감을 못하는 경우가 있습니다.

○ 건강의 필수요소들은 이렇습니다. 양호한 환경, 정기 건강검진, 적절한 식사와 운동, 충분한 수면, 절주와 금연, 체중조절, 편안한 심리 상태, 위험한 스포츠나 행동 자제, 적절한 체온 유지와 두뇌 활동, 건전하고 깨끗한 성생활(자위 포함), 건전한 스트레스 해소, 젊음, 깨끗한 공기 등입니다.

물론 이 모든 조건을 갖추는 건 현실적으로 불가능합니다. 이미 늙은 사람의 경우 젊어지는 건 불가능하며, 깨끗한 공기를 마시는 건 매연과 미세먼지로 오염된 도시에서는 마스크를 써도 해결이 안 되며, 이미 술과 담배를 하는 사람은 절주와 금연이 매우 어렵고, 하루 30분씩 운동하는 사람도 드물며 시간이 없어서 못하는 사람도 많습니다. 그러니 건강해지기 위해서라면 여기 있는 모두를 이룰 생각은 과욕이라 생각하고 이룰 수 있는 것만 지켜나가도 됩니다.

1.육체건강관리: WHO와 같이 보건관련기구에서는 건강이라

는 카테고리 안에 정신과 신체는 물론 사회적 상황까지 포함하는 경우가 많지만, 일반적으로 "건강관리"라 하면 신체적 건강만을 가리키는 경우가 많습니다.

신체의 관리는 모든 관리의 기본입니다. 몸이 건강해야 각종 작업을 수행할 수 있는 것은 물론이거니와, 신체의 건강이 곧 정신의 건강으로도 이어지기 때문입니다. 몸이 건강하지 않으면 저절로 우울해지며 자신감이 감소하고, 웃음이 줄어들게 됩니다. 몸이 힘들면 마음도 당연히 힘들어집니다. 반대로 신체가 건강해지면 사람이 밝아지고 생기가 돌게 됩니다. 생각도 부정적인 방향보다는 긍정적인 방향으로 옮겨가게 됩니다. 또한, 규칙적인 운동과 체중관리는 건강 뿐만아니라, 외모관리의 일환이기도 합니다. 운동을 하면 여유가 생기고 대인관계나 자신의 삶에 자신감이 생기기 마련입니다. 따라서 규칙적인 건강관리는 자신의 건강을 향한 욕구를 충족시키는 동시에 정신적으로도 행복하게 만듭니다. 명심해야 합니다. 명예나 돈은 잃어도 회복할 수 있지만 건강을 잃으면 모든 것을 잃게 되는 것입니다.

나이에 상관없이 건강을 위해 지켜야할 3대 생활수칙은 다음과 같습니다.

① 적절한 수면시간 유지: 바쁘게 사는 현대 사회에서 과학에 무지한 사람들이 잠을 자는 것을 나태와 연결 짓는 경우가 있지만, 잠을 자는 것은 신체는 물론, 정신적인 건강을 위해서도 필수적인 요소입니다. 보건기구의 방침에 따르면 성인남녀는 7~8시

간 정도의 수면시간을 확보하는 것이 중요하며, 청소년의 경우 그 이상의 수면시간이 요구된다고 합니다. 특히, 성인과 수면패턴이 다르기 때문에 아침잠을 자는 것은 청소년의 매우 기본적인 청소년의 수면패턴이므로 이를 지켜주는 것이 뇌 발달과 정신건강을 위해 중요하다는 연구결과가 있습니다. 교육청이 할 일이 없어서 중고등학교의 등교시간을 뒤로 미룬 것이 아닙니다.

② 규칙적인 운동과 적정 체중유지: 일주일의 3번 이상 규칙적인 운동을 해주는 것이 좋습니다. 자신의 체형에 맞는 운동법을 알고 진행하는 것이 좋습니다. 비만도 다 같은 비만이 아니라 피하 지방형 비만과 내장 지방형 비만으로 나뉘며 피하지방과 내장지방이 같이 있는 경우가 있습니다. 반대로 마른 사람의 경우에도 옷을 입었을 때 날씬하다고 안심하면 안 됩니다. 겉으로 보기엔 괜찮아 보일지 몰라도 체지방률이 높아 마른 비만의 체형일 수도 있습니다. 비만에 가깝거나 비만이라면 급하게 살을 **빼야할** 상황을 제외하고서 유산소운동만 하는 것은 그다지 바람직하지 않습니다. 대게 일반인들은 적정 운동량이 지켜지지 않은 채로 비만이 되는 경우가 많기 때문에 무산소 운동을 함께 병행하면서 근육량을 늘리고 기초대사량을 증가시키는 방향으로 발전해나가는 것이 장기적으로 훨씬 좋습니다.

③ 적당한 음주와 금연: 우리사회에서 음주는 사회생활에 큰 영향을 미치기 때문에 완전히 끊기는 힘들 수 있습니다. 하지만 고위험음주는 되도록 이면 피해야 합니다. 담배는 폐, 구강, 식도,

위, 심장, 심혈관계 뇌 혈관질환 등 건강에 악영향을 미치지 않는 곳을 찾는 것이 더 힘들 정도입니다. 이보다 백해무익하다는 말이 어울리는 것이 있을까요? 가능한 빨리 금연 할수록 건강 면에서 이득입니다.

④ 아침식사를 매일 할 것 : 아침을 먹는 사람은 비만일 가능성이 낮고 혈당치가 정상일 가능성이 높습니다. 또한 두뇌 회전이 잘되고 일의 능률을 높여주게 됩니다. 지방의 비율은 낮고 탄수화물, 단백질, 비타민이 풍부한 음식들을 먹어 주는 것이 좋습니다. 아침으로 먹는 대표적인 음식으로는 시리얼, 요구르트, 과일, 계란, 커피, 샐러드 등이 있습니다. 앞서 언급한 충분한 수면시간이 지켜진다면 아침 식욕을 돋우게 되는 건강 시너지 효과도 얻을 수 있으니 참고하기 바랍니다.

⑤ 건강한 식단 실천 : 녹색야채와 콩과 같은 곡류의 섭취를 가능한 많이 하는 것이 좋으며 매일 사과 1개 혹은 귤 2개 정도를 섭취해주면 좋습니다. 여기에 근육량 증가를 목적으로 운동을 하는 사람들은 식단에 닭 가슴살과 같은 고단백 식품을 추가해주면 됩니다. 다만 모든 끼니마다 식단을 적용하는 것은 쉽지 않습니다. 아침, 점심 정도는 식단으로 해결하고 저녁은 일반식으로 먹어서 저녁 때 무너지더라도 다음날 정신 차리고 다시 식단을 실천할 수 있게 하는 식으로 자신만의 규칙을 만드는 것을 추천합니다. 설탕이 많이 들어있는 청량음료, 과자 등은 비만으로 가는 지름길이니 가능한 피하는 게 좋습니다. 탄수화물 비중이 굉장히 높은 라면

같은 식품도 마찬가지입니다.

⑥ 예방접종 꼭 하기 : 예방접종을 하게 되면 항체가 생겨서 전염성 질병에 걸려도 심해지는 걸 막을 수 있습니다. 예방접종을 한 날에는 무리하지 말고 푹 쉬어야 합니다. 계절인플루엔자는 매년마다 접종하며 코로나바이러스감염증19는 2021년부터 신설되었습니다.

⑦ 건강검진 꼭 받기 : 건강검진은 무증상의 숨은 질병을 빨리 찾아서 빨리 치료로 이어지게 하는 예방의학의 종류로 만 20세부터 국민건강보험공단에서 국가건강검진 받으라고 통지서가 날아옵니다. 직장가입자 사무직, 직장피부양자, 지역가입자, 지역세대원은 홀/짝수년생으로 대상자가 갈리며 직장비사무직은 매년마다 대상자가 됩니다. 국가암 검진의 경우 만 20세 여성은 자궁경부암 검사, 만 50세부터 대장암 검사, 만 54세 이상 만 74세 이하의 남·여 中 폐암 발생 고위험군은 폐암검사, 만 40세 부터의 여성은 유방암, 만 40세 이상 남녀 간암발생고위험군 (간경변증이나 B형 간염 바이러스 항원 또는 C형 간염바이러스 항체 양성으로 확인된 자)은 간암 검사 대상자가 됩니다. 다만 직장가입자는 건강검진 미필 시 산업보건안전법에 따라 페널티인 과태료가 부과되며 직장피부양자, 지역가입자, 지역세대원은 페널티가 없습니다. 다만 암 검진 안 받으면 보건소에서 저소득층에게 주는 암 치료비 지원 대상에서 빠지게 됩니다. 다만 개인적으로 검진센터에서 실시하는 종합건강검진도 받을 것을 권합니다.

2. 연령별 건강관리방법: 건장한 성인이라면 몸이 거의 다 완성된 단계이기 때문에 면역력과 골밀도, 근력 모두 청소년에 비해 강합니다. 따라서 규칙적인 생활과 식습관을 유지해준다면 건강관리가 수월합니다. 그러나 어른이 되면 해야 할 일과 수많은 책임과 부담을 지게 됩니다. 더불어 현대에 들면서 자연스레 생활패턴이 깨지고 게으른 성격과 우울한 마음과 정신을 갖게 되기도 합니다. 일이 바쁜 직장인이라면 주말만이라도 밖에 나와 규칙적인 운동과 야외활동을 하고 무엇보다 햇빛을 많이 쐬주는 것이 좋습니다. 태양빛을 받으면 세로토닌 물질이 더 많이 분비 되 기분을 좋게 만듭니다. 탈 없이 기쁘거나 즐거운 기분이 드는 것은 바로 이 세로토닌이라는 물질 때문. 또한 세로토닌은 수면을 유도하는 특성이 있습니다. 주중에 바깥에서 활동하다 들어오면 피곤한 느낌이 드는 이유. 우울증 환자나 수면장애, 주침 야활을 하는 사람들의 특징이 세로토닌이 부족하기 때문입니다. 세로토닌은 사람의 감정을 긍정적으로 만들고 활동적이게 만드므로 주중 야외활동은 건강에 큰 도움이 됩니다. 당연한 이야기지만 술, 기호식품은 적당히, 그리고 절대금연을 해야 합니다.

반면 아직 몸이 완성되지 않은 아동, 청소년이라면 면역력에 더욱 신경써아 합니다. 어릴 때부터 다양한 실병을 예방할 예방접종은 필수이며, 아이들이 건강하고 바르게 자랄 수 있게끔 부모들의 관심과 룰을 정해두어 일정량의 통제도 필요합니다. 무엇보다 음식을 골고루 먹는 습관을 이때부터 들이는 것이 좋습니다. 면역력이 성인에 비해 약하기 때문에 면역력이 저하될만한 습관(ex. 늦잠, 편식, 게임 및 인터넷 중독, 위생관리 등한시)은 일찍 바로 잡아줘야 합니다. 그리고 아직 성장판이 열려있는 만큼 건강식품과 운동도 필요합니다. 어릴 적 동네에서 뛰어놀면서 크는 아이들 특성 상 놀이와 교우관계를 통해 몸과 마음을 가꿔나가는 것입니다. 무엇보다 성조숙증을 막기 위해 이때부터 비만관리를 철저히 하는 것이 중요합니다. 어려서부터 자극적인 식습관(ex. 패스트푸드, 짜고 맵고 기름지고 단 음식)은 피하도록 합니다.

사춘기에 접어들고 성인이 될 관문에 들어서는 청소년기에는 신체와 호르몬의 급격한 변화로 인해 성격도 거칠어지고 막무가내인 성격이 되기도 합니다. 몸은 거의 어른이지만 두뇌는 아직 아이인 청소년들은 담배, 술 같은 유혹에 빠져들기 쉬운데, 청소년기 흡연, 음주는 성인보다 암 발병률이 압도적으로 높으며, 성인이 된 이후 후유증은 상상을 초월합니다. 무슨 일이 있어도 청소년의 흡연과 음주는 금지되어야 할 올바르지 못한 행위이며 자신의 건강과 인생을 망치는 지름길입니다.

나이가 들어 몸이 쇠약해진 중노년층은 골밀도와 근육량이 노화로 자연스레 쇠퇴합니다. 이때부터 체력과 운동신경, 면역력도 퇴보하기 때문에 부상이나 질병에 걸릴 위험이 높아집니다. 몸이 둔한 노인이라면 서두르는 것보단 느긋하게 여유를 갖고 행동하는 것이 좋습니다. 운동도 걷기나 조깅, 등산 같은 가벼운 운동이 좋습니다. 단, 관절이 약한 고령층은 무작정 오래 걷는 것은 도움이 안 됩니다. 관절에 무리가 가기 때문. 가벼운 스트레칭이나 산책, 홈트레이닝이 안정적입니다. 그리고 노인이 되면 미각이 쇠퇴하여 맛을 잘 느끼지 못하게 되며, 이로인해 음식을 자극적이게 먹는 경향이 있습니간을 맞추기 위해 소금이나 후추, 고춧가루 등을 적절량을 넘겨 노인의 입맛에는 간이 맞을 수 있지만 젊은이들 입맛엔 꽤나 짜게 느껴집니다. 골격이 약한 노인이 고칼슘, 고나트륨 섭취로 인해 골다공증이라도 걸린다면 매우 치명적입니다. 또한 겨울철에는 혈압이 올라 겨울철에는 더더욱 조심해야 합니다. 혈압에 약한 중노년층 특성 상 겨울에는 최대한 몸을 따뜻하게 해야 합니다. 뼈가 약하므로 빙판길에는 넘어지지 않도록 더욱 조심해야합니다. 노인들은 부상을 입으면 청년들에 비해 회복력이 많이 떨어지기 때문에 젊을 적에 규칙적으로 먹고, 자고, 운동하면 노년이 되어도 건강을 보장받을 수 있습니다.

3. 적절한 식사와 운동이 건강필수: 적절한 식사와 운동이 건강의 필수입니다. 우리 모두가 건강한 삶을 추구하고 있지만, 실제로 건강한 삶을 살고 있는 사람은 많지 않습니다. 건강한 삶을 살기 위해서는 적절한 식사와 운동의 조화가 필요합니다. 이 글에서는 건강한 삶을 위한 적절한 식사와 운동의 조화에 대해 알아보겠습니다.

1)식사: 건강한 삶을 살기 위해서는 먼저 적절한 식사가 필요합니다. 적절한 식사란 양질의 영양소를 충분히 섭취하면서도 과도

한 칼로리나 나쁜 영양소를 섭취하지 않는 것을 말합니다. 적절한 식사를 위해서는 다음과 같은 것들을 고려해야 합니다.

① 균형 잡힌 식사: 균형 잡힌 식사란 탄수화물, 단백질, 지방 등의 영양소를 적절히 섭취하는 것을 말합니다. 이를 위해서는 식사에서 탄수화물, 단백질, 지방의 비율을 적절히 조절해야 합니다. 일반적으로는 탄수화물 50%, 단백질 20%, 지방 30%의 비율로 섭취하는 것이 좋습니다.

② 과일과 채소의 섭취: 과일과 채소는 우리 몸에 필요한 비타민, 미네랄, 식이섬유 등의 영양소를 충분히 제공합니다. 따라서 식사에서 과일과 채소를 충분히 섭취하는 것이 좋습니다. 또한, 과일과 채소를 다양하게 먹는 것이 좋습니다.

③ 음식의 종류와 양: 음식의 종류와 양도 건강에 큰 영향을 미칩니다. 고칼로리 음식이나 지방이 많은 음식, 당분이 많은 음식 등은 건강에 해로울 뿐 아니라 비만, 당뇨병, 고혈압 등의 질병을 유발할 수 있습니다. 따라서 음식의 종류와 양을 적절히 조절해야 합니다.

2)운동: 식사만으로는 건강한 삶을 유지하기에는 한계가 있습니다. 따라서 운동도 건강한 삶을 유지하기 위해서 필수적인 요소 중 하나입니다. 운동을 통해 건강한 삶을 유지하는 방법은 이렇습니다.

① 꾸준한 운동: 건강한 삶을 유지하기 위해서는 꾸준한 운동

이 필수적입니다. 운동을 꾸준히 하면 체력과 근력이 향상되어 건강한 삶을 유지하는 데 도움이 됩니다. 또한, 꾸준한 운동은 우울증, 스트레스, 불안 등의 정신적인 문제를 예방하는 데도 도움이 됩니다.

② 유산소 운동: 유산소 운동은 심혈관 질환 예방, 체중 감량, 체지방 감량 등의 효과가 있습니다. 유산소 운동은 걷기, 뛰기, 수영, 자전거 타기, 줄넘기 등 다양한 방법으로 할 수 있습니다.

③ 근력 운동: 근력 운동은 근육을 강화하여 체형을 유지하고, 뼈 건강을 유지하는 데 도움이 됩니다. 근력 운동은 레그프레스, 데드리프트, 벤치프레스, 풀업 등의 운동으로 할 수 있습니다.

결론입니다. 건강한 삶을 위해서는 적절한 식사와 운동의 조화가 필수적입니다. 식사에서는 균형 잡힌 식사, 과일과 채소의 섭취, 음식의 종류와 양을 적절히 조절해야 하며, 운동에서는 꾸준한 운동, 유산소 운동, 근력 운동을 함께 해야 합니다. 이를 통해 우리는 건강한 삶을 유지할 수 있습니다. 건강은 거저 그냥 되지 않습니다. 예수님을 믿었다고 하나님께서 건강하게 하시며 건강을 책임져 주시지 못합니다. 자기 몸은 자기가 관리해야 합니다. 어려서부터 자기 몸을 사랑하면서 관리하는 습관이 중요합니다. 과로하지 않고 자기 몸은 하나님께서 에수님의 피로 값을 치르고 사신 몸이니 하나님의 보물로 여기고 관리를 잘하시기를 바랍니다. 세상에서 천국을 누리며 살다가 영원한 천국에 가셔서 면류관을 받으시기를 축원합니다.

17장 하체와 무릎관리를 습관화한다.

(왕상 19:8) "이에 일어나 먹고 마시고 그 음식물의 힘
을 의지하여 사십 주 사십 야를 가서 하나님의 산 호렙에
이르니라."

하나님은 건강하게 살아가기 위하여 하체와 무릎관리를 습관
화하라고 말씀하십니다. 통계에 의하면 90세 이상 장수하시는 분
들은 어려서부터 잘 걸어 다녔다고 합니다. 필자도 어려서부터 하
루 종일 산을 올라가서 살다가 시피하고 군대에서는 특전사에 들
어가서 천리행군을 13번을 했습니다. 1년에 천리행군을 2번해도
문제가 없을 정도로 허벅지와 다리가 튼튼했습니다. 물론 70인
지금도 걷는 데에는 문제가 없고 건강합니다. 지금도 하루에 1만
보이상 걸으면서 하체와 허벅지 근육을 단련하고 있습니다.

사람이 늙도록 잘 걷는 것은 축복 중에 축복입니다. 누구든지
걷지 못하면 기저귀를 차야합니다. 더 심해지면 요양원에서 영원
한 천국에 갈 때까지 지내야 합니다. 하체와 허벅지 근육이 튼튼
해야 합니다. 허벅지 근육이 튼튼하면 무릎이 튼튼해져서 천국에
갈 때까지 잘 걸으며 하나님께 영광을 돌릴 수가 있습니다.

열왕기상 19장에 보면 엘리야가 갈멜산에서 영적인 전투를 하
느라, 체력이 고갈된 상태에 있었는데 아합의 처 이세벨의 편지에
두려움이 찾아와 우울증에 걸려서 "로뎀 나무 아래에 누워 자더
니 천사가 그를 어루만지며 그에게 이르되 일어나서 먹으라 하는

지라 (6) 본즉 머리맡에 숯불에 구운 떡과 한 병 물이 있더라 이에 먹고 마시고 다시 누웠더니 (7) 여호와의 천사가 또 다시 와서 어루만지며 이르되 일어나 먹으라 네가 갈 길을 다 가지 못할까 하노라 하는지라 (8) 이에 일어나 먹고 마시고 그 음식물의 힘을 의지하여 사십 주 사십 야를 가서 하나님의 산 호렙에 이르니라."(왕상 19:5-8). 사십 주 사십 야를 걸어가니까 우울증이 치유되었습니다. 걷는 것은 모든 육체와 정신과 영적인 건강에 보약입니다.

우리 몸의 70% 근육이 하체에 몰려있습니다. 다시 말해 하체 근육이 장수의 지표인 셈입니다. 하체 근육이 부족하진 않은지 어떻게 확인할 수 있을까요? 하체 근육이 부족하면 여러 가지 증상이 나타납니다. 뼈와 관절에 이상이 생기는 것은 물론, 혈액순환도 잘 안되기 때문입니다. 대표적으로 ○아무리 바지를 올려 입어도 엉덩이 부분이 헐렁해집니다. ○딱딱한 의자에 앉으면 엉덩이가 아픕니다. ○걸을 때 일직선으로 걸으려 하면 나도 모르게 비틀거립니다. ○다리가 시리거나 저리기도 합니다. ○한 달 이상 성욕이 없습니다. ○걷는 거리가 급격히 줄어듭니다. ○괄약근이 약해져 소변이 샐 때가 있습니다. ○전립선 질환이 생깁니다. ○발기와 사정이 잘 안됩니다. ○정액의 양이 주는 등의 증상이 생깁니다.

골반 근육까지 부족해지면 변비가 생기고, 방귀를 참기 어려워지고, 재채기할 때 방귀나 소변이 새는 증상이 생기기도 합니다. 의자에 앉았다 일어서는 것으로도 근육이 부족한지 알 수 있습니다. 유럽노인병학회에서 발표한 '근감소증 새로운 진단 기준'에는 앉았다 일어서기 속도가 포함됩니다. 의자에서 앉았다 일어서기 5회를 15초 안에 할 수 있어야 합니다. 노인은 보행속도로도 확인할 수 있는데, 걷는 속도가 초당 0.8m 이하이거나 400m를 걷는 데 6분 이상 걸린다면 심각하게 근육이 부족한 것이므로 하체 근육을 강화하는 운동을 반드시 해야 합니다. 하체 근육 단련 운동으로 하체와 무릎, 허벅지 관리하는 방법들입니다.

1. 스쿼트와 런지: 하체 근육 단련 운동으로는 스쿼트와 런지가 권장됩니다. 스쿼트는 양발을 어깨너비로 벌리고 서서 무릎이 발가락보다 앞으로 나오지 않도록 엉덩이와 허벅지 힘을 사용해 앉는 동작입니다. 무릎 각도가 최대 90도를 넘지 않도록 합니다. 런지는 똑바로 서서 한쪽 다리를 앞으로 내디딘 다음에 허벅지가 바닥에 평행이 될 때까지 낮추는 운동법입니다. 매일 스쿼트 15개, 런지 양발 20개를 3세트 반복하면 하체 근육을 단련할 수 있습니다. 한 번에 해당 횟수를 채우기 어렵다면, 조금씩 할 수 있는 동작 횟수를 늘려가는 게 먼저입니다. 한편, 효과적으로 근육을 기르기 위해서는 근육 형성을 돕는 유산소 운동도 병행하는 게 좋습니다. 하체 근력을 강화할 수 있는 유산소 운동으로는 자전거 타기가 있습니다. 자전거 페달을 돌리면 하체 근육이 반복적으로 수축·이완됩니다.

2. 발뒤꿈치 들기 운동: 발뒤꿈치 들기 운동은 현대인들의 건강과 웰빙에 매우 중요한 역할을 합니다. 이 운동은 간단하면서도

놀라운 효과를 가지고 있으며, 무릎 통증 완화, 균형감각 향상, 낙상 예방, 하지정맥 도움, 체형 교정, 힙업 효과 등 다양한 이점을 제공합니다.

발뒤꿈치 들기 운동은 종아리 근육을 강화하여 발목을 안정적으로 지지하는데 도움을 줍니다. 또한 균형감각을 향상시켜 넘어지지 않도록 도와줍니다.

발뒤꿈치 들기 운동은 기립성 저혈압 예방해줍니다. 기립성 저혈압은 일어나거나 일어설 때 머리가 어지러워지는 증상을 말합니다. 발뒤꿈치 들기 운동은 종아리 근육을 강화시켜 혈액순환이 원활하게 이루어지도록 도와줍니다.

발뒤꿈치 들기 운동은 하체의 근력을 향상시킴으로써 균형을 잡는 능력을 향상시켜줍니다. 이는 낙상 사고를 예방하는 데에 큰 도움이 됩니다.

까치발 운동은 하지정맥류를 예방하거나 완화하는 데에도 효과적입니다. 종아리 근육의 수축과 이완을 통해 혈액순환이 원활하게 이루어지므로 하지정맥건강에 도움을 줍니다.

발뒤꿈치 들기 운동은 체형 교정에도 도움을 줍니다. 까치발을 유지하면서 몸의 중심을 교정해주기 때문에 체형이 바르게 되고 엉덩이에도 힘이 들어가게 됩니다.

무릎 통증을 겪는 분들에게 뒤꿈치 들기 운동은 큰 도움이 됩니다. 이 운동은 대퇴사두근을 강화시킴으로써 무릎 통증을 완화시킬 수 있습니다. 특히 계단 오르내릴 때 무릎이 아픈 분들은 뒤꿈치를 들어오르면서 불필요한 압력을 줄일 수 있습니다.

이렇듯 발뒤꿈치 들기 운동은 다양한 효과를 가지고 있으며 현대인들의 건강과 웰빙에 큰 도움을 주는 운동입니다. 특히 일상생활에 적용하기 쉽고 어디서든 할 수 있는 운동이기 때문에 매일 꾸준히 실천하여 건강한 삶을 영위하는 데에 도움이 될 것입니다.

3. 걷기운동: 걷기는 가벼운 유산소 운동으로 분류됩니다. 유산소 운동은 심장과 폐 기능을 강화하고 체지방을 태우는데 효과적입니다. 특히, 걷기는 관절을 부상시키지 않으면서도 근력을 향상시키는데 도움이 됩니다.

걷기는 일상생활에서 쉽게 할 수 있는 운동이기 때문에 꾸준히 하기에 적합합니다. 30분 정도의 걷기로 약 150-200kcal를 소모할 수 있습니다. 만약, 체중을 감량하려면 일주일에 5일 이상 걷기를 실천하는 것이 이상적입니다.

걷기를 할 때는 먼저 적절한 자세를 유지해야 합니다. 머리와 목을 곧게 세우고 양 어깨를 펴고 팔을 자연스럽게 흔들면서 걸어야 합니다. 등은 곧게 펴고 복부를 당기는 자세를 유지하세요.

걷는 속도는 적당히 빠르게 하되 숨이 조금씩 가파르게 나와야 합니다. 걷기의 핵심은 발을 민첩하게 헤아려야 하므로 발뒤꿈치에서 발끝까지 완전한 발육을 이루어야 합니다. 또한, 팔을 앞뒤로 흔들면서 걷는 것도 좋은 방법입니다. 이렇게 걷기운동을 하면 다이어트에 매우 효과적입니다. 걸으면서 음악을 듣거나 친구와 함께 걷기도 좋습니다. 꾸준한 걷기운동을 통해 건강한 신체와 더 나은 다이어트 결과를 얻길 바랍니다.

걷기운동을 시작하기 전에는 근육을 준비하는 워밍업을, 운동을 마친 후에는 심장 및 근육에 부여된 스트레스를 완화시키는 쿨다운을 꼭 해야 합니다. 워밍업과 쿨 다운에 적절한 스트레칭을 포함하는 것이 좋습니다.

걷기운동은 꾸준하게 실천해야 효과를 볼 수 있습니다. 일주일에 최소 150분 이상의 걷기운동을 실천하는 것이 좋습니다. 매일 조금씩 걷기를 하거나 일주일에 몇 번씩 집중적으로 걷기를 할 수도 있습니다.

거리와 시간을 달리하여 다양한 코스를 선택해 걷기를 즐길 수 있습니다. 도심 지역이라면 근처 공원이나 강변 등을 이용해 쾌적한 환경에서 걷기를 즐길 수 있습니다. 또한, 산책로나 자연 보호 구역도 좋은 선택지입니다.

걷기를 지루하지 않게 하기 위해서 동기부여 요소를 추가할 수 있습니다. 음악을 듣거나 설교를 청취하며 걷기를 하거나 걷기 동기를 주는 목표를 설정할 수도 있습니다. 또한, 걷기 기록을 작성하여 나아가는 과정을 시각적으로 확인하는 것도 좋은 방법입니다. 걷기운동은 간단하지만 매우 효과적인 다이어트 운동입니다. 올바른 자세와 적절한 걷는 속도를 유지하며 꾸준하게 실천해보세요. 걷기는 누구에게나 쉽게 접근할 수 있는 운동이므로 누구든지 시작할 수 있습니다.

사람이 태어나고 살아가면서 가장 많이 하게 되는 신체활동이 바로 걷기입니다. 지금이야 걷기운동이라는 용어를 많이 쓰고 있지만 예전만해도 걷기는 운동이 아니라 생존에 가까운 활동이었습니다. 자동차가 거의 없는 시절에는 걸어서 학교를 다니고, 시장에 가고, 직장을 다녔습니다. 군이 걸으라고 하지 않아도 걷고, 또 걸어야했습니다. 하지만 지금은 기술의 발달로 대부분의 사람들이 자동차를 이용합니다. 하루 3~4km를 걸으라면 손사래 치는 사람이 많을 것입니다. 그만큼 편리함에 익숙해졌고, 걷기는 일상적인 활동에서 운동으로 변했습니다.

그렇다면 걷기는 운동으로써 효과가 있을까요? 있다면 구체적으로 얼마나 걸어야하고 어떤 효과가 있을까요? 라는 의문이 듭니다. 조선 최고의 명의이셨던 허준 선생의 동의보감에는 '좋은 약을 먹는 것보다 좋은 음식을 먹는 것이 낫고, 좋은 음식을 먹는 것보다 걷는 것이 좋다'라는 내용이 있습니다. 걷기효능에 대해 간단하지만 명료하게 정의한 글이라고 생각합니다.

최근 미국 메사추셋츠대 팔루치 교수 연구팀의 연구결과를 보면 매일 7천보이상 걷는 사람은 그렇지 않은 사람보다 조기 사망률이 50~70% 감소했습니다. 그리고 심장마비, 뇌졸중 등 예방에 도움이 되며, 실제 관상동맥심장병 위험을 약 19% 낮출 수 있다고 합니다. 또한 혈당을 낮추고 관절염 예방과 면역기능 향상에도 많은 효과가 있으며, 인지기능과 창의력 향상 등 정신건강에도 큰 도움이 된다고 합니다.

이처럼 걷기는 언제나 우리의 건강을 이롭게 합니다. 바야흐로 가을입니다. 서늘한 날씨와 아름다운 단풍이 들고 꽃이 피는 걷기 좋은 계절입니다. 멋진 산책길을 걸어도 좋고, 가까운 공원을 걸어도 좋고, 도심을 걸어도 좋습니다. 걸어 보시기를 바랍니다. 그러면 당신의 건강은 놀랍게 변할 것입니다. 걷기 운동의 놀라운 효과는 이렇습니다.

① 심혈관 건강: 정기적인 걷기는 심박수를 증가시켜 심혈관 건강을 향상시킵니다. 운동을 했을 때에 심박수가 증가하면 심장은 더 많은 혈액을 몸 전체로 펌핑하게 됩니다. 이러한 심혈관의 활동은 심혈관을 강화하고 혈액순환을 개선시킵니다.

산소와 영양소의 공급의 개선시킵니다. 운동을 통해서 심장은 더 강력하게 수축하고 혈액을 몸 전체로 더 효율적으로 분배합니다. 이로 인해 혈액 내의 산소와 영양소가 조직과 기관으로 더 잘 공급이 되게 됩니다. 산소와 영양소는 세포의 기능과 회복을 지원하면서 신체의 건강을 유지하는 데 중요한 역할을 합니다.

또한 동맥경화, 심근경색, 고혈압 같은 심혈관 질환의 위험을 감소시킵니다. 걷기는 혈압을 조절하고 혈중 콜레스테롤 수치를 개선하는 데 도움이 됩니다. 이는 심혈관 질환을 예방하고 건강을 유지하는 데 도움을 줍니다.

② 체중 조절: 걷기는 체중조절에 매우 효과적인 운동입니다. 꾸준하게 걷는 것은 에너지 소비를 증가시켜서 체지방을 감소하는 데 큰 도움을 줍니다. 걷기는 에너지를 사용하는 유산소 운동으로 일상적인 활동이지만 일정한 강도로 꾸준하게 운동을 해주게 된다면 더 많은 칼로리를 소모합니다. 걷기는 운동 강도를 본인의 체력에 맞게 조절할 수 있으므로, 초보자부터 운동능력자까지 다양한 수준에서 실천할 수 있습니다. 걷기 운동은 에너지 소비가 증가가 되면서 체지방을 태우는 데 효과적입니다. 일상적인

걷기를 꾸준하게 실천을 해준다면 신체의 지방 연소가 촉진되고, 체지방의 감소와 신체 구성의 개선을 도모합니다. 비만 예방과 관리에 큰 도움을 줍니다. 꾸준한 걷기 습관은 체중을 조절하고 비만의 위험을 감소시키는 데 도움이 됩니다. 또한, 걷기는 식욕을 억제하고 대사를 촉진시키는 데 도움을 줄 수 있습니다.

걷기는 돈이 들지 않고 체력이 약한 분들도 접근하기 쉬운 운동이므로 거의 모든 사람이 실천할 수 있습니다. 하루에 목표 걸음 수를 설정하고 꾸준히 걷기 습관을 가질 수 있도록 노력해보시면 체중 조절과 건강 개선을 위해 걷기 운동을 유지해 나가면서 단계적으로 거리나 속도를 늘려나가시면 됩니다.

③ 근력 강화: 걷기 운동은 근력을 강화하는 데 매우 효과적인 운동입니다. 다양한 근육을 활용하면서 걷기를 해줌으로 다음과 같은 근력 향상의 이점을 얻을 수 있습니다. 걷기는 다리 근육을 강화하는 데 큰 도움이 됩니다. 종아리, 대퇴사두근, 햄스트링, 대둔근 등 다리의 근육들이 활발히 사용되기 때문입니다. 근력이 향상되면 걷기 동작의 효율성과 안정성이 향상되며, 보다 빠르고 효과적으로 걷기 운동을 할 수 있습니다.

엉덩이 근육 그룹을 활용하여 근력을 강화하는 데 도움을 줍니다. 엉덩이 근육은 걸음을 밀어주는 동장에 중요한 역할을 합니다. 꾸준하게 걷기 운동을 해주면서 엉덩이 근육을 강화하면 보다 안정적이고 강력한 보행 패턴을 개발할 수 있습니다.

복부 근육을 자연스럽게 사용할 수 있습니다. 허리와 복부 근육은 걷기 동작의 안정성과 균형을 유지하는 데 중요한 역할을 합니다. 정확한 자세와 복부 근력의 개선은 허리 통증 예방과 향상된 자세 제어를 도와줍니다.

걷기는 균형과 안정성을 향상시키는 데 도움이 됩니다. 걷는 동안에 다양한 근육 그룹을 조절하면서 문의 균형을 유지하는 능력을 향상시킵니다. 균형과 안정성이 향상되면 일상생활에서 부상과 낙상 위험을 줄일 수 있습니다. 또한 근력이 향상되면 관절과 인대를 보호해서 부상의 위험을 감소시키기도 합니다.

저부담이면서 다양한 연령과 체력의 사람들이 하기 좋다보니 정기적이고 꾸준한 걷기는 근력을 향상시키는 데 도움이 되며, 일상 생활 동작을 수행하는 데 필수적인 근력을 발전시킵니다. 이를 통해 스트레스와 관련된 부상 및 통증을 예방하고, 더 건강하고 활동적인 삶을 즐길 수 있습니다.

④ 정신 건강 향상: 걷기는 스트레스 감소와 정신 건강 향상에 매우 유용한 운동입니다. 다음은 걷기가 우리의 정신 건강에 미치는 긍정적인 영향입니다. 걷기는 운동으로 우리의 신경체계의 긍정적인 영향을 미칩니다. 운동은 체내에서 내분비 시스템을 조절하고 스트레스 호르몬인 코르티솔의 분비를 감소시킵니다. 이로 인해 신체적인 긴장이 풀리고, 정신적인 스트레스가 감소됩니다.

체내에서 엔도르핀과 세로토닌 같은 쾌락 호르몬이 분비를 촉진시킵니다. 쾌락 호르몬은 우리의 기분을 개선시켜서 우리를 행복하고 긍정적인 상태로 만들어줍니다. 정기적인 걷기는 우울감과 불안을 줄이고, 정서적인 안정을 촉진시킵니다.

두뇌 활동을 촉진시켜 정신 집중력을 향상시킵니다. 특히 자연

환경에서 걷는 것이 매우 효과적입니다. 자연 속에서 걷는 것은 마음의 평화를 찾고 집중력을 회복하는 데 도움을 주며, 창의적인 아이디어 유입을 촉진시킵니다.

걷기는 목표 달성과 자기 개발에 도움을 줍니다. 걷는 동안에 명확한 목표를 세우고 진전을 경험할 수 있습니다. 걷기를 통해서 우리는 자신에게 도전하고 극복할 수 있는 자신감을 얻을 수 있습니다. 친구나 가족 등 누군가와 함께 걷는 건 사회적 연결과 지지감을 제공하고 정서적인 안정을 촉진시키기도 합니다.

정리하자면, 걷기는 스트레스 감소와 정신 건강 향상을 위한 효과적인 운동입니다. 정기적인 걷기는 우리 신경 체계를 조저하고 스트레스를 완화시키며, 긍정적인 기분과 안정적인 정서를 유지하는 데 도움을 줍니다. 또한, 걷기는 집중력 향상, 자기 성취감, 사회적인 연결 등의 장점을 제공합니다.

걷기운동을 시작하려면 큰 준비가 필요하지 않습니다. 하지만 몇 가지 팁을 따르면 효과를 더욱 극대화할 수 있습니다. 하루에 목표 걸음 수를 설정하고 천천히 달성해보세요. 친구나 가족과 함께 걷기를 즐기면 더욱 재미있고 동기부여가 됩니다. 자연이나 공원을 찾아 걷는 것이 심리적인 안정과 행복을 더해줄 수 있습니다. 걷기운동은 우리에게 쉽게 접근 가능한 보물 같은 활동입니다. 걷는 동안의 시간을 효율적으로 활용하며 건강과 행복을 동시에 얻어 보시기를 바랍니다. 꾸준한 걷기 습관을 형성하면 건강한 삶을 즐길 수 있을 것입니다. 걸음 한 걸음이 삶의 질을 한층 높여주는 작은 행복으로 하체와 허벅지 근육을 늘리고 무릎을 강하게 하시기를 바랍니다.

4. 뒤로 걷기: 동네 공원에 보면 가끔 뒤로 걷는 사람들이 있습니다. 어디서 나온 말인지 노년층들 사이에선 '뒤로 걷는 것이 건강에 좋다'는 게 통설로 퍼져있는데, 다른 사람이랑 부딪치는 것은 제외하더라도 뒤로 걷는 행위는 의학적으로 다리에 매우 위험한 행위입니다. 인류는 앞으로 걷는 것에 최적화되어 발달해 뒤로 걷는 것은 고려사항이 아닙니다. 때문에 앞으로 걸을 때보다 뒤로 걸을 때 다리에 2배 이상의 부하가 걸립니다. 뒤로 걷는 것을 오래해서 익숙해지면 뒤로 걸어도 앞으로 걷는 것과 비슷한 부하가 걸리지 않을까? 라는 생각을 하는 사람들도 있는데 이것은 숙련도의 문제가 아니라 DNA 단위에 각인되어 있는 인류 진화의 역사, 그에 따른 결과물인 인체 구조의 문제입니다. 심지어 하이힐을 신고 앞으로 걸을 때보다 운동화를 신고 뒤로 걷는 것의 부하가 더 높습니다. 뒤로 걷는 것은 다리에 관절염 및 부상을 입힐 확률을 높일 뿐만 아니라 길에 있는 시설물이나 맞은편에서 오는 자전거 등에 부상당할 위험이 큽니다.

다만, 등산 같은 경우 하산할 때 뒤로 걷는 사람을 종종 목격할 수 있습니다. 이것이 경사 때문도 있지만 확실히 앞으로 걸을 때 쓰는 근육과 뒤로 걸을 때 쓰는 근육이 달라서 다리가 덜 아프도록 할 수 있기 때문입니다. 이처럼 장시간 앞으로만 걸어서 다리가 아플 경우, 잠깐 뒤로 걸으며 다른 근육을 이용하는 것이 하나의 팁이 될 수 있습니다. 다만 뒤는 잘 보고 걸어야 합니다.

5. 파워 워킹: 걷기와 달리기의 단점을 보완해 만든 운동으로, 시속 6~8km로 빠르게 걷는 운동을 말합니다. 달리기만큼 칼로리를 소모하지는 못하지만 일반 걷기보다는 많은 칼로리를 소모합니다. 일반 걷기와의 차이점은 팔이 아닌 하체 동작입니다. 즉, 허벅지 뒤쪽과 엉덩이 근육을 쓰면서 걷는 것입니다. 파워 워킹이 팔만 힘차게 흔들며 걸으면 되는 줄 아는 사람들이 있는데 그러다가 괜히 주변 사람만 팔로 치게 됩니다.

당연히 평범한 속도로 걷는 것보다 근육에 무리가 더 많이 가고 운동 효과도 더 높습니다. 때문에 달리기가 부담되거나 시간이 많다면 빨리 걷기를 하는 것도 괜찮은 방법입니다. 빨리 걸으면 테니스 단식 운동만큼 고강도 운동이 됩니다. 관절염에도 도움이 됩니다. 무릎이 좋지 않다면 달리기, 계단 오르기 같은 운동은 하지 않는 게 좋고, 실내 자전거나 평지 걷기를 권장합니다.

6. 맨발걷기: 맨발걷기를 할 때 땅속 음전하를 띤 자유전자가 몸 안으로 올라와 우리의 생리적 작용들을 최적화 합니다. 맨발걷기의 효과는 놀랍습니다.

① 항산화효과: 양전하를 띤 활성산소를 중화시켜 암 고혈압 신장염 치매 등 각종 만성질환을 예방하고 치유합니다.

② 혈액희석효과: 혈액 속 적혈구의 제타전위를 높여 혈액을 묽고 맑게 해 각종 심혈관, 뇌질환을 예방하고 치유합니다.

③ ATP 생성촉진효과 활력충전과 항노화의 묘약을 제공합니다.

④ 천연의 신경안정효과: 스트레스 호르몬인 코르티솔 분비를

안정화시켜 천연의 신경안정제 작용을 합니다.

⑤ 염증 및 통증의 완화: 세포 속 짝 잃은 전자에게 짝을 찾아주어 염증과 통증을 치유합니다.

⑥ 면역계의 정상작동효과: 면역력을 높여 감기, 코로나를 예방하고 각종 자가 면역질환을 예방하고 치유합니다.

⑦ 발가락의 부채살 효과: 맨 발 걷기 시 신발 속에 갇혀 있던 발가락들이 부채살처럼 퍼지면서 꺽쇠처럼 작동하여 정자세유지, 혈류를 촉진하며 각종 근골격계질환들과 치매, 알츠하이머, 파킨슨병 등의 원인을 해소합니다.

결론적으로 하체와 허벅지 근육이 튼튼해야 합니다. 하체와 허벅지 근육이 튼튼하려면 어렸을 때부터 걷는 것을 즐겨해야 합니다. 어렸을 때부터 잘 걷는 사람이 90세 이상 장수한다는 것입니다. 하체와 허벅지 근육이 튼튼하니 무릎이 건강하기 때문입니다. 습관적으로 걸어야 합니다. 걷는 것을 습관화해야 합니다. 될 수 있는 대로 자가용을 뒤로하고 대중교통을 이용하시기를 바랍니다. 통계적으로 대중교통을 이용하시는 분들이 하체와 허벅지 근육이 튼튼하다고 합니다. 건강은 건강할 때 지켜야 합니다. 50-60대에 병원에 장기 입원하신 분들이 후회하는 것이 무엇인지 아십니까? 건강할 때 자기 자신을 돌보지 못한 것입니다. 필자가 3년 동안(월화수목금:09:00-16:30) 병원에 능력전도 다니면서 대화를 해보니 돈을 못 벌었다고 후회하시는 분은 한분도 없었습니다. 모두 젊어서 자기관리와 면역관리를 잘못한 것을 후회하셨습니다. 우리 모두 건강할 때 건강관리를 잘하시기를 소원합니다.

18장 건강검진을 정기적으로 한다.

(고전 6:19-20)"너희 몸은 너희가 하나님께로부터 받은바 너희 가운데 계신 성령의 전인 줄을 알지 못하느냐 너희는 너희 자신의 것이 아니라 (20) 값으로 산 것이 되었으니 그런즉 너희 몸으로 하나님께 영광을 돌리라."

하나님은 성도님들이 건강하게 지내며 세상이 하나님의 나라가 되기를 원하십니다. 성경은 육체와 정신건강과 영적인 측면 간의 연결을 탐구하는 데 중요한 가르침을 깨닫게 합니다. 성경은 우리가 건강한 삶을 영혼적인 풍요로움과 조화롭게 살 수 있도록 지혜롭고 유익한 지식을 제공합니다. 성경은 우리의 몸을 하나님의 성전이라고 가르칩니다. 고린도전서 6:19-20에서는 "너희 몸은 너희가 하나님께로부터 받은바 너희 가운데 계신 성령의 전인 줄을 알지 못하느냐 너희는 너희 자신의 것이 아니라 (20) 값으로 산 것이 되었으니 그런즉 너희 몸으로 하나님께 영광을 돌리라"라고 말하며, 우리 몸이 영적인 존재와 깊은 연관이 있다는 사실을 강조합니다. 이는 우리의 영혼과 몸이 상호작용하며 영적, 정신적, 육체적인 측면에서 통합되어야 함을 의미합니다.

성경은 우리의 건강을 돌보는 것을 하나님의 중요한 과업으로 여기신다고 하십니다. 출애굽기 15:26에서는 하나님이 이스라엘 백성에게 말씀하셨습니다. "이르시되 너희가 너희 하나님 나 여호와의 말을 들어 순종하고 내가 보기에 의를 행하며 내 계명에 귀를 기울이며 내 모든 규례를 지키면 내가 애굽 사람에게 내린 모든 질병 중 하나도 너희에게 내리지 아니하리니 나는 너희를 치료하는 여호와임이라."라고 말하며 건강을 유지하고 병을 예방하기 위해 하나님의 뜻을 따르라는 권유를 하였습니다.

성경은 또한 몸과 마음의 건강을 동시에 중요하게 여깁니다. 잠언 17:22에서는 "마음의 즐거움은 양약이라도 심령의 근심은 뼈를 마르게 하느니라"라고 말하며, 영적인 기쁨과 내적인 평안이 몸의 건강과 밀접한 관계가 있음을 언급합니다. 우리는 마음과 영혼의 상태를 건강하게 유지함으로써 몸의 건강을 개선할 수 있습니다.

성경은 우리가 우리 자신을 사랑하고 돌보아야 한다는 원칙을 강조합니다. 마태복음 22:39에서는 "둘째도 그와 같으니 네 이웃을 네 자신 같이 사랑하라 하셨으니"라고 말하며 우리가 몸과 영혼의 건강을 유지하면서 또한 타인을 도우며 사랑하는 것이 중요하다는 것을 알려줍니다. 성경은 육체와 영혼의 연결에 대한 가르침을 통해 건강한 삶의 원칙을 제시합니다. 우리는 영적인 가치와 신앙심을 통해 몸과 마음을 동시에 돌보며 균형을 이루어야 합니다. 바디와 영혼의 조화로운 연결은 우리가 온전한 생활을 즐기고 하나님의 은혜를 경험할 수 있는 길입니다.

필자가 건강할 때 건강을 지키라고 자주 강조합니다. 그리고 자신의 온몸은 하나님의 귀중한 보물이라고 말합니다. 그런데 필자가 안타까운 것은 이렇게 말할 때 자신을 생각하고 자신을 보려고 하는 것이 아니고, 자꾸 가족이나 주변의 아픈 사람을 생각하며 다른 곳에 정신을 두며 말씀을 듣는 다는 것입니다. 지금 자신의 건강에 문제가 생기고 있는데도 자신은 보지 못하고 다른 사람을 생각한다는 것입니다. 그러니 자신의 건강에 문제가 발생하는 것입니다. 그래서 성도는 자신을 보는 눈이 열려야 합니다. 사랑하는 여러분 모두 자신을 보는 눈이 열리시기를 바랍니다.

인간이 앓고 있는 질병의 개수는 모두 몇 개일까요? 국제질병 분류표에 등재된 공식질병 개수는 현재 12,420개라고 합니다. 보통 사람이 병의 개수를 아는 것이 오히려 이상할 것입니다. 어쩌면 우리 영혼을 구원하기 위해서 우리가 걸리지 말아야 하는 병, 즉 죄를 짓지 않기 위해 수많은 상황에서 지켜야 하는 계명의 종류도 이 정도는 되지 않을까 싶습니다.

그럼 가장 흔한 질병은 무엇일까요? 사람들은 감기라고 생각하는데 답은 잇몸질환(치주염)으로 성인 10명 중 7명이나 크고 작은 잇몸질환이 있다고 합니다. 그러나 이것 때문에 목숨을 잃지는 않습니다. 아마 우리가 짓고 있는 소죄들, 즉 잠시나마 남을 판단하던지, 불평하던지, 자신을 드러내려고 하는 등의 병들을 가리킬 수도 있을 것입니다. 작은 질병도 병인 것처럼, 작은 죄도 나의 영혼의 질병입니다.

그러면 한 번 걸리면 결코 나을 수 없는 가장 큰 질병은 무엇일까요? 에이즈라고 생각했는데, 답은 광견병이라고 합니다. 에이

즈에 걸려도 잘만 관리하면 살만큼 살 수 있다고 합니다. 그러나 광견병에 한 번 걸린다면 결코 살아남을 수 없다고 합니다. 광견병을 다른 말로 공수병이라고 하는데 물을 두려워해서 그렇다는 것입니다. 물만 보면 두려워하고 물을 마시지 않으니 당연히 며칠 내에 말라 죽는 것입니다.

성경에는 결코 용서받을 수 없는 죄도 있다고 말합니다. 이들을 위해서는 기도할 필요도 없다고 합니다. 아마도 귀신에게 물린 유다와 같은 병이 아닐까 싶습니다. 생명의 물인 성령님을 두려워한다면 무엇으로 다시 영혼의 생기를 돌려줄 수 있을까요? 그래서 성령을 모독하는 자는 용서받을 수 없다고 했는지 모르겠습니다. 사탄에게 크게 물린다면 빠져나올 수 없습니다. 죄도 너무 깊어져 돌아올 수 없기 전에 회개할 수 있는 마음을 지녀야 할 것입니다.

그렇다면 사람들이 생각하는 가장 나쁜 질병은 무엇일까요? 암이라고 대답하는 분들이 많이 있는데, 의학박사로서의 견해는 '혈관질환'이라고 합니다. 혈관이 막히거나 터지는 것으로 뇌졸중, 심장병, 중풍 등입니다. 말기 암이라고 하더라도 인생을 정리할 여유가 있지만, 혈관질환은 갑작스럽게 모든 것을 변하게 한다고 합니다. 또 살아남는다고 하더라도 식물인간이 되기도 하고 손가락 하나 움직이지 못하고 몇 년을 기약 없이 누워있기만 해야 합니다. 이는 본인은 물론 주변사람들에게도 큰 고통을 줍니다. 혈류(피의 흐름)는 혈관 직경의 네제곱에 비례한다고 합니다. 무슨 말이냐면 찌꺼기로 혈관이 1/2이 막히면 피의 흐름은 1/16로 줄어든다는 것입니다. 따라서 피를 맑게 하는 것이 비록 혈관질환 뿐 아니라 다른 모든 질환에도 도움을 준다는 것입니다.

여러분들에게 혈관을 맑게 하고 병으로부터 자유롭게 하기 위해 단 하나만을 권합니다. 바로 '운동'입니다. 운동을 거창하게 생각하지 말고 두발로 걷는 것을 말합니다. 먹는 것도 중요하지만 운동이 이 혈관질환의 세 가지 요인인 혈압, 혈당, 콜레스테롤을 동시에 낮춘다고 합니다. 사실 꾸준히 운동하며 자신을 관리하는 사람이 폭식, 폭음 등으로 몸을 망치겠습니까? 하나만 잘 하면 나머지는 저절로 따라오게 되어 있는 것입니다. 오늘 예수님도 영적 건강을 위해 지켜야 하는 그 많은 계명 가운데 '사랑'을 추천합니다(마22:39). 하나님을 사랑하고 이웃을 자기 몸과 같이 사랑하라는 것입니다. 운동만 하면 다른 것들은 크게 신경 쓰지 않아도 되는 것처럼, 사랑의 계명만 명심하고 실천하면 다른 계명들도 저절로 따라오게 된다는 것입니다.

그런데 여러 운동 중에서도 장시간 동안 할 수 있는 저 강도의 것을 하라고 합니다. 30분 이상 하는 것이 좋은데, 그 중에서도 걷는 운동이 제일 좋다고 합니다. 사랑도 평상시에는 잘 못하다가 한 번 크게 무언가 해 주려고 해선 안 됩니다. 작은 것이지만 꾸준하게 실천하려고 노력할 때 온 영혼의 신체리듬이 아무런 질병 없이 건강하게 유지될 수 있는 것입니다. 장구하게 아뢰며 기도를 하려하지 말고 온몸으로 숨을 쉬는 것과 같이 자주 하나님을 찾으며 하나님께 감사드리고, 나중에 돈 많이 벌어 이웃에게 큰 도움을 주려하지 말고 지금 바로 옆에 있는 사람에게 베풀며 미소를 보내십시오. 이런 작은 것이 나를 지치게 하지 않으면서도 내 피를 맑게 하고 잔 근육이 생성되게 하며 나를 건강하게 지켜줄 것입니다.

건강할 때 건강에 대한 관심을 갖고자 한다면 내 몸에서 보내는 소소한 이상 징후를 아는 것부터 시작해야 한다는 점을 강조하려고 합니다. 항상 건강에 대한 관심은 많은데 막상 시작하려면 바쁘고 피곤하다는 핑계로 내일부터 시작해야지 아니면 시작은 월요일부터 시작하자라는 반복적인 미루는 습관이 발동이 됩니다. 이렇게 미루는 상황을 방지하기 위해선 경각심을 갖게 하는 몸의 이상 징후를 아는 게 무엇보다 중요합니다. 자신의 건강상태를 스스로 볼 수 있는 눈이 열려야 합니다. 이러한 건강에 대한 이상 징후를 알고 있다면 미리미리 조심할뿐더러 건강에 대한 관심을 좀 더 쏟을 수 있기 때문입니다. 이제부터 우리 몸에 문제가 생겼을 때 나타나는 이상 징후가 어떠한 것이 있는지 차근차근 알아보도록 하겠습니다.

첫째. 손톱 갈라짐입니다. 네일을 하지 않았는데도 불구하고 손톱이 갈라지거나 쉽게 부러진다면 우리 몸에 필요한 필수 영양소가 부족하다는 신호입니다. 특히 비타민D나 칼슘, 아연이 부족해지면 손톱이 쉽게 갈라지고 부러지게 됩니다. 영양소를 골고루 섭취하고 밤에 최소 5분 정도 물에 담군 후에 보습제를 사용하는 것이 증상을 완화시키는데 효과적인 방법입니다.

둘째. 희미해진 눈썹과 다크서클이 생기는 것입니다. 다크서클은 눈 주위에 있는 어두운 흠을 말합니다. 눈썹의 끝이 눈에 띄게 희미해진다면 갑상선 질환을 의심해 볼 필요가 있습니다. 눈썹이 또렷하지 않은 이유는 갑상선이 충분히 호르몬 공급을 제대로 하지 못할 가능성이 높습니다. 그뿐만 아니라 우리가 흔히 다크서클이라고 부르는 눈 주변이 거뭇거뭇하게 변색되는 현상은 몸에 알레르기를 앓고 있다는 신호일 수 있습니다. 필자가 지난 세월 개별치유하면서 체험한 바로는 영적 정신적으로 문제가 있는 분들이 눈 주위가 검으시래? 했습니다. 성령으로 치유가 되니까 점점 살색으로 변하는 것이었습니다.

셋째. 입술 주변 갈라짐입니다. 입술 주변이 갈라지는 것은 몸에 필요한 비타민이 부족하다는 신호일 가능성이 높습니다. 비타민B 군은 신진대사에서 중요한 역할을 하며 부족해질 경우 면역체계가 약해질 수 있습니다. 입술 주변이 갈라진다면 녹색 잎채소, 달걀, 콩류, 비타민B가 풍부한 음식을 섭취하여 비타민B 군을 보충해 주시길 권장 드립니다. 정신적인 질환을 가지고 있는 분들이 입술에 문제가 생기기도 합니다.

넷째. 설태입니다. 일반적으로 혀는 옅은 분홍색을 띠는데 설태는 혀의 등 쪽, 즉 입 쪽에 천장과 닿는 쪽에 하얗거나 검게 변색되는 것을 말합니다. 구강에는 수많은 세균이 터를 잡고 살아가는 세균의 온상지로써 설태가 시작된다면 단순하게 설태를 제거하는 것 외에 다른 병이 생긴 것은 아닌지 의심해 볼 필요가 있습니다. 특별히 관심을 가지고 지켜봐야 할 것은 여성의 세균성 질 염입니다. 만약 질이 간지러우면서 설태가 나타난다면 세균성 질 염에 감염되었을 가능성이 높기에 전문의 상담을 통한 치료를 받으시길 권장 드립니다.

다섯 번째. 노란 피부 돌기입니다. 닭살과 같은 노란 피부에 돌기가 생겼다면 이는 과도한 콜레스테롤로 인한 지방 축적 현상일 가능성이 높습니다. 노란 피부에 돌기는 신체의 모든 곳에서 생기며 특히 무릎에서 가장 많이 발견됩니다.

건강은 건강할 때 지켜야 합니다. 자신의 건강관리를 잘하는 습관은 참으로 중요합니다. 필자는 일을 열심 있게 잘하고 돈을 잘 버는 것보다, 자신의 건강을 관리하여 건강하게 살아가는 것이 참으로 중요하다고 생각하고 있습니다. 성경은 몸과 마음의 건강을 동시에 중요하게 여깁니다. 잠언 17:22에서는 "마음의 즐거움은 양약이라도 심령의 근심은 뼈를 마르게 하느니라"라고 말씀하고 있습니다. 어려서부터 자신의 건강관리에 관심을 가지고 살아가야 합니다. 체력이 떨어져 면역력이 약해지면 몸 안에 숨어있던 독소들이 피부로 나타납니다. 대상포진이나 습진이나 아토피나 피부병 등이 나타납니다. 중요한 것은 영적인 문제가 밖으로 나타나는 것입니다.

상처와 스트레스를 받게 되면 무의식에 숨어있던 귀신들이 자신의 온몸을 지배하여 조현병, 공황장애, 우울증, 불면증 등이 발생합니다. 발생한 다음에 치유하는 것은 상당한 노력과 물질과 시간을 투자해야 합니다. 그래서 필자가 항상 강조하고 말하는 것이 예방신앙을 하라는 것입니다. 건강할 때 성령으로 세례를 받고 무의식을 성령으로 정화하라는 것입니다. 자신의 온몸을 보물인 예수님으로 채우라는 것입니다.

많은 젊은 분들이 보약이라고 하면 늙어서 몸이 허약해져서 먹는 것이라고 생각하는 경향이 많습니다. 보약은 젊어서 주기적으로 먹어 체력을 유지하고 면역력을 강화해야 늙어서 건강하게 지내는 것입니다. 보약을 먹으면 살이 찐다고 하고 간수치가 높아진다고 하는데 이는 과장된 노파심입니다. 보약을 먹어 몸의 기능이 활성화되니 건강해져서 활발하게 활동하니 오히려 군살이 빠지는 것입니다. 이는 필자가 젊은 시절 군대에서 직접 체험했습니다. 건강은 건강할 때 지켜야 합니다. 여러분 다른 사람 생각하며 보려고 하지 마시고, 자신의 진면모를 보는 눈이 열리시기를 바랍니다. 자신을 정확하게 보는 눈이 열린 것을 축복 중에 축복입니다.

1.정기적인 건강검진: 건강은 건강할 때 지키기 위하여 정기적인 건강검진을 하시기를 바랍니다. 건강은 가장 귀중한 자산 중 하나입니다. 하지만 바쁜 일상과 스트레스로 인해 우리는 종종 자신의 건강을 놓치거나 무시하는 경우가 있습니다. 그러나 건강은 미룰 수 없는 중요한 요소이며, 예방이 치료보다 중요하다는 말씀을 들어보셨을 것입니다. 정기적인 건강 검진은 예방의 첫걸음이며, 우리의 건강과 웰빙을 지키기 위한 가장 기본적인 방법 중 하

나입니다. 정기적인 건강 검진의 중요성과 그 효과에 대해 자세히 알아보겠습니다.

1)정기적인 건강 검진의 중요성

① 질병 조기 발견: 정기적인 건강 검진은 질병을 조기에 발견하는데 큰 도움이 됩니다. 이는 진행 중인 질병이 조기에 발견되고 조치되면 치료와 회복 기회를 높여주며, 질병의 심각한 합병증을 예방하는데도 도움이 됩니다.

② 예방 및 조기 진단: 건강 검진을 통해 건강 상태를 확인하고, 어떤 질병에 노출되어 있는지 파악할 수 있습니다. 이를 통해 예방적인 조치를 취할 수 있고, 필요한 경우 조기 진단을 받아 치료에 적기에 대비할 수 있습니다. 건강할 때 자신의 약한 부분을 미리 알고 대처하는 것입니다. 이렇게 하려면 자기 몸을 사랑해야 합니다. 하나님께서 분명하게 자기몸을 사랑하라고 하셨습니다(마9:19).

③ 건강 리스크 평가: 정기적인 건강 검진은 우리의 건강 리스크를 평가하는데 도움이 됩니다. 가족력, 생활 습관, 직업적인 요인 등을 고려하여 개인의 건강 리스크를 파악하고, 적절한 건강 관리 방안을 마련하는데 도움이 됩니다.

④ 건강한 라이프스타일 유지: 정기적인 건강 검진은 건강한 라이프스타일을 유지하는데 도움을 줍니다. 검진 결과를 통해 우리의 건강 상태를 파악하고, 이를 개선하기 위해 필요한 노력을 기울일 수 있습니다.

2) 정기적인 건강 검진의 효과

① 건강 유지 및 개선: 정기적인 건강 검진은 건강 유지에 매우 효과적입니다. 질병을 조기에 발견하고 치료함으로써 건강을 유지하고 개선하는데 도움을 줍니다.

② 더 나은 품질의 생활: 건강 검진은 우리의 건강 상태를 파악하고, 건강에 관한 인식을 높이는 데 도움이 됩니다. 이를 통해 우리는 더 나은 품질의 생활을 살 수 있으며, 일상생활에서 더욱 활기찬 활동을 즐길 수 있습니다.

③ 건강한 습관 형성: 정기적인 건강 검진은 건강한 습관을 형성하는데 도움이 됩니다. 자신의 건강 상태를 확인하고 개선하기 위해 운동을 하거나 올바른 식단을 지키는 등 건강에 대한 책임감을 높이는데 기여합니다.

④ 경제적 효과: 정기적인 건강 검진은 질병을 조기에 발견하고 치료함으로써 의료비를 절감하는 데 도움이 됩니다. 예방적인 건강 관리는 장기적으로 볼 때 의료비 절감과 경제적 효과를 가져다 줍니다.

⑤ 스트레스 감소: 건강 검진을 통해 우리는 건강에 대한 불안을 덜 수 있습니다. 건강한 상태를 확인하고 미리 예방하는데 초점을 두면 스트레스를 감소시키는데 효과적입니다.

3) 정기적인 건강 검진의 추진

① 성별과 연령에 따라 다른 검진: 성별과 연령에 따라 필요한

검진이 다를 수 있습니다. 의료 전문가의 조언을 듣고 필요한 검진을 정기적으로 받는 것이 중요합니다.

② 건강 상태와 가족력 파악: 자신의 건강 상태와 가족력을 파악하고, 이를 기반으로 적절한 검진을 선택하는 것이 중요합니다.

③ 정기적인 방문 예약: 정기적인 건강 검진은 예약을 통해 일정한 주기로 실시하는 것이 좋습니다. 미루지 말고 정기적인 방문을 예약하여 건강을 챙기세요.

④ 건강 관련 정보 업데이트: 건강 관련 정보를 지속적으로 업데이트하고, 최신 정보를 기반으로 건강 검진을 받는 것이 중요합니다. 정기적인 건강 검진은 우리의 건강과 웰빙을 지키는데 매우 중요한 요소입니다. 질병의 조기 발견과 예방, 건강한 라이프스타일 유지 등 건강 검진은 우리의 삶의 질을 향상시키는데 큰 역할을 합니다. 정기적인 검진을 통해 건강한 습관을 형성하고, 더 나은 품질의 생활을 누릴 수 있습니다. 따라서 우리 모두는 건강을 챙기기 위해 정기적인 건강 검진을 실시하고, 예방의 중요성을 명심하여 더욱 건강하고 행복한 삶을 살아가길 바랍니다.

2. 건강은 건강할 때 지키자. 옛 속담이나 우리가 흔히 하는 말들 중에 틀린 말들이 없는 것 같습니다. "건강은 건강할 때 지키자" 그렇습니다. 많은 성도님들이 가족들을 위해서 돈 벌려고 건강 챙기지 못하고 죽어라 일만 했는데 남은 것은 병든 몸이라는 것입니다. 해피엔딩은 아닌 것 같네요. 인생은 작은 행복이 모여

서 말년에 이르러서는 행복을 누리면서 사는 것이라고 생각합니다. 필자가 늘 강조하는 말이 살아 있을 때 천국을 누려야 한다는 말입니다. 그래서 호흡을 다 하는날 영원한 천국에 들어갑니다.

사람들은 후회할 일들을 하게 되지요. 건강은 건강할 때 지키면 고생을 하지 않는데, 건강을 잃게 된 후에야 건강의 중요성을 깨닫게 됩니다. 필자도 건강이 바닥을 쳤을 때가 있었고, 의사들도 도움을 줄 수 없는 상황까지 갔었지요. 그때가 아주 생생하게 기억납니다. 모든 장기들이 일을 제대로 하지 못하고, 몸은 독으로 가득 차서 다리는 퉁퉁 부었고 혈액검사 수치는 아주 좋지 못했고, 심장의 혈관은 좁아져 있었고, 우울증까지 심하게 격고 있었던 그 시간들, 너무 힘들고 어둡기만 했던 그 시간들이 이제는 과거로 남아있습니다. 필자는 인내심을 갖고 나의 생활 습관을 천천히 바꾸기 시작하면서 건강 상태가 서서히 바뀌어 가는 것을 느꼈습니다. 10년이 걸린 것 같습니다. 꾸준한 노력으로 의사들도 못 고쳤던 나의 건강문제들도 10년이라는 시간이 걸렸지만 내 스스로 고치고 지금은 젊을 때보다 더 건강한 상태가 되었습니다.

건강해지면 많은 것들이 같이 좋아집니다. 화내거나 짜증내는 횟수도 줄어들고 다른 사람들에게 더 잘하게 됩니다. 필자의 경험이지만 그로 인간관계도 좋아지기도 하지요. 건강하면 생각도 긍정적으로 변합니다. 몸이 아팠을 때는 모든 것들을 부정적으로 보게 되었는데, 지금은 언제나 감사한 마음입니다. 우리 모두 몸과 마음을 건강하게 관리하며 살아갑시다.

19장 자신의 온몸 관리를 최고로 여긴다.

(눅 12:34)"너희 보물 있는 곳에는 너희 마음도 있으리라"

예수님은 "너희 보물 있는 곳에는 너희 마음도 있으리라" 말씀하십니다. 책을 읽는 분은 무엇을 자신의 보물이라고 믿고 간직하고 살아가고 계십니까? 금은 · 다이아몬드 · 서적 · 고문서 · 그림 · 조각 · 공예품 · 고고학적 자료 등을 보물로 여기고 간직하고 계십니까? 필자가 70년 동안 세상을 살면서 깨달은 것은 나 자신만큼 귀중한 보물은 없다는 것입니다. 예수님께서 "너희 보물 있는 곳에는 너희 마음도 있으리라"하시는 말씀을 성령으로 깨달아야 합니다.

필자와 같이 자신을 제일로 귀중한 보물로 여기면 마음을 다하여 자기관리에 집중하기 때문입니다. 필자는 제 자신을 최고의 보물로 여기기 때문에 거룩한 산제물이 되어 예배를 드립니다. 소득의 십일조를 드립니다. 온몸으로 기도합니다. 몸과 마음을 다하여 하나님을 사랑합니다. 예수님의 이름으로 예배당에서 세상에서 봉사합니다. 이웃을 내 몸과 같이 사랑합니다. 이 모든 것이 저 자신을 하나님의 나라보물이 되게 하기 위한 적극적인 활동입니다.

예수님께서 "보물을 땅에 쌓아 두지 마라." 라는 말씀은, 현세적이고 물질적인 것들에 대한 탐욕과 집착을 버리라는 뜻입니다. "땅에서는 좀과 녹이 망가뜨리고 도둑들이 뚫고 들어와 훔쳐 간다." 라는 말씀은, 현세적이고 물질적인 것들은 허무하게 사라진다는 것을 나타내신 말씀입니다.

이 말씀이 강조하는 '허무함'에 초점을 맞추면, 이 말씀은 야고보서에 있는 다음 말씀에 연결됩니다. "여러분은 내일 일을 알지 못합니다. 여러분의 생명이 무엇입니까? 여러분은 잠깐 나타났다가 사라져 버리는 한 줄기 연기일 따름입니다(야고 4:14)."

세속의 재물이나 권력이나 명예 같은 것들은 잠깐 나타났다가 사라져 버리는 한 줄기 연기처럼 허무한 것들입니다. 그런 것들만 추구하는 인생도 허무하게 끝나버릴 것입니다. "하늘에 보물을 쌓아라." 라는 말씀은, '영원한 것'을 추구하라는 가르침입니다. 하나님께서 주시는 구원과 영원한 생명이 우리가 추구해야할 '영원한 것'입니다. "거기에서는 좀도 녹도 망가뜨리지 못하고, 도둑들이 뚫고 들어오지도 못하며 훔쳐 가지도 못한다." 라는 말씀은, 하나님 나라에서 얻는 생명의 '영원함'과 '영원히 변하지 않음'을 강조하신 말씀입니다. "너의 보물이 있는 곳에 너의 마음도 있다." 라는 말씀은, 무엇을 희망하고 추구하는가에 따라서 '영원'을 향해서 나아갈 수도 있고, '허무'하게 사라질 수도 있다는 뜻입니다.

누가복음 12장에 있는 '어리석은 부자의 비유'는, '보물'에 관한 말씀을 좀 더 쉽게 설명해 주신 것과 같은 비유입니다. "어떤 부유한 사람이 땅에서 많은 소출을 거두었다. 그래서 그는 속으로 '내가 수확한 것을 모아 둘 데가 없으니 어떻게 하나?' 하고 생각하였다. 그러다가 말하였다. '이렇게 해야지. 곳간들을 헐어 내고 더 큰 것들을 지어, 거기에다 내 모든 곡식과 재물을 모아 두어야겠다.' 그리고 나 자신에게 말해야지. '자, 네가 여러 해 동안 쓸 많은 재산을 쌓아 두었으니, 쉬면서 먹고 마시며 즐겨라.' 그러나 하나님께서 그에게 말씀하셨다. '어리석은 자야, 오늘 밤에 네 목숨을 되찾아 갈 것이다. 그러면 네가 마련해 둔 것은 누구 차지가 되겠느냐?' 자신을 위해서는 재화를 모으면서 하나님 앞에서는 부유하지 못한 사람이 바로 이러하다(눅12:6-21)."

이 비유 속의 부자가 정말로 어리석은 사람이라면, 자기가 모아 둔 재물을 제대로 사용해 보지도 못하고, 또 먹고 마시며 즐기지도 못하고, 모든 것을 잃게 된 것은 '하나님 때문'이라고 생각할 것이고, 하나님을 '모든 것을 다 빼앗아 가는' 도둑이라고 생각할 것입니다.

그 부자가 조금이라도 덜 어리석다면, 하나님께서 주신 마지막 몇 시간 동안 자신의 어리석음을 뉘우치고, 자기가 잘못한 일들을 바로잡으려고 노력할 것입니다. 그러나 그 몇 시간 동안 회개하지는 않고 하나님을 원망하기만 한다면, 그는 그냥 허무하게 끝나게 될 것입니다. 누가복음 16장에 있는 '부자와 나사로의 비유'도 생각해 볼 수 있습니다.

"한 부자가 있어 자색 옷과 고운 베옷을 입고 날마다 호화롭게 즐기더라 (20) 그런데 나사로라 이름하는 한 거지가 헌데 투성이로 그의 대문 앞에 버려진 채 (21) 그 부자의 상에서 떨어지는 것으로 배불리려 하매 심지어 개들이 와서 그 헌데를 핥더라 (22) 이에 그 거지가 죽어 천사들에게 받들려 아브라함의 품에 들어가고 부자도 죽어 장사되매 (23) 그가 음부에서 고통중에 눈을 들어 멀리 아브라함과 그의 품에 있는 나사로를 보고 (24) 불러 이르되 아버지 아브라함이여 나를 긍휼히 여기사 나사로를 보내어 그 손가락 끝에 물을 찍어 내 혀를 서늘하게 하소서 내가 이 불꽃 가운데서 괴로워하나이다."(눅 16:19-24).

부자가 나사로의 고통을 외면하고 날마다 즐겁고 호화롭게 산 것은, 자신만을 위해서 보물을 땅에 쌓아 둔 일입니다. 하나님께서는 분명하게 "둘째는 이것이니 **네 이웃을 네 자신과 같이 사랑하라** 하신 것이라 이보다 더 큰 계명이 없느니라."(막 12:31). 말씀하셨기 때문입니다.

부자가 나사로의 고통을 외면하고 날마다 즐겁고 호화롭게 살다가 저승에서 물 한 방울만 달라고 애원하는 처지가 된 것은, 모든 것을 잃어버렸음을 나타냅니다. 만일에 그 부자가 자기의 재물로 나사로에게 사랑을 베풀었다면, 그것은 하늘에 보물을 쌓는 일이 되었을 것입니다.

그렇다면 그 부자의 집 대문 앞에 누워 있었던 나사로는, 하나님께서 부자에게 주신 '기회'였다고 생각할 수도 있습니다. 그런데 그 부자는 자신에게 주어진 기회를 스스로 버렸습니다. 따라서 부자가 모든 것을 잃게 된 것은 하나님 때문이 아니라, 자신의 어리석음 때문입니다.

"눈은 몸의 등불이다. 그러므로 네 눈이 맑으면 온몸도 환하고, 네 눈이 성하지 못하면 온몸도 어두울 것이다." 라는 말씀에서 '눈'은 '마음'으로, '몸'은 전 인격, 또는 인생으로, '등불'은 가치관, 또는 인생관으로 해석됩니다. 이 말씀을 바로 앞의 "너의 보물이 있는 곳에 너의 마음도 있다."라는 말씀에 연결하면, 이 말씀도 무엇을 희망하고 추구하는가에 따라서 인생이 완전히 달라질 것이라는 뜻이 됩니다.

"그러니 네 안에 있는 빛이 어둠이면 그 어둠이 얼마나 짙겠느냐?" 라는 말씀은, "어둠을 빛이라고 착각하지 마라.", 즉 '허무한 것'과 '영원한 것'을 혼동하지 말라는 뜻입니다. 신앙인은, 지상에서 잘 먹고 잘 사는 것만 바라면서 사는 인생의 허무함과 하나님 나라에서 얻는 생명의 영원함을 잘 알고 있는 사람이고, 그래서 하나님 나라만을 향해서 나아가는 사람입니다.

자기 자신이 하나님의 나라 보물이 되어야 합니다. 사람은 누구나 자기가 보물로 여기는 것에 초점을 맞추어 인생을 살아갑니다. 때로는 어떤 사람은 직업의식 속에서 그 사람이 무엇을 보물로 여기는가가 나타날 수가 있습니다. 자동차를 영업하는 영업 사원들은 자동차에 관심과 초점을 맞추고, 부동산 중계인들은 부동산에 관심과 초점을 맞추어 생활하게 됩니다. 똥개 눈에는 똥만 보인다고 하는 말이 있습니다.

우리 기독교인들도 자신이 보물이라고 생각하는 것에 초점을 맞추어 신앙생활을 합니다. 그런데 중요한 것은 기독교인이라도 어떤 가치관을 갖는가에 따라서 지향하는 신앙의 방향이 달라집니다. 이러한 것을 일컬어 "네 보물이 있는 그곳에는 네 마음도 있다"라고 하는 것입니다. 우리의 믿음도 어디에 최고의 가치를 두는가에 따라서 달라질 수가 있습니다. 예수를 그리스도로 믿는 기독교인들은 모든 최고의 가치를 예수님에게 두는 것입니다. 이미 예수를 그리스도로 믿는 기독교인들 중에서 최고의 가치를 예수님에게 두는 자들은 또한 최고의 가치를 성경에 두어야 하는 것입니다. 이미 예수를 그리스도로 믿는 기독교인들 중에서 최고의 가치를 예수님과 성경에 두는 사람들은 또한 이 땅이 아닌 천국에 최고의 가치를 두고 인생을 살아가야 하는 것입니다(고전13:13).

우리 목숨만큼 귀중한 보물을 자기를 이 땅에 쌓아 놓는 사람들이 아니라 자기를 위하여 하늘에 보물을 쌓아 놓는 귀한 성도들이 되어야 하겠습니다. 또한 우리가 성경적 구원론을 잘 모르면 불가피하게 자기를 위하여 하늘에 보물을 쌓아 놓는 복된 성도가 아니라, 자기를 위하여 땅에 보물을 쌓아 놓는 어리석은 성도들이 될 수밖에 없습니다.

정말 하나님이 소중히 여기는 보물, 다른 무엇과도 바꿀 수 없는 보물 오직 하나가 뭔 줄 압니까? 바로 여러분들입니다. 여러분 각자 각자들입니다. 인간은 하나님이 절대 포기할 수도 없고, 취소할 수 없고, 뺏길 수 없는 놀라운 보물입니다. 그렇지만 우리는 우리 자신이 하나님의 위대한 보물이라는 그 사실조차도 모르고 삽니다.

다시 한 번 질문을 다시 드립니다. 여러분의 보물은 무엇입니까? 뭐라고요? 이제 대답할 자료를 드렸었기 때문에 대답을 하실 수 있을 겁니다. 다른 말로 질문을 드립니다. '여러분들은 무엇을 얻기 위해 여러분의 생을 시간을 노력을 아낌없이 바치고 살아가고 있습니까?' 우리가 귀하게 여겼던 보물이 참 보물을 얻는데 아주 큰 방해가 될 때가 있습니다. 하나님이라고 하는 보물을 얻는데 그 하나님을 자식이 가로막습니다.

하루 종일 머릿속에는 자식에 대한 걱정밖에 없습니다. 하나님이라고 하는 참 보물을 얻는데 내 취미 생활이 가로막습니다. 돈이 가로막습니다. 내가 늘 귀하게 여겼던 그 보물이 참 보물을 얻는 데 걸림돌이 된다는 얘기입니다. 우리는 분명히 열심히 수고하고 땀 흘려 보다 나은 삶을 추구해야 하지만, 진정한 보물은 하나님께 있다는 사실을 절대로, 절대로 잊어서는 안 될 겁니다. 자기 자신이 하나님의 나라 보물이 되는 것입니다. 왜 그렇습니까? 하나님께서 내 온몸의 주인이시기 때문입니다. 자신이 최고의 보물인 것입니다.

다시 한 번 강조하건대 우리들 각자 각자가 하나님의 보물이듯 하나님만이 우리들의 보물이요, 천국만이 우리가 궁극적으로 얻어야 할 보물임을 여러분들 명심하시기 바랍니다. 자기 자신이 보물로 생각하면 여러분의 마음이 자기에게 가있을 것입니다. 자기 자신이 보물이 되도록 자기관리를 잘하려고 몸과 마음과 정신을 집중할 것입니다. 자신을 이렇게 사랑한다면 자신이 보물이 된 것입니다. 자기 자신이 보물이 되어 성공한 내가 되기 위하여 자신의 몸을 철저하게 관리해야 합니다. 내 몸은 내가 관리해야 합니다.

1. 화가 치밀거나 분노가 날 때를 주의한다. 쉽게 분노하며 혈기를 내는 사람들이 있습니다. 이는 자신의 건강에 문제가 많이 생깁니다. 우선 화를 잘 내고 분노를 잘하는 사람은 심장이 약한 것입니다. 그렇기 때문에 분노하고 혈기를 낼 때 자신의 장기가 망가지고 뼈에 문제가 생길 수가 있습니다. 관절에 독소가 쌓이고 골다공증이 생길 수가 있습니다. 주변에 보세요. 연세가 있으신데 분노하며 혈기를 잘 내는 분들이 허리가 많이 아프고 무릎관절이 좋지 않습니다. 옛 어른들은 화난 사람들을 달래면서 "네가 참아라. 참을 인자 셋이면 살인도 면한다"는 말을 하곤 했습니다. 자신을 위해서 참아야 되고 상대방을 위해서도 참아야 합니다. 분노나 혈기가 치밀어 올라올 때는 열까지 센 다음에 말을 하는 습관을 들이는 것이 자신의 건강에 좋습니다.

2. 육체건강 체력이 가장 중요합니다. 정신(精神)이 먼저라고 생각하지 말라는 것입니다. 대부분의 현대인은 머리 쓰는 일에만 많은 시간을 할애합니다. 필자는 반대가 되어야 한다고 생각합니다. 몸, 육체를 관리하면 정신과 마음까지 관리할 수 있기 때문입니다. 반대로 정신적인 부분만 관리하면 몸이 서서히 망가집니

다. 요양원에서 누워 지내는 분들을 생각해 보아야 합니다. 그분들이 정신이 흐리멍덩하여 요양원에서 사람취급을 제대로 못하면서 지냅니까? 모두 정신은 멀쩡해도 몸(육체)이 따라주지 못하기 때문에 누워서 지내는 것입니다. 기억하시기 바랍니다. 몸, 육체가 먼저입니다. 건강할 때 육체가 튼튼하게 관리합시다.

3. 일찍 자고 일찍 일어나라! 숙면을 취하려면 밝을 때 일어나고 어두우면 자는 것이 좋습니다. 정신건강 전문가들은 잠자리에 드는 시간에 따라 잠의 품질이 달라지니 너무 늦게 자는 것은 피하라고 조언합니다. 낮에 몸을 최대한 많이 움직이고, 되도록 11시 이전에 잠자리에 들어가야 합니다. 그리고 일찍 일어나야 합니다. 이를 위하여 매일 같은 시각에 잠자리에 들고 같은 시각에 일어나도록 노력합니다. 잠을 잘 못자더라도 취침과 기상 시간을 규칙적으로 관리하는 것이 좋습니다. 늦게 자더라도 일어나는 시간은 같아야 한다는 말입니다. 그래야 습관 리듬이 깨어지지 않습니다. 될 수 있는 대로 낮잠은 피하는 것이 좋습니다. 불가피하게 낮잠을 잘 경우라도 30분 이내로 자는 것을 습관화해야 합니다. 낮에 햇볕을 많이 쬡니다. 햇볕은 기분을 편하게 하는 세로토닌이란 호르몬과 멜라토닌 분비를 촉진합니다. 되도록 낮에 몸을 많이 쓰는 운동을 합니다. 낮에 신체적 활동이 왕성하면 잠이 잘 옵니다. 그러나 저녁 운동은 하지 않는 것이 좋습니다. 수면에 방해가 됩니다. 잠이 보약입니다.

4. 다이어트는 몸무게를 줄이는 게 아니다. 몸무게만 빼는 방법은 간단합니다. 며칠 굶고 사우나에서 땀을 흘리면 됩니다. 하지만 이렇게 하면 빠지지 말아야 할 수분과 근육이 빠집니다. 장기적으로는 같은 양을 먹어도 살이 더 찌는 '불량체질'이 됩니다. 자신의 식습관을 조절하여 뺄 것은 빼고, 늘릴 것은 늘려야 합니다.

5. 바쁠수록 운동하라. 분초를 쪼개 살 만큼 바쁘고, 높이 올라간 이들의 공통점은 운동에 일정 시간을 투자한다는 것입니다. 사는 게 힘들고 체력이 고갈되어 쓰러질 것 같다면 당장 운동을 시작하는 것입니다. 지난날의 못난 나 자신이 자꾸 떠오르고, 못난 내가 저질러놓은 일들을 수습하면서 마음이 무너질 때는 피곤에 지칠 때까지 몸을 많이 움직여보세요. 그래야 버틸 수 있습니다. 운동이야말로 최고의 보약입니다. 하나님은 사람을 움직이고 걸으며 살도록 창조하셨습니다. 하나님은 갈멜산 전투에서 우울증에 걸린 엘리야를 찾아가 먹고 마시고, 안수하고, 먹고 마시고, 안수한 다음에 호렙산까지 사십 주 사십 야를 걸어가게 한 다음에 완전치유 하셨습니다.

6. 자신의 몸에 대하여 잘 알아야 한다. 우리는 몸에 대해 너무 무지할 뿐 아니라 자기의 건강관리를 의사 등 전문가에게 외주를 주고 평소에는 신경을 끊는 경우가 많습니다. 하지만 이는 권장할 만한 방법이 아닙니다. 건강하고 싶은가요? 자신의 몸에 대해 공

부하시기 바랍니다. 자신의 취약한 부분이 무엇인가 스스로 파악하여 관리해야 합니다. 자신이 자신의 몸에 대하여 밝히 깨달아 알아야 몸과 육체를 효과적으로 관리하게 되는 것입니다. 그게 정말 나 자신을 사랑하는 길입니다.

7. 물을 많이 마셔라. 수분은 우리 몸에서 약 70%를 차지하고 있는데요. 또한 생명 유지에 있어서 절대적으로 필요한 영양소입니다. 수분이 부족한 경우 각종 이상 증상이 발생하게 됩니다. 또한 수분 부족이 장기화되면 혈액순환 저해와, 심혈관계와 신경계의 이상 신호로 인해 구역감, 편두통, 어지럼증, 맥박저하, 무력감 등이 발생하기 때문에 자주 물을 마시는 습관을 들이는 것이 좋아요.

첫째, 혈액을 맑게 해줍니다. 물을 충분히 마시면 혈액을 원활하게 순환시킬 수 있어 혈액을 맑게 해 줍니다. 이는 혈관 안에 있는 노폐물이 쌓이는 것을 방지할 수 있기 때문이죠. 특히 기상 직후에 마시는 물 한 잔은 건강에 좋다고 하는데요. 자는 동안에는 땀, 호흡 등으로 체내 수분이 최대 1L가 배출이 된다고 하네요. 이때 혈액 점도가 높아져 심뇌혈관질환이 생길 위험이 커지는데, 일어나자마자 공복에 물을 마시면 혈액의 점도를 낮출 수 있다고 합니다.

단, 커피, 콜라, 이온 음료와 같은 공복에 먹으면 위에 좋지 않은 커피 또는 과당이 많이 들어 있는 음료는 좋지 않겠죠?. 맹물이 혈액 내 노폐물 배출에 가장 효과적입니다.

둘째, 다이어트에 효과적입니다. 물은 다이어트에도 도움이 되는데요. 물 자체는 열량이 없지만, 물을 소화할 때는 열량이 소모된다는 사실 여러분은 알고 계셨나요? 또한 물을 마신 뒤 생기는 포만감으로 과식, 폭식을 예방할 수도 있으며, 수분이 부족하면 세포에 노폐물이 쌓이고, 에너지 대사도 느려져 온몸이 무기력해지고 피로감이 몰려오는 경우도 있어요. 미국 버지니아공대 영양학과 브렌다 데이비 박사 논문에 따르면, 식사 20분 전에 물 두 컵을 마신 사람들은 그렇지 않은 사람들보다 약 2Kg을 더 감량했다는 연구결과가 나왔다고 합니다.

셋째, 피부노화 방지에 도움을 줍니다. 우리 몸속에 수분 부족은 피부의 보습력을 떨어뜨리게 됩니다. 지속적인 수분 부족 현상은 피부로 드러나는 탈수 증상으로 피부를 건성 피부로 변하게 만드니 피부노화 방지를 위해 수분 섭취는 자주 해주는 게 좋아요.

넷째, 근육 경련을 방지합니다. 수분이 부족하면 혈장이 농축되어 혈액이 원활하게 흐리지 못하게 되는데요. 우리 몸은 피가 제대로 흐르지 못하는 상황에 닥치면 상대적으로 덜 중요하다고 생각하는 신체 부위에 혈액 공급을 중단하게 되는데요. 그 대표적인 부위가 바로 근육입니다.

근육은 약 80%의 수분으로 이루어져 있기 때문에, 수분이 부족하면 근손실의 원인이 될 수 있어요. 또한 근육에 미세한 경련이 일어날 수 있으니, 특히 격한 운동 중에는 수분을 조금씩 자주 섭취하는 것이 좋아요.

8. 적게 먹는 습관을 길러라. 현대인의 질병은 못 먹어서 생기는 게 아니라 너무 많이 먹어서 생깁니다. '암(癌)'이란 한자를 보면 '입 구(口)'가 세 개 있습니다. 최고의 음식은 적게 먹는 것입니다. 전문가들은 배고플 때 나는 꼬르륵 소리가 최고의 건강 비결이자 동안 비결이라고 주장합니다. 음식을 적게 먹는 것을 후회하는 사람은 없다고 합니다.

필자는 한 때 체중이 90kg 까지 불었습니다. 먹는 것을 줄이니 지금 75kg을 유지하고 있습니다. 혈액검사 수치들이 거의 정상으로 나오고 건강이 아주 좋아졌습니다. 적게 먹고 걸어 다닌 덕분입니다. 필자는 먹는 것 관리를 철저하게 합니다. 왜냐하면 지난 날 많이 먹고 고생했기 때문입니다.

9. 즐겁게 사는 습관을 가지라. 긴장하면 근육이 뭉치고 얼굴 표정이 사라집니다. 일을 할 때는 그래도 되지만 계속 긴장해 있으면 건강을 해칩니다. 긴장을 풀기 위해서는 얼굴 근육을 풀어주어야 합니다. 그게 웃음입니다. 가능하면 자주, 의도적으로라도 웃는 것이 좋습니다.

10. 쉬는 것도 능력이다. 일을 잘하는 건 능력입니다. 하지만 쉬는 것 역시 능력입니다. 무엇이든 그칠 줄 모르면 문제가 생깁

니다. 쉬지 않고 일만 하는 것은 몸에 계속 비상을 거는 것과 같아서 결국에는 몸을 망치게 됩니다. 자신을 위해, 가정을 위해, 회사를 위해, 나라를 위해, 일할 때 일하고, 쉴 때는 쉬어야 합니다. 예수님은 '어리석은 부자의 비유'를 말씀하셨습니다. 어느 마을에 많은 농토를 가지고 있는 부자가 있었습니다. 풍년이 들어 그 밭의 소출이 풍성하였습니다. 추수를 앞두고 그는 마음속으로 생각하기를 이 많은 곡식을 쌓아 둘 것이 없으니 어떻게 할까를 고민하다가 곡간을 헐고 더 큰 곡간을 새로 짓기로 하였습니다(눅 12:16-18절). 그리고 거두어들인 많은 곡식을 새로 지은 곡간 안에 담아 둘 것을 생각하며 너무 기분이 좋아 스스로 이렇게 속삭였습니다. "또 내가 내 영혼에게 이르되 영혼아 여러 해 쓸 물건을 많이 쌓아 두었으니 평안히 쉬고 먹고 마시고 즐거워하자 하리라 하되"(눅12:19)

열심히 일해서 돈 많이 번 것, 그것 가지고 이제는 좀 쉬면서 즐기자는데, 그것을 잘못되었다고 말할 수는 없습니다. 그런데 하나님께서 이 장면 속에 개입하십니다. 그날 밤 이 부자에게 나타나셔서 이렇게 말씀하십니다. "하나님은 이르시되 어리석은 자여 오늘 밤에 네 영혼을 도로 찾으리니 그러면 네 준비한 것이 누구의 것이 되겠느냐 하셨으니."(눅12:20). 비유 속에서 하나님은 이 부자를 향해 "어리석은 자"라고 말씀하셨습니다. 그 사람을 '나쁜 사람'이라고 부르시지는 않습니다. 쉬면서 자기 영혼과 육체를 관리해야 합니다. 영원한 천국에 들어갈 때까지 관리해야 합니다.

20장 규칙적인 생활로 자기관리 한다.

(막 1:35)"새벽 아직도 밝기 전에 예수께서 일어나 나
가 한적한 곳으로 가사 거기서 기도하시더니"

예수님은 규칙적인 생활로 자기관리를 철저하게 하셨습니다.
예수님은 바쁜 시간에 자기에게로 몰려온 무리를 떠나 한적한 곳
으로 가서 기도하셨습니다. 매우 바빠서 기도할 시간을 갖지 못
하는 사람이 많이 있습니다. 그러나 예수님은 바쁘면 바쁠수록 더
많이 기도하셨습니다. 예수님은 때때로 식사할 시간도 없으셨습
니다(막3:20). 잠도 필요하고, 휴식도 필요할 때, 더욱더 기도하셨
습니다. 예수님은 공생애 기간 동안 철저하게 자기관리를 하셨습
니다. 예수님은 아버지 하나님을 전적으로 신뢰하고 아버지의 뜻
을 이루는 삶을 사심으로 마음에 하늘의 평강을 누리셨습니다.

우리가 매일 똑같은 시간에 밥을 먹고, 일을 하고, 잠자리에 든
다고 생각하면 지루하단 생각이 들지도 모릅니다. 그러나 규칙적
인 생활은 기대 이상으로 매우 중요합니다. 변수를 줄이고 시간을
통제할 수 있기 때문입니다. 이게 중요한 이유는, 내가 하고 싶은
것 혹은 해야 할 것이 있을 때 시간을 할애할 수 있기 때문입니다.

무언가를 시도해보고 싶다면, 혹은 세워둔 계획을 실천하고 싶
다면 시간은 필수입니다. 그런데 생활이 불규칙하면 시간을 내는
게 보통 어려운 게 아닙니다. 또한 시간을 통제한다는 기분 역시

중요합니다. 아침에 일찍 일어나는 것이 자꾸 유행하는 것도 본질은 바로 통제하는 시간을 갖는 것입니다. 오롯이 내 것에 집중할 수 있는 시간을 가진다는 것, 그것도 매일 가질 수 있다면 '나에게 유익한 것을 해볼까?'라는 생각으로 이어지며 좋은 행동으로 이어지기 쉽습니다. 그러나 매일 시간에 쫓겨 살게 되거나 불규칙한 일상을 보내면 이런 생각조차 할 여유가 없어집니다.

대부분 사람은 스스로에게 도움이 되는 걸 원하고 미래를 위해 준비하고 싶어 합니다. 그러나 빈번히 실패하는 이유는 여러 이유가 있겠지만 그중엔 시간을 할당하지 못해서기도 합니다. 그만큼 시간을 통제한다는 것은 매우 중요하며, 가장 확실한 방법은 규칙적인 생활을 통해 특정시간을 비워두는 것입니다.

규칙적인 활동이 지루해보일지 몰라도 매일 같은 시간을 스스로에게 투자하면서 원하는 것을 이뤄가는 과정이라면 더 즐겁기도 합니다. 성장하고 싶다면, 그리고 무언가를 준비하고 싶다면 우선 변수를 하나씩 줄여 나가는 게 어떨까요? 규칙적인 활동이 가장 큰 힘이 되어줄 것입니다. 건강은 우리 삶에서 가장 중요한 가치 중 하나입니다. 하지만, 바쁜 일상 속에서 건강을 유지하기란 쉽지 않습니다. 그러나 규칙적인 생활 습관을 유지하면 건강을 지키는 데 많은 도움이 됩니다. 본인의 인내와 실천의지가 있어야 합니다.

필자는 대략 하루를 이렇게 규칙적으로 생활하는 습관을 가지고 있습니다. 아침에 일어나는 시간은 4시입니다. 1시간 이상

기도하다가 교회로 출근합니다. 교회에서 6시 정도에 아침식사를 합니다. 식사를 하고 산책을 40분간 합니다. 교회에 돌아 와서 기도하다가 09:00부터 집중치유 기도를 인도합니다. 대략 점심은 11:40분 정도에 먹습니다. 점심을 먹고 40분간 산책을 합니다. 산책이 끝나면 묵상하면서 글을 씁니다. 대략 하루에 보통 13,000 보를 걷는 것 같습니다. 오후 4시에 집으로 갑니다. 가서 하체단련을 위하여 아파트 23층 계단을 거의 매일 걸어 올라갑니다. 집에 들어가 샤워하고 집안 일을 돕고, 17:30분에 저녁식사를 합니다. 저녁식사 후 TV를 시청하다가 20:00경에 잠을 잡니다. 체중과 하체의 건강을 유지하려고 규칙적으로 활동합니다.

1. 서울아산병원 정신건강의학과 교수 정석훈은 규칙적인 생활습관을 이렇게 강조합니다. 건강하려면 규칙적인 생활습관을 유지해야 한다는 말을 흔히 듣게 됩니다. 생활이 일정하면 스트레스나 우울증이 줄어들게 됩니다. 체력과 자존감이 증진되는 등 건강에 많은 이득을 얻게 됩니다. 반대로 극심한 스트레스를 받으면 올바른 생활리듬이 깨지기 시작합니다. 쉽게 잠들지 못해 종일 피곤합니다. 입맛이 없어 식사를 거르다 보니 체력이 고갈됩니다.

그런데 이를 역으로 생각해보면 어떨까요. 스트레스를 극복하려면 오히려 식사를 제때 챙기고 꾸준히 체력을 기르는 등 규칙적인 생활습관을 들여야 한다는 얘기가 됩니다. 그렇다면 어떻게 일정한 생활습관을 유지할 수 있을까요?

규칙적인 생활습관을 들이는 첫 번째 방법은 "아침에 정해진 시간에 맞춰 기상하는 것"입니다. 우리 몸속에는 시계가 있습니다. 자고 일어나는 것, 배고픈 것, 집중력이나 체온이 오르고 떨어지는 것 모두 생체시계에 의해 조절됩니다. 놀랍게도 신체리듬은 24시간이 아닌 24.2~24.4시간으로 맞춰졌습니다. 아침에 일찍 일어나야 할 이유가 없으면 24.2~24.4시간으로 짜인 신체리듬으로 늦게 일어나게 됩니다. 점심시간에 아침을 먹고 저녁시간에 점심을 먹게 됩니다. 자연스레 야간에 저녁을 먹게 되면서 야식증후군이 나타납니다. 체중이 늘고 심장병, 고혈압, 당뇨를 비롯한 건강상 위해가 발생합니다. 매일 아침 규칙적인 시간에 일어나는 노력이 필요한 이유입니다.

규칙적인 생활습관을 들이는 두 번째 방법은 "일어나는 시간을 기준으로 7시간 전에 잠드는 것"입니다. 성인의 하루 수면시간은 7시간이 적절합니다. 7시간을 수면한다고 치면 나머지 17시간의 활동이 합쳐져 하루 24시간이 됩니다. 이는 17시간 동안 활동이 충분하지 않으면 일찍 자려 해도 잠들기 어려울 수 있다는 의미입니다. 그러면 언제 자야 할까요? 잠자려고 눕는 시간을 아침에 일어나는 시간에 맞춰서 정하면 됩니다. 매일 아침 6시 기상이면 낮 동안 충분히 활동을 하고 저녁 11시 정도에 잠드는 것입니다. 특정 시간대에 잠을 자야 면역력이 좋아진다는 얘기도 있으나 이는 면역체계에 영향을 주는 많은 인자 중 하나이지 절대적인 건 아닙니다.

규칙적인 생활습관을 들이는 세 번째 방법은 "운동과 식사를 제때 하는 것"입니다. 하루 30분 이상 주 5회 꾸준히 운동하면 근육이 강화되고 심혈관질환 발생위험이 떨어집니다. 격렬한 야간 운동은 수면을 방해하니 불면증이 있는 사람은 야간을 피해 운동하는 것이 좋습니다. 가급적 오전이나 이른 오후 시간을 권합니다. 식사를 일정하게 챙기는 것도 중요합니다. 식사를 제때 하지 않으면 생활습관이 뒤틀리기 쉽습니다.

규칙적인 생활습관을 들이는 마지막 방법은 "스트레스를 적절히 관리하는 것"입니다. 직장에 다니면 아침 일찍 일어나고 밤에 일찍 자려 노력하기 때문에 규칙적인 생활에 나름 도움이 됩니다. 하지만 직장에서 오는 스트레스를 무시하기 어렵습니다. 스트레스가 심하면 식습관과 수면 등 모든 생활리듬이 깨지게 됩니다. 스트레스의 어원은 '조이다'라는 말에서 왔습니다. 그래서 우리가 흔히 스트레스를 '푼다'라고 얘기하는지 모르겠습니다. 일상과 직장에서 조이는 스트레스를 현명하게 풀어나가시기 바랍니다. 서울아산병원 정신건강의학과 정석훈 교수는 이렇게 말했습니다.

2. 건강관리의 기본은 건강한 생활습관: 건강관리의 기본은 건강한 생활습관이라고 생각합니다. 성도들의 생활 중에서 가장 중요한 것이 바로 건강한 신체와 건강한 정신입니다. 건강한 정신을 가지기 위해서는 무엇보다도 건강한 신체를 유지할 수 있어야 합니다. 그러기 위해서는 일상생활에서 우리가 어떻게 생활해야 하

느지 그리고 각 종 질병을 예방하기 위해서 우리가 해야 할 일들이 무엇인지를 알아보도록 하겠습니다.

사실 건강을 유지하고 질병을 예방하는 것은 매우 중요하지만 이것이 따로 따로 관리가 되는 것이 아니고, 건강한 생활습관을 만들면 우리 몸은 면역성이 높아지고 자연적으로 각종 질병을 예방하는 가장 최선의 방법이 될 것입니다. 따라서 우리는 적극적으로 여러 가지 생활 습관을 유지할 필요가 있습니다. 이러한 습관들은 우리의 건강에 긍정적인 영향을 미치며, 건강한 삶을 유지하는 데 큰 도움을 줍니다. 이를 위해 우리는 다음과 같은 건강 생활 습관을 적극적으로 실천해야 합니다.

1) 규칙적인 운동을 유지합시다. 일주일에 150분의 중등도 신체활동이나 75분의 고강도 신체활동을 권장합니다. 운동을 유지하면 우리는 심장 건강을 유지하고 체중을 관리할 수 있습니다. 더불어, 운동은 우리의 면역 시스템을 강화하고 우리의 정신 건강에도 좋습니다. 세부적인 규칙적인 운동에 대한 세부적인 내용은 다음과 같습니다.

①운동 종류: 규칙적인 운동은 걷기, 달리기, 수영, 자전거 타기, 체조, 무게 들기 등 다양한 형태를 포함할 수 있습니다. 중요한 것은 자신이 즐길 수 있고 지속적으로 할 수 있는 활동을 선택하는 것입니다. 예를 들어, 공원에서 산책을 하거나 가벼운 기구를 통한 체력단련을 하는 것도 좋은 운동 방법입니다.

② 운동 시간: 일주일에 최소한 150분의 중등도 신체 활동이나 75분의 고강도 신체 활동을 추천합니다. 이는 심장 건강을 유지하고 체중을 관리하는 데 도움이 됩니다. 하지만, 운동 시간을 늘리는 것도 좋은 방법입니다. 운동을 할 때마다 조금씩 시간을 늘려나가면서 체력을 키워보세요.

③ 운동 일정: 일정을 설정하고 그 일정을 따르는 것이 중요합니다. 일정을 설정하면 운동을 일상적인 활동으로 만들 수 있습니다. 예를 들어, 매주 월, 수, 금요일에 운동을 하는 일정을 정한다면, 운동이 일상적인 활동이 되어 운동을 게을리 하지 않게 됩니다. 필자는 거의 매일 운동을 하고 있습니다.

④ 운동 목표: 개인적인 운동 목표를 설정하면 동기를 부여하고 운동을 계속하는 데 도움이 됩니다. 목표는 개인의 건강 상태, 체중, 체력 등에 따라 다를 수 있습니다. 예를 들어, 3개월 동안 체중을 5kg 감량하는 것이나, 1km를 10분 안에 뛰는 것을 목표로 잡는 것도 좋은 방법입니다.

⑤ 운동 후 회복: 운동 후에는 충분한 휴식과 영양 섭취가 필요합니다. 이는 근육을 회복시키고 에너지를 보충하는 데 도움이 됩니다. 또한, 스트레칭을 하여 근육의 긴장을 푸는 것도 좋은 방법입니다. 이러한 방법들을 통해 규칙적인 운동을 시작하고 유지하는 것이 가능합니다. 이는 건강을 유지하고 질병을 예방하는 데 큰 도움이 됩니다.

2) 균형 잡힌 식사를 유지하세요. 과일, 채소, 전 곡식, 단백질 식품 등 다양하고 영양가 있는 식품을 섭취하는 것이 중요합니다. 이러한 식품들은 우리의 몸에 필요한 영양소를 제공하며, 건강한 몸을 유지하는 데 큰 역할을 합니다. 더불어, 균형 잡힌 식사를 유지하면 우리의 소화기관을 건강하게 유지할 수 있습니다.

균형 잡힌 식단은 신체가 올바르게 기능하는 데 필요한 모든 영양소를 제공하는 것이 중요합니다. 이를 위해 엄격한 식단 제한이나 좋아하는 음식을 스스로 박탈할 필요는 없습니다. 균형 잡힌 식단은 오히려 기분이 좋고, 더 많은 에너지를 갖고, 건강을 개선하고, 기분을 안정시키는 것에 관한 것입니다.

균형 잡힌 식단에는 일반적으로 여러 가지 영양소가 포함됩니다. 이러한 영양소는 과일, 채소, 곡물, 단백질 식품, 유제품 또는 유제품 대체 식품 등 모든 식품군의 식품을 포함하는 것을 의미합니다. 이를 통해 균형 잡힌 식단은 단조로운 식단과는 달리 식사를 더욱 풍부하게 만들어 줍니다. 균형 잡힌 식단의 핵심 구성 요소는 다음과 같습니다.

① 다양성: 균형 잡힌 식단에는 다양한 영양소를 섭취할 수 있는 다양한 식품이 포함되어야 합니다. 이는 과일, 채소, 곡물, 단백질 식품, 유제품 또는 유제품 대체 식품 등 모든 식품군의 식품을 포함하는 것을 의미합니다.

② 비례성: 모든 음식을 같은 양으로 섭취할 필요는 없습니다. 어떤 것은 많은 양을 먹어야 하고 어떤 것은 좀 더 적게 먹어야 합니다. 예를 들어, 접시의 절반은 과일과 채소, 4분의 1은 곡물(가

급적 통곡물), 4분의 1은 단백질이어야 합니다.

③ 절제: 균형 잡힌 식단은 특정 음식을 적당히 먹는 것을 의미하기도 합니다. 여기에는 첨가당, 나트륨(소금), 포화 지방 및 트랜스 지방이 많이 함유된 식품이 포함됩니다. 이러한 음식을 먹는 것을 완전히 금지하지 않지만 적절한 양을 섭취하여 건강한 식습관을 형성하는 것이 좋습니다.

위와 같은 핵심 구성 요소를 고려하여 균형 잡힌 식단을 구성하면 건강한 식습관을 형성할 수 있습니다. 또한, 균형 잡힌 식단은 단순한 식단과 달리 더 많은 에너지를 제공하므로 일상생활에서 더 많은 활동을 하는 데 도움이 됩니다. 추가적으로, 모든 사람의 신체는 다르기 때문에 필요한 영양소도 각자 다릅니다. 이에 따라 의료 서비스 제공자 또는 등록된 영양사의 조언을 받아 맞춤형 식습관을 형성하는 것이 좋습니다.

규칙적이고 건강한 식생활이란 하루 세끼를 정해진 시간에 먹는 것을 말한다. 규칙적인 식사는 위산으로 인한 위궤양의 위험을 줄여주고 혈중 혈당 농도를 일정하게 유지해 뇌와 신체의 활동이 원활하게 될 수 있도록 돕는다. 건강한 식습관을 유지 할 수 있는 방법은 이렇습니다.

▷ 아침을 거르지 않는다. 아침을 거르는 사람이 통계상 더 비만하다.

▷ 아침, 점심, 저녁은 대략 5시간 간격으로 먹도록 한다.

▷ 세끼 식사와 간식은 매일 같은 시간대에 먹는 것이 좋다.

▷ 식사 시간은 20분 이상이 되도록 한다. 20분은 지나야 렙틴

이 제대로 활동할 수 있다. 렙틴(leptin)은 지방세포에서 분비되는 나선형 단백질이자 포만감, 식욕 억제와 관련된 호르몬이다. 식욕과 배고픔의 사이클에 피드백으로 관여한다.

▷ 하루 2리터의 물을 아침, 점심, 저녁에 나누어 섭취한다.

▷ 식사 시간을 즐거운 분위기로 만들면, 천천히 먹게 되고 도파민 분비가 촉진된다.

▷ 하루 동안 먹은 음식을 저녁에 메모장에 적어본다.

▷ 음식 욕구가 생길 때는 명상과 심호흡을 실시하면 식탐의 상당부분을 해소할 수 있다 .

3) 충분한 수면을 취하세요. 충분한 수면을 취하는 것이 중요합니다. 대부분의 성인은 하루에 7-9시간의 수면이 필요합니다. 수면 부족은 우리의 면역 시스템을 약화시키고 우리의 건강에 해를 끼칠 수 있습니다. 그러므로 충분한 수면을 취하는 것이 중요합니다. 충분한 수면을 취하면 우리의 두뇌와 신체 기능이 최적화되고 우리의 정신 건강에도 좋습니다. 수면 부족은 우리 몸의 면역력을 약화시키고, 스트레스를 유발할 수 있습니다.

잠을 충분히 자는 것은 전반적인 건강과 웰빙에 매우 중요합니다. 수면 부족은 면역력 약화, 체중 증가, 기분 장애, 심장병 및 당뇨병과 같은 만성 질환의 위험 증가와 같은 다양한 건강 문제로 이어질 수 있습니다. 그러나 충분한 수면을 취하는 것은 쉽지 않은 일입니다. 다음은 충분한 수면을 취하기 위한 몇 가지 전략입니다.

① 규칙적인 수면 일정 수립: 매일, 심지어 주말에도 같은 시간에 잠자리에 들고 일어나도록 노력하세요. 이것은 신체의 내부 시계를 조절하고 잠들고 일어나는 것을 더 쉽게 만드는 데 도움이 될 수 있습니다.

② 편안한 환경 만들기: 침실을 편안한 수면 환경으로 만드세요. 이것은 어둡게 하는 음영, 백색 소음 기계 또는 귀마개를 사용하는 것을 의미할 수 있습니다. 방을 편안하고 시원한 온도로 유지하십시오.

③ 잠자기 전 빛 노출 제한: 빛에 노출되면 주의력이 자극됩니다. 취침 시간 2시간 전에는 밝은 화면에 노출되는 것을 제한하십시오. 전자 기기를 끄고 밝은 화면을 피하십시오. 그 대신, 읽기나 명상과 같은 덜 자극적인 활동을 시도해보세요.

④ 규칙적인 운동: 규칙적인 신체 활동은 더 빨리 잠들고 더 깊은 수면을 취하는 데 도움이 될 수 있습니다. 그러나 취침 시간에 너무 가까운 시간에 운동을 하면 수면에 방해가 될 수 있으므로 피하십시오. 대신, 운동은 일정 시간 전에 하고, 수면을 취하시기 전에 몸을 편하게 만드는 스트레칭을 해보세요.

④ 다이어트 주의: 취침 시간에 가까운 과식, 카페인 및 알코올을 피하십시오. 이것들은 당신의 수면을 방해할 수 있습니다. 그 대신, 건강한 간식을 먹어보세요. 마지막 식사는 수면 2~3시간 전에 하고, 수면에 좋은 식품인 바나나나 견과류 등을 먹어보세요.

⑤ 스트레스 관리: 복식호흡 또는 명상, 호흡을 통한 마음의 기도와 같은 기술은 긴장을 풀고 스트레스를 관리하여 쉽게 잠들 수

있도록 도와줍니다. 또한, 수면 전에 음악을 듣거나 따뜻한 목욕을 하면 편안한 상태로 잠에 들기 좋습니다.

⑥ 주간 낮잠 제한: 긴 주간 낮잠은 야간 수면을 방해할 수 있습니다. 낮잠을 선택했다면 20~30분 정도로 제한하고 오후 중반에 자도록 합니다. 그러나, 낮잠은 어떤 경우에는 수면 부족을 해결하는 데 도움이 될 수 있으므로, 자신에게 맞는 방식을 찾아보세요. 자신의 성향에 맞게 실행하면 될 것입니다.

⑦ 뒤척거리지 마세요: 잠이 오지 않으면 일어나서 다시 피곤해질 때까지 긴장을 풀어주는 활동을 하세요. 시계를 던지고 돌리고 확인하는 것은 스트레스만 쌓일 뿐입니다. 그 대신, 기분 좋은 책을 읽거나, 편안한 자세로 바디 스캔을 해보세요.

모든 사람의 수면 요구 사항은 다르며 한 사람에게 효과가 있는 것이 다른 사람에게는 효과가 없을 수 있음을 기억하십시오. 수면에 지속적인 문제가 있는 경우 의료 서비스 제공자와 상담하는 것이 좋습니다. 수면 문제에 기여할 수 있는 근본적인 문제를 식별하는 데 도움이 될 수 있습니다. 또한 수면에 대한 자신만의 루틴을 만들어보세요. 이를 통해 수면에 대한 이해도가 높아지고, 더욱 편안하고 품질 높은 수면을 취할 수 있습니다.

4)스트레스 관리를 하세요. 스트레스는 우리의 신체와 정신에 해를 끼칠 수 있습니다. 그러므로 복식호흡, 명상, 호흡을 깊게 하며 마음의 기도, 운동 등의 기법을 사용하여 스트레스를 관리해야 합니다. 더불어, 스트레스를 관리하면 우리의 면역 시스템과 심장 건강을 유지할 수 있습니다. 스트레스 관리는 신체적, 정신적 건

강을 유지하는 데 매우 중요합니다. 다음은 일상생활에서 스트레스를 관리하는 데 도움이 되는 몇 가지 전략입니다.

① 규칙적인 운동: 신체 활동은 천연 진통제 및 기분 전환제 역할을 하는 뇌의 화학 물질인 엔돌핀을 생성합니다. 규칙적인 운동은 스트레스의 부정적인 영향을 받을 수 있는 수면의 질을 향상시키는 데 도움이 됩니다. 또한, 운동은 체중 감량이나 유지, 심혈관 건강을 개선하고 면역 기능을 강화하는 데도 도움이 됩니다.

② 마음 챙김과 명상 연습: 마음챙김은 판단 없이 현재 순간에 집중하는 것을 포함합니다. 이것은 명상, 요가 또는 호흡 운동을 통해 수행할 수 있습니다. 이러한 관행은 부정적인 생각을 줄이고 기분과 수면을 개선하는 데 도움이 될 수 있습니다. 또한 마음챙김 연습은 뇌의 그림자 네트워크를 강화하여 인지 기능을 향상시키는 데도 도움이 됩니다.

③ 균형 잡힌 식단 유지: 건강한 식단을 섭취하면 스트레스에 더 잘 대처할 수 있습니다. 식사에 과일, 채소, 기름기 없는 단백질, 통곡물을 충분히 포함시키십시오. 이러한 식품은 체중 감량이나 유지, 심혈관 건강, 면역 기능을 개선하고 스트레스를 줄이는 데 도움이 됩니다.

④ 카페인과 알코올 제한: 이러한 물질은 스트레스 수준을 높이고 수면을 방해할 수 있습니다. 소비를 제한하거나 카페인이 제거된 옵션을 선택하십시오. 대신 차, 물, 주스 등 건강한 대안을 고려하십시오.

⑤ 충분한 수면: 수면 부족은 스트레스를 유발하고 기분, 정신

적 각성, 에너지 수준 및 신체 건강에 부정적인 영향을 미칠 수 있습니다. 따라서 매일 충분한 수면을 취하십시오.

⑥ 다른 사람들과 연결: 자신과 가치관이 갖고 자신을 지지하는 가족 및 친구들과 시간을 보내십시오. 사회적 상호작용은 이해받고 있다고 느끼고 스트레스를 덜 받는 데 도움이 될 수 있습니다. 또한, 사회적 연결은 뇌의 스트레스 대처 기능을 강화하여 스트레스를 줄이는 데 도움이 됩니다.

⑦ 자율신경조절활동: 복식호흡, 명상 같은 활동은 신체의 이완 반응을 활성화하여 스트레스를 줄일 수 있습니다. 이러한 활동을 일상생활에 포함시켜 스트레스를 줄이는 데 도움이 됩니다.

⑧ 시간 관리: 작업의 우선 순위를 지정하고 프로젝트를 더 작은 단계로 나누고 가능한 한 위임합니다. 과도한 노력을 피하고 작업량이 너무 많을 때 거절하는 법을 배우십시오. 이러한 전략은 스트레스를 줄이는 데 도움이 됩니다.

⑨ 전문가의 도움을 받으십시오.: 스트레스에 압도당하는 느낌이 든다면 성도들의 내면을 성령으로 치유하는 목회자나 심리학자나 면허가 있는 정신 건강 전문가에게 도움을 요청하십시오. 스트레스를 효과적으로 관리하기 위한 전략을 제공할 수 있습니다. 스트레스는 인생에서 불가피한 것입니다. 그러나 스트레스를 극복하고 일상생활에서 행복을 느끼려면 적절한 방법으로 관리해야 합니다. 이러한 전략을 적용하여 스트레스를 최소화하는 데 도움이 되는 일상 습관을 만들어 보십시오.

5) 정기적인 건강 검진을 받으세요. 정기적인 건강 검진을 통해 건강 상태를 확인하고 이상 징후를 조기에 발견할 수 있습니다. 그러므로 정기적인 건강 검진을 받는 것이 중요합니다. 정기적인 건강 검진을 받으면 우리는 질병 예방에 더욱 효과적인 대처를 할 수 있습니다. 바쁜 일정 속에서 정기적인 건강 검진을 유지하는 것은 실제로 어려울 수 있지만 잠재적인 건강 문제를 조기에 발견하고 치료하는 데 중요합니다.

결론적으로 50대 이상 되시는 분들이 가장 두려워하는 것이 치매입니다. 치매를 예방하기 위해서는 평소에 규칙적인 생활을 통해 건강을 지켜나가는 것이 중요한데 사회활동, 인지활동, 식습관, 규칙적인 운동 등을 통해 개선해 나가는 것이 중요합니다. 예를 들면 독서나 글쓰기 등의 새로운 취미활동을 갖거나, 많은 사람들과의 만남이나 대화를 통하여 뇌를 자극시키는 방법도 좋다고 하겠습니다.

또한 등푸른 생선과 견과류 등 두뇌에 좋은 음식을 자주 섭취해 주는 동시에 흡연이나 음주를 줄이는 것이 좋습니다. 이밖에도 채소의 섭취량을 늘려주면서 아침식사를 통해 뇌에 활력을 증가시켜 주는 것이 좋은데요. 아침식사는 기억력과 집중력을 향상시킨다는 연구 결과도 있기 때문에 필수로 해주는 것이 좋다고 하겠습니다. 지금 시대는 인생 백세시대입니다. 건강하게 백세까지 지내시려면 40대부터 자기관리를 잘해야 한다고 합니다.

5부 자기관리를 잘하면 건강하게 장수한다.

21장 살아계신 하나님의 성전으로 관리한다.

(고전 3:16-17)"너희는 너희가 하나님의 성전인 것과 하나님의 성령이 너희 안에 계시는 것을 알지 못하느냐! 누구든지 하나님의 성전을 더럽히면 하나님이 그 사람을 멸하시리라 하나님의 성전은 거룩하니 너희도 그러하니라."

하나님은 우리의 온몸을 성전삼고 주인 되어 계십니다. 자기를 관리하며 스트레스와 상처에서 해방된 의인으로 살아가려면 자신은 걸어 다니는 성전이라는 의식을 가지고 살아야 합니다. 하나님은 예수를 영접한 사람의 온몸을 성전삼고 임재 하여 계십니다. 많은 성도들이 성경에 나오는 교회가 건물로지어진 예배당을 교회인 것으로 알고 있는 경우가 많습니다. 성경에 기록된 교회는 물론 건물로지어진 예배당을 말하고 알고 있지만, 대부분 예수를 믿는 성도들을 교회라고 말합니다. 사람들은 하나님께서 건물로 지어진 교회 건물 안에나 성당 안에 혹은 기도원에 혹은 가톨릭 교인들이 말하는 피정의 집에 계신다고 말합니다. 실상은 인간이 지은 어떤 형태의 건물이든 그 건물 안에 하나님은 계시지 않습니다. 하나님은 바로 예수를 믿는 성도들의 온몸을 성전삼고 거하시는 것입니다.

마음에 하나님을 주인으로 모시지 않은 사람들이 아무리 화려하게 지은 예배당에 모여도 그곳에는 하나님은 계시지 않습니다. 그러나 예수를 영접하고 성령이 충만하여 마음에 하나님을 주인으로 모신 사람들이 모인 곳에는 아무리 초라한 예배 처소라도 그곳에 하나님이 임재 하여 계신 것입니다. 하나님은 영과 진리로 예배드리는 사람을 찾고 그런 온몸을 성전삼고 주인으로 계시는 것입니다.

구약시대에는 하나님께서 각 사람에게 성령으로 와 계시지 않고 성막이나 성전 같은 특정한 곳에 거하셨습니다. 그러나 오순절 성령 강림 사건 이후로는 하나님의 영이신 성령께서 성도 각 사람의 몸을 성전 삼아 거하고 계십니다.

그러므로 성경은 "너희가 하나님의 성전인 것과 하나님의 성령이 너희 안에 계시는 것을 알지 못하느냐"(고전3:16)라고 말씀하는 것입니다. 우리가 죄를 지었음에도 불구하고 버림을 받아야 마땅함에도 불구하고 죄지은 그대로 못난 그대로 빈손 든 그대로 주님께 나가면, 주님께서 십자가의 보혈로 씻어 주시고 영생을 주시고 우리를 성전 삼아 우리 속에 들어오셔서 영원히 떠나지 않으시는 것입니다. 오늘날 하나님께서는 사람의 손으로 지은 대리석 건물 속에 거하지 아니하시고 육으로 지은 하나님의 자녀들의 심령 속에 성령으로 거하시며, 기도하는 각 사람을 통해서 역사하십니다. 따라서 하나님의 주소는 바로 우리 자체요, 우리가 바로 살아 움직이는 하나님의 성전인 것입니다.

1. 움직이는 성전관리를 잘하라. 예수를 믿고 성령으로 거듭난 성도는 살아계신 하나님의 움직이는 성전입니다. 하나님께서 온 몸을 성전삼고 임재 하여 계시기 때문입니다. 성경에 심은 대로 거둔다고 말씀하십니다. 우리들이 사는 집도 관리하지 않으면 폐가가 됩니다. 시골 산자락에 담벼락이 다 무너진 버린 폐가를 볼 때 마다 건강을 잃고 힘들어 하는 사람들이 연상됩니다. 그러므로 건강은 저절로 주어지는 것이 아니라, 평생토록 사는 집을 때마다 손질하는 것처럼 꾸준히 관리해야 된다는 것입니다. 만약 건강을 잃으면 일생을 두고 쌓아온 많은 것들이 의미를 잃게 될 것입니다. 이것은 다른 어떤 것 보다 우선되어야 합니다. 비록 장애인들이라 할지라도 행복의 첫째 조건을 건강으로 알고 주어진 건강상태를 유지할 뿐 아니라, 더욱 증진시키기를 결단해야 합니다. 마치 집을 짓고 수리하려면 구체적인 계획을 세우듯 건강관리에 대한 결단을 단단히 하고 구체적인 실천을 행하여야 할 것입니다.

집을 관리하는 것이 대단한 것이 아니라, 방부터 쓸고 닦고 거미줄을 걷고 하는 아주 사소한 것을 계속적으로 하는 것처럼 시작하여야 합니다. 우리는 하나님의 성령이 거하시는 성전입니다. 말씀과 성령으로 기도하며 청소 잘하고 잘 관리해야만 무너지지 않습니다. 제 때 밥 먹고 식욕을 절제하지 않으면서, 아니면 운동이라고는 오직 숨쉬기만 하면서도 "하나님께서 지켜 주실 줄 믿습니다." 하는 것은 하나님을 우습게 여기는 것입니다. 성경은 말하기를 "스스로 속이지 말라 하나님은 만홀히 여김을 받지 아니하시나니 사람이 무엇으로 심든지 그대로 거두리라"(갈6;7)고 하였습니다. 우리가 건강을 관리하기 위하여 시간과 노력과 정성을 심는 만큼 건강을 거두게 하실 것입니다,

그래도 어떤 분들은 하루하루 먹고 살기가 힘들어 건강 같은 것은 관심을 가질 여유가 없거나 무슨 운동이나 건강관리를 한다는 것은 사치라고 말할 줄 압니다. 그러나 조금만 더 생각하여 보십시오. 누구를 위하여 그 고생을 합니까? 자식과 가정을 위해 수고한다고 하는데 내가 만약 스트레스를 받으면서 건강관리를 하지 않아 병들어 드러누우면 그 사랑하는 자식들 그리고 그토록 지키기를 원하던 가정은 누구의 몫이 될까요? 그리고서도 하나님도 너무한다고 하늘을 원망하실는지요?

내가 아프면 친구도 심지어 부모 형제라도 오래가지 못하는 법입니다. 혹시라도 나의 건강을 병원이 다 고쳐줄 것이라고 건강관련 보험을 믿고 있지는 않는지요? 아니면 다니는 직장이나 출석하는 교회가 책임져 줄듯이 생각하지는 않는지요? 아니면 좀 더 돈을 모은 후에 생각하여 보자고 미루지는 않는지요? 저도 그렇게 말한 적도 있었지요.

하나님 믿는 사람이 무슨 건강에 그렇게 신경을 쓰느냐고. 참 믿음이 적다고 하면서 모든 책임을 하나님께 미루면서 자기는 마음대로 먹고 시도 때도 없이 마시고 아무런 운동도 하지 않는 모습들이 많다는 것입니다. 가장 먼저 온몸을 하나님의 성전으로 관리에 대한 실천을 각오해야 합니다. 자신의 온몸을 성전으로 관리

에 관심을 가져야 합니다. 영적인 일은 관심이 있어야 이루어지기 때문입니다. 자신은 걸어 다니는 성전이라는 의식을 가지면 자신의 온몸을 성전으로 관리하지 않고 잠을 제대로 잘 수가 없을 것입니다.

2. 자신은 움직이는 성전이라는 의식을 가지라. 예수님 당시의 모든 이스라엘 백성들처럼 사마리아 우물가의 여인도 역시 하나님께서 특정장소에 국한해 계신 분으로 오해하고 있었습니다. 이를 테면 신앙 행위를 특정 공간의 문제로만 인식한 것이었습니다. 주님이 말합니다. 이 산도 아니고 예루살렘 성전도 아니라고 말합니다. 한마디로 말해 믿음은 특정 공간의 문제가 아니라, 인간 중심의 문제라는 것입니다. 인간의 중심이 영과 진리로 하나님을 향해 있으면 그가 어디에 있든 하나님께서 그와 함께 계시고, 바로 그곳이 곧 하나님의 성전이며, 그곳에서 드리는 예배가 진정한 예배라는 것입니다. 영이신 하나님께서는 시간과 공간을 초월하시는 무소부재의 하나님이시기 때문입니다.

사도바울에게 참된 성전은 건축물이 아니라 하나님을 믿는 사람이었습니다(고전 3:16-17). 스데반 처형당시 사울 역시 성전에 대해서 왜곡된 인식을 갖고 있었습니다. 그러나 그의 눈에서 비늘이 벗겨지면서 그는 참된 성전은 건물이 아니요, 자기 자신임을 깨달았습니다. 그리고 바울은 예루살렘 성전이라는 특정 공간을 뛰어넘어, 그 자신이 움직이는 성전이 되어 하나님과 동행했습니다. 그리고 그 때부터 그는 진정한 섬김과 봉사의 삶을 살았습니다.

크리스천이 된다는 것, 목사가 된다는 것은 스스로 움직이는 성전이 되는 것을 의미합니다. 현재는 예배당 과잉시대라고 해도 과언이 아닙니다. 지금 필요한 것은 더 이상의 예배당이 아니라 진정 주님의 말씀대로 성령의 인도를 받으면서 살아가는 크리스천의 삶입니다. 그렇다면 우리 모두 사람을 성전으로 일구는 시대를 열어야 합니다. 우리 각자가 우리 자신을 성전, 즉 움직이는 성전으로 일구어야 합니다. 하나님의 성전이 되기 위해서 반드시 그 안에 네 가지가 갖추어져 있어야 합니다. 첫째는 법궤, 둘째는 금촛대요, 셋째는 분향단이요, 마지막은 진설병이었습니다. 우리 각자가 움직이는 성전이 된다는 것은, 우리 속에 바로 이 네 가지를 구비하는 것을 뜻합니다.

1) **법궤** - 곧 하나님의 말씀입니다. 내가 움직이는 성전이 되기 위해서는 내 온몸이 하나님의 말씀으로 채워져야 합니다. 성전의 주인이신 하나님께서 말씀이시기 때문입니다. 그러므로 하나님으로 말씀을 내 온몸에 채운다는 것은 하나님을 내 생의 주인으로 내 속에 모시는 것을 의미합니다. 항상 하나님을 생각하며 부르는 것입니다. 말씀을 온몸에 채우려면 머리나 생각으로 말씀을 보지 말고 성령의 임재가운데 영으로 말씀을 읽고 깨달아야 합니다.

말씀을 교회에서만 적용하고 살지 말고 세상에서 살아가면서 말씀을 적용해야 스트레스를 받지 않고 건강하게 살아갈 수가 있는 것입니다. 우리는 성도들은 바르게 알아야 합니다. 온몸이 말씀으로 채워지지 않고서는 성전이 될 수도 없고, 바른 영성의 성도가 될 수도 없습니다. 말씀 채우기를 체질화하려면 죽을 때까지 매일매일 말씀과 대면하지 않으면 안 됩니다. 성령의 임재 가운데 말씀을 묵상해야 합니다. 그러기 위해서는 누구보다도 말씀의 절대성을 절대적으로 신뢰해야 하고, 말씀 안에서 살아가야 되고, 필요할 때는 기도하여 레마를 받아서 순종하고 살아야 합니다. 그래야 삶에서 스트레스와 상처를 받지 않고 승리하면서 살아갈 수가 있는 것입니다. 말씀을 삶에 적용하고 사는 것은 말씀이 아니고는 성도의 삶 자체가 아예 불가능함을 절대적으로 인식할 때만 가능합니다. 말씀을 성령의 임재가운데 읽고 묵상하여 심비에 새겨야 합니다.

2) **금촛대(성령의 조명)**- 말씀을 아무리 읽어도 성령의 조명 없이 읽으면 이스라엘 역사일 뿐입니다(요14:26). 내가 성전이 되기 위해서는 날마다 성령 충만을 간구해야 합니다. 성령 충만하려면 성령으로 기도해야 합니다. 성령으로 세례를 받아야 합니다. 성령 충만 이라는 말을 하면 사람들은 사도행전을 생각합니다. 하지만 사도행전은 성령님이 일하신 내용이고, 성령님이 누구신가? 를 알기 위해서는 요한복음을 읽으면 됩니다. 요한복음은 성령님에 대해서 설명한 후 마지막 20장 22절에 "저희를 향하사 숨을 내쉬며 가라사대~"라고 합니다. 즉 성령 충만은 믿는 자의 호흡과도 같은 기능을 합니다. 성령님이 온몸에 충만하게 채워진 상태입니다.

세상에서 가장 강한 폭탄이 있다면 그것은 원자탄이고, 수소 탄입니다. 그러나 더 위력 있고 피해를 주지 않으면서 세상을 바꾸어놓을 수 있는 폭탄이 있습니다. 바로 성령의 다이너마이트 입니다. 이 폭탄만 떨어지면 사람이, 사회가, 국가가, 문화가 바뀌고 세상이 바뀝니다. 사도행전 1장 8절에 "성령이 너희에게 임하시면 너희가 권능을 받는다."고 했는데 여기에 "권능"은 헬라어로 '두나미스',즉 영어의 다이너마이트로 폭탄을 의미하는 용어입니다.

이 성령의 폭탄이 오순절 마가의 다락방에 떨어짐으로 이 땅에 성령의 불이 맹렬하게 붙었습니다. 이 폭탄은 생명 탄이고 변화 탄입니다. 사명 탄이며 축복 탄입니다. 이 강력한 성령의 다이너 마이트가 사람을 바꾸고 세상을 바꿉니다.

필자는 구기 운동을 잘 못합니다. 그런데 나중에 전공자들에게 들어보니 운동에서 가장 중요한 것이 호흡이라고 합니다. 러닝머신을 뛸 때도, 역도, 수영을 할 때도, 호흡이 아주 중요합니다. 책을 읽는 것도 호흡이 중요합니다. 소설책을 읽는 호흡으로는 철학 책을 읽지 못합니다. 대중가요를 부르는 호흡으로는 성악을 부르지 못합니다. 평지를 걷는 호흡으로는 산을 타기 힘듭니다. 기도할 때도 아랫배에 힘을 주고 호흡을 강하게 해야 성령으로 충만할 수가 있습니다. 동남아의 음악은 뱀이 꼬리 무는 것과 같습니다. 그들의 언어나 호흡은 한꺼번에 음을 쫙 끌어올리지 못하기 때문입니다. 그래서 유명한 음악가가 동남아에서는 나오지 않습니다.

그런데 이태리에서는 좋은 음악가들이 많이 나옵니다. 이건 사는 지역과도 관계가 있습니다. 주로 바닷가 사람들에게서 성악가들이 많이 나옵니다.

전라도와 충청도를 봐도 금방 알 수 있습니다. 성악가들이 전라도에서 많이 나옵니다. 왜 그럴까요? 바닷가이고, 언어가 길기 때문입니다. (예) 오메~, 아따~, 잡것들이~, 나가~, 근께~, 배부르지라~ 하지만 충청도는 성악가보다는 개그맨이 많이 나옵니다. 왜 그럴까요? 그들은 마음을 잘 드러내지 않기 때문입니다. 내가 '성전이 된다.'는 것은 성령님의 호흡을 온몸 안에 가득하게 채우는 것을 의미합니다. 항상 하나님을 찾는다는 것입니다.

성령님의 조명 아래 거한다는 것, 성령 충만한 삶을 추구하는 것은 바로 주님의 호흡으로 살아가는 것을 의미합니다. 성령님의 조명 아래 살아간다는 것은 예수 그리스도의 깊은 호흡으로 사는 삶을 의미합니다. "아버지여 저희를 사하여 주옵소서. 자기의 하는 것을 알지 못함이니이다"(눅 23:34). 우리가 움직이는 성전이 된다는 것은 예수님의 그 깊은 호흡으로 살아가는 것입니다. 그 호흡의 뿌리는 두말할 것도 없이 생명의 말씀입니다. 성령님의 조명 속에서 말씀에 깊이 뿌리내리고 있을 때, 우리는 말씀이신 주님의 깊은 호흡으로 살아가게 됩니다. 악한 감정이 북받쳐 오를 때, 분노가 용암처럼 끓어오를 때, 우리는 성령님의 조명 아래에서 주님의 깊은 호흡으로 우리 자신을 제어할 수 있습니다. 마음 성전에 성령님이 충만해야 영-혼-육이 자기 기능을 수행할 수가 있는 것입니다. 성령님이 충만해야 영-혼-육이 건강할 수 있다는 뜻도 됩니다.

3) **분향단** - 제사장들은 성전 속에 있는 분향단에서 항상 향을 피워 올렸습니다. 그렇게 해서 인간의 마음과 정성이 하나님께 올려 바쳐진다고 생각했습니다. 분향의 의미는 무엇일까요? 요한계시록 5장 8절에 보면 "책을 취하시매 네 생물과 이십 사 장로들이 어린 양 앞에 엎드려 각각 거문고와 향이 가득한 금 대접을 가졌으니 이 향은 성도의 기도들이라" 오늘날의 향이란 성령으로 하는 기도입니다. 우리가 성령으로 드리는 기도가 하나님께서 흠향하시는 향입니다. 기도는 우리의 체질이 되어야 합니다. 습관이 되어야 합니다. 바꾸어 말하면 체질화되지 않은, 단지 필요할 때만 발하는 단발성기도는 하나님께 올려지는 향기로운 향이 되지 못합니다.

마태복음 6장 8절에 보면 "그러므로 저희를 본받지 말라 구하기 전에 너희에게 있어야 할 것을 하나님 너희 아버지께서 아시느니라." 일반적으로 우리의 기도는 우리에게 있어야 할 것을 하나님께서 모르신다는 전제 조건 하에 시작됩니다. 그래서 늘 자신에게 필요한 것을 하나님께 통보하는 것으로 기도는 끝납니다. 하지만 주님께서는 우리에게 있어야 할 것을 하나님 아버지께서 이미 알고 계신다고 하십니다. 그렇다면 영적지도자가 되려는 우리의 기도는 적어도 이 수준을 뛰어넘어야 합니다.

기도란 나 자신을 주님께 붙들어 매는 것입니다. 주님의 말씀에 나를 붙들어 매는 것이요, 말씀을 통해서 말씀하시는 성령님의 음성에 나를 붙들어 매는 것입니다. 그렇기에 음성으로 발해지는 기도도 귀하지만, 입을 다물고 그분의 음성에 귀를 기울이는 기도는 더욱 귀합니다.

마음으로 기도하는 습관을 들이시기를 바랍니다. 자꾸 마음 안에 임재하신 하나님을 찾으십시오. 하나님 말씀이 마음을 점령합니다. 그러면 말씀은 변하지 않기 때문에 확실한 생각을 가질 수가 있는 것입니다. 마음은 꿈으로 다스릴 수가 있는 것입니다. 마음은 마음속에 꿈이 있을 때 그 마음을 점령하고 마음을 다스릴 수가 있는 것입니다. 마음은 믿음으로 다스리는 것입니다. 마음은 입술의 고백을 통해서 다스릴 수가 있는 것입니다. 마음으로 기도해야 합니다.

기도할 때 성령으로 충만해지기 때문에 마음을 지킬 수가 있습니다. 하나님의 성령은 우리 몸에 거하는 것이 아니라 마음에 거하고 계신 것입니다. 마음을 통해서 하나님은 역사하는 것입니다. 천국을 누리는 권능이 마음에 있는 것입니다. 그러므로 지킬만한 것보다 마음을 지켜야 되는 것입니다. 목사와 성도의 영성과 성숙의 깊이는, 하나님의 말씀을 듣기 위해 하나님 앞에서 침묵하는 시간의 길이와 비례합니다. 하나님의 말씀을 듣기 위한 침묵의 기도 없이는, 그 누구도 바른 성전이 될 수 없습니다.

4) **진설병** -하나님께 바치는 것으로 진설 대 위에 떡을 진열해 두었습니다. '하나님께 바치는 떡'이지만 하나님이 직접 드시는

건 아닙니다. 구약은 하나님과 제사장을 동일시했기에 제사장이 그 떡을 먹었습니다. 예수를 믿고 성령의 인도를 받고 교회 다니는 사람을 믿음의 정도에 따라 분류한 예가 여럿 있습니다. 보통 '나일론' 신자가 제일 많다고 합니다. 나일론은 자연섬유가 아니기 때문에 '진짜가 못 되는 신자' 정도로 표현하는 말입니다. '유리그릇' 신자도 있습니다. 말 한 마디에 쉽게 상처받고 이리저리 떠도는 신자입니다. '망아지' 신자가 있습니다. 도저히 길들여지지 않는 사람입니다. '달구지' 신자가 있습니다. 자기 스스로 얼마든지 신앙 생활할 수 있는데 남이 움직여줘야만 움직이는 사람입니다. 우리는 어떤 신자가 되어야겠습니까? 소와같이 말씀을 듣고 묵상하며 온몸 안에 성전이 견고하게 지어져서 성령의 인도에 묵묵히 순종하는 영적인 성도가 되어야 합니다.

하나님의 성막에서 사용된 '진설병'은 하나님 앞에 차려놓은 떡이었습니다. 진설병은 모두 열두 덩이로 이스라엘 12지파와 예수 그리스도를 믿어 새로운 이스라엘 백성이 된 성도들을 상징합니다. 이런 진설병의 영적 의미를 생각하며 하나님이 기뻐 받으실 진설병 신자가 되기 바랍니다. 진설병 신자가 되기 위해선 첫째로 자아가 깨어져야 합니다. 진설병은 '밀'로 만듭니다. 요한복음 12장 24절에 보면 최초의 밀알은 예수님이십니다. 예수님이 죽으심으로 많은 밀알인 우리 성도들이 나왔습니다. 우리도 예수님처럼 부서지고 깨져야 많은 열매를 맺을 수 있습니다.

성령님의 도움을 받아야 합니다. 밀은 맷돌에 갈려 고운 가루가 되고 이 가루는 기름을 두른 철판에 익혀져 떡으로 만들어졌습니다. 기름은 성령을, 철판은 시련을 상징합니다. 예수를 믿고 교회에 들어와 예배드리고, 기도하다가 성령으로 세례를 받고 마음 성전에서 올라오는 성령의 기름 부으심 없이 우리는 새로운 존재로 거듭날 수 없습니다. 선행과 욕망을 억제하는 고행이 구원의 담보가 될 수 없듯 오직 성령님으로 거듭나지 않고는 새로운 존재가 될 수 없습니다. 그렇다면 예수를 구주로 고백하고, 성령님의 기름 부으심으로 은사를 받기만 하면 만사형통입니까? 그렇지 않습니다. 모든 하나님의 사람은 믿음의 연단을 받았습니다.

맹자는 고자장(告子章)에서 이렇게 말했습니다. "하늘이 장차 그 사람에게 큰일을 맡기려고 할 때 반드시 먼저 그 마음과 뜻을 괴롭게 하고, 근육과 뼈를 힘들게 한다. 또한 몸과 피부를 굶주리게 하고, 삶을 빈곤하게 하고, 하는 일을 어지럽게 한다. 이는 마음을 흔들어 참을성을 기르고, 지금까지 할 수 없었던 일을 할 수 있게 하기 위함이다." 연단을 통해 우리는 하나님께 드려질 향기로운 진설병이 됩니다.

진설병 신자가 되기 위해서는 늘 새로워져야 합니다. 우리는 매주 예배와 성령으로 하는 기도와 말씀 공부와 묵상과 교제를 통해 날마다 새로운 존재로 거듭나야 합니다. 차(茶) 중에 귀한 차가 작설차(雀舌茶)입니다. 이는 차나무의 어린 새싹을 따서 만듭니다. 새순이 귀하듯 새로운 마음과 영혼으로 하나님 앞에 바쳐질 제물이 되어야 합니다. 월남 이상재 선생의 일화입니다. 어느 날 친구들이 보니 월남 선생이 너무 격의 없이 젊은이들과 농담을 하고 있었습니다. 그들은 "이보게 월남! 젊은 놈들과 너무 격 없이 굴면 버릇이 나빠지지 않겠는가"라고 물었습니다. 이에 월남 선생은 "청년더러 노인이 되라 해서야 되겠는가. 내가 청년이 되어야 청년들이 청년다운 청년이 될 것일세!"라고 대꾸했습니다.

하나님께 드려질 신선한 진설병은 말씀의 맷돌로 자아를 깨고, 성령으로 세례를 받고, 성령의 기름 부으심과 믿음의 시련으로 향기롭게 구워져야 합니다. 하나님의 기뻐하시는 마음 안에 성전을 말씀 충만, 성령 충만, 기도 충만으로 채워서 영-혼-육이 건강하게 남은 생애를 지내시기를 바랍니다.

우리는 바르게 알고 믿어야 합니다. 자신은 걸어 다니는 성전이라는 의식이 분명해야 마음의 상처에서 해방된 의인으로 살아갈 수가 있습니다. 분명하게 보이는 건물이 성전이 아닙니다. 예수 믿는 내가 성전입니다. 마음 안에 하나님께서 좌정하고 계시는 성전이 있기 때문입니다. 자신은 걸어 다니는 성전입니다.

성전은 하나님을 만나는 곳이고 하나님의 기쁨이 되는 곳이기 때문입니다. 그러니 내가 교회에 오면 교회가 성전입니다. 내가 가정에 가면 가정이 성전입니다. 우리가 일터에 나가면 그곳이 성전입니다. 자신 안에 성전이 있기 때문입니다. 거기서 주님과 동행하며 주님의 기쁨이 되어야 하기 때문입니다.

그런데 그 성전이 인간의 욕망으로, 돈 때문에 타락하고 말았습니다. 예수님은 그 성전에 들어가셔서 모든 것을 뒤집어 엎으셨습니다. 예수님이 성전이시기 때문입니다. 돈이 기준이고 인간의 욕망이 기준인 곳은 이미 성전이 아니기 때문입니다. 주일은 거룩한 산 제물이 되어 영과 진리로 예배를 드리며 우리의 마음의 성전을 청소하는 날입니다. 우리의 온몸의 성전, 주님이 우리 온몸에 거하실만하실까? 우리의 마음은 깨끗할까? 그렇지 못하면 성령의 임재 가운데 주님의 보혈에 의지하며 고백하며 청소해야합니다, 그리고 말씀과 성령으로 충만하게 채워야 합니다. 그래야 다시 주님과 통할 수 있습니다.

우리 다함께 기도하십시다. "예수님! 부족하고 연약한 자들을 부르셔서 성전 삼아 주시니 감사합니다. 오늘도 성전 된 우리의 온몸을 성령의 지배 가운데 주님의 보혈과 성령과 생명의 말씀으로 청소하여 주옵소서. 그래서 날마다 걸어 다니는 성전으로 살게 하소서. 우리가 가는 곳이 성전이 되게 하소서. 가정이 일터가 운전하는 차 안이 우리의 입이, 우리의 눈과 귀가, 우리의 손과 발이 주님의 성전이 되게 하소서. 주님의 기쁨이 되게 하소서. 때때로 흔들리고 넘어지지만 다시금 일으켜 세우시고 회복시키실 줄로 믿습니다. 우리의 기도를 좋아하시는 예수님의 이름으로 기도합니다. 아멘."

22장 항상 복식호흡기도로 온몸을 관리한다.

(요20:22)"이 말씀을 하시고 그들을 향하사 숨을 내쉬며 이르시되 성령을 받으라"

　사람의 생명은 호흡에 있습니다. 하나님께서는 흙으로 사람을 지으시고, 그 코에 생기를 불어 넣으셨습니다(창 2:7). 그것이 호흡입니다. 호흡이 있기 전까지 사람은 생명이 없었으나 호흡이 시작되면서 사람은 생명을 얻게 되었습니다. 호흡이 풍성한 사람은 생명이 풍성한 것이며, 호흡이 약하고 위축된 사람은 생명이 연약한 것입니다. 그러므로 사람이 살기 위해서는 음식과 물을 잘 먹고 마셔야 하지만, 이에 못지않게 호흡을 잘 하여야 하는 것입니다. 호흡을 잘 들여 마시는 것이 생명의 풍성함을 줍니다.

　하나님께서 호흡을 하며 사람을 창조하실 때 복식호흡을 하도록 창조하셨습니다. 복식호흡이란 복근을 이용해 횡격막을 움직여 호흡하는 방법입니다. 흔히 배를 이용해서 호흡하는 것으로 알려져 있습니다. 당연히 가슴과 어깨로는 숨을 쉴 수 없습니다. 호흡량이 커지고 공기를 빨아들이는 힘이 강해지는 장점이 있기에 성악가 혹은 가수, 운동선수, 관악기 연주자 그리고 성우나 아나운서 등이 되려면 기본적으로 마스터해야 하는 호흡법입니다.

　사실 별도의 호흡법이라기보다는 인체가 자연스럽게 배로 호흡하는 가장 일차적인 방법입니다. 사람은 심리적으로, 신체적으로 안정된 상태에서는 자연스럽게 복식호흡을 합니다. 그러나 잘 못된 자세나 심리적으로 위축되어 있는 상태가 지속되면 호흡에 관여하는 복부코어도 긴장하게 되고, 복부코어가 긴장되면 복식호흡이 여의치 않게 되어 자연스럽게 부속(목이나 가슴)호흡근이 개입되는 호흡으로 넘어가게 됩니다. 현대사회의 일반인들은 항상 여러 가지 스트레스에 노출되어 있기 때문에 복식호흡을 되찾기 어려울 수 있습니다. 편안하게 다리를 어깨넓이로 벌린 상태로 등을 대고 눕거나, 두 발을 어깨넓이로 자연스럽게 벌리고 서 있는 상태에서, 어딘가를 "작동"시켜 숨을 쉬는 느낌이 아닌, 신체가 기분 좋게 이완된 상태에서 전체 복부근육이 자연스럽게 이완되면서 부풀고, 또 굳이 힘주어서 수축시키지 않아도 호흡중추의 자연스러운 작용에 의해 자동적으로 복부가 수축되는 느낌을 찾아보면 자연스럽게 복식호흡이 유도될 수 있습니다.

크리스천의 복식호흡은 단순한 공기, 산소의 마심이 아니고, 성령을, 생명을 마시는 것입니다. 복식호흡 기도를 하려면 반드시 성령의 세례를 받아야 합니다. 성령으로 충만한 가운데 발성으로 기도하여 영의 통로가 뚫려야 합니다. 영의 통로가 뚫리지 않은 성도가 호흡으로 기도하면 악한 기운의 영향으로 영이 막힐 수도 있습니다. 우리가 바르게 알아야 할 것은 기도는 영의 활동입니다. 고로 기도는 성령으로 해야 합니다. 많은 분들이 기도하면 무조건 성령이 충만해지는 것으로 알고 있습니다. 이는 한번 잘 생각해 보아야 합니다. 세상 사람들도 기도합니다. 세상 사람들이

기도할 때 누가 들어옵니까? 성도의 기도가 세상 사람들과 같은 기도를 한다면 어떤 영이 침입을 하겠습니까?

1. 숨을 쉬며 기도하는 원리. 숨 호흡은 기도입니다. 죄를 토하고 의를 받아들인다는 의미에서 기도는 숨입니다. 숨은 생명입니다(창2:7). 히브리말로 "영"을 의미하는 루아흐는 바람, 기운, 숨을 말합니다. 예전에 성령님을 거룩한 숨님이라고 번역한 곳도 있습니다. 숨은 영의 공급과 영을 내쉬는 것입니다. "숨을 내쉬며 가라사대 성령을 받으라(요20:19-23)." 숨은 주님을 들여 마십니다. "나 여호와가 말하노라 사람이 내게 보이지 아니하려고 누가 자기를 은밀한 곳에 숨길 수 있겠느냐 나 여호와가 말하노라 나는 천지에 충만하지 아니하냐(렘 23:24)." 내쉬는 숨은 주님의 권능(기름부음)이 흘러나옵니다. 영적인 숨을 합시다.

숨은 자연적 숨(생명을 연장하는 숨)과 영적인 숨 두 종류가 있습니다. 영적인 숨이란 예수 믿고 성령의 세례를 받고 성령의 인도를 받으면서 하는 것을 말합니다. 숨과 생명의 충만은 같습니다. 강한 숨은 생명의 충만 입니다. 마시는 숨과 내보내는 숨을 합시다. 들숨은 영적 충전입니다. 날숨은 영과 신체 정화입니다. 믿음을 가지고 해야 합니다. 물은 혈액과 같은 역할을 합니다. 물은 구름, 바람이 움직이듯이 숨이 혈액의 흐름 움직여줍니다. 숨은 강하고 깊어야 합니다. 자신의 성품을 바꾸게 될 것입니다.

이단들이 영은 보이지 않다고 하면서 자신에게 예수님의 영이 임재 했다고 신도들을 속입니다. 그것은 시뻘건 거짓말입니다. 성령님이 사람을 통과하면 보입니다. 예수님이 얼굴에 나타납니다. 언행으로 나타납니다. 행동으로 나타납니다. 열매로 나타납니다. 숨으로 기도하면 내면이 강화되면 자신에게서 보이는 형상으로 나타난다는 것입니다. 얼굴을 보면 알 수가 있는 것입니다. 그러므로 성도들은 성령의 역사와 귀신의 역사를 분별하는 분별력을 길어야 합니다. 숨은 내면을 강하게 하는데 참으로 중요합니다.

약한 숨은 문제가 있습니다. 심 패 기능이 약하기 때문에 숨이 약한 것입니다. 숨은 에너지이며 생기이며 기운입니다. 숨이 약한 사람은 원수 마귀 귀신의 노예 생활에 가까워집니다. 비난 충격과 꾸지람 듣고 야단을 맞게 되면 숨이 약해집니다. 숨과 기운은 이렇습니다. 숨을 쉬는 힘은 그 사람의 생명력입니다. 풍선을 많이 불면 힘이 빠지고 어지러워집니다. 숨의 풍성은 생명의 풍성입니다. 운동은 숨을 확장시켜줍니다. 숨은 나쁜 기운을 배출합니다. 한숨, 눈물, 불평도 배출합니다. 그러나 근심 두려움 원망 분노 등 악한 생각이나 감정에 사로잡힘은 자살 행위입니다. 악한 기운이 자리 잡으면 온갖 재앙을 일으킵니다. 기체의 악성 에너지가 시간이 지나면 암, 결석 등 고체에너지가 됩니다. 발성 기도를 통하여 숨을 충분히 배출해야 합니다. 거친 숨은 심장의 경고입니다. 또한 거친 숨은 영적인 경고입니다. 상처가 있다는 것입니다. 주님의 음성을 들으려면 성령의 임재 가운데 부드럽고 깊고 자연스러운 숨을 훈련해야 합니다. 대화중 제3자가 들어오면 싸늘해지기도 합니다. 호랑이도 제 말하면 옵니다. 영혼의 감각으로 알게 됩니다. 중보기도 자는 상대의 상태를 느낍니다. 쓰레기를 정화 시킬 능력이 없으면 대화와 접촉을 조심해야 합니다.

2. 복식 호흡기도의 방법

1) 복식 호흡기도: 꼭 성령의 지배가운데 진행해야 합니다.

① 방법: 코로 숨을 아랫배까지 들이 마시며 "예수님 사랑합니다." 숨을 내쉬면서 "예수님 사랑합니다."

② 방법: 코로 숨을 아랫배까지 들이 마시며 "예수님" 숨을 내쉬면서 "사랑합니다." 다른 방법은 숨을 들이 마시고 내쉬면서 주여! 다른 방법은 숨을 들이 마시고 내쉬면서 주여! 라고 하면서 하는 방법도 있습니다.

③ 입을 벌려 작은 소리로 하기도 합니다. 입으로 하는 기도는 될 수 있는 대로 하지 않는 것이 좋습니다. 몇 번 하다가 보면 목이 마르기 때문입니다. 코로 숨을 쉬세요.

④ 속으로 생각하면서 기도를 드리기도 합니다.

⑤ 심장의 고동에 맞추어서 계속합니다. 반복합니다. 수 천, 수만 번을 반복합니다. 그리스도인들이 예수님을 부르는 것은 주님과 가까운 교제를 위해 부르는 프로포즈입니다. 심장기도, 예수기도라고도 하며, 호흡, 심장, 걸음걸이에 맞추어서도 해보세요. 예수 충만, 성령 충만, 예수 사랑, 예수 권능, 나의 하나님 식으로 바꾸어서도 할 수 있습니다. "오주님 제 안에 충만하게 임하시옵

소서." 기도하면서 호흡하는 것이 좋습니다.

2) 코로 호흡하십시오. 호흡에 마음을 싣고 감사와 기도를 심어서 드립니다. 입으로 호흡하면 입이 마르거나 목이 붓거나 아플 수도 있습니다. 주님의 기운이 임하심을 믿고 합니다.

3) 호흡을 의식하십시오. 기도인 것을 의식하고 주님께 사랑과 감사의 마음으로 고백하면서 하는 것이 중요합니다.

4) 배출 호흡 시에 가슴이 답답함을 느낄 때는 장애물이 있는 경우입니다. 예수님을 부르면서 계속 깊고 강하게 호흡을 합니다. 성령이 충만한 가운데 가슴에 힘을 주고 트림하여 배출합니다. 안 되면 후~, 하~ 하고 숨을 내 토해내세요. 계속해서 숨을 아랫배까지 들이쉬고 내쉬면 성령으로 충만하여 배출이 됩니다. "예수의 이름으로 나쁜 기운은 나가라" 명령기도도 하세요. 거울을 보면서 명령할 수도 있습니다. 선포하며 명령하는 기도는 될 수 있으면 하지 않는 것이 좋습니다. 영원하지 못하기 때문입니다. 조용히 호흡하면서 내보내는 훈련을 하십시오. 성령님이 역사하시면 온몸은 성령으로 충만해지고 온몸은 정화됩니다. 성령으로 충만해지면 답답하게 했던 모든 요소들이 제거됩니다.

5) 충분히 깊게 호흡하십시오.경외감을 가지고 감사하는 마음으로 호흡해야합니다. 호흡이 차단되면 썩기 시작합니다. 지하방, 또는 창문을 비닐로 막아도 공기가 상하기 시작합니다. 호흡이 강하면 내면이 썩은 공기가 정화되는 것입니다.

6) 강한 호흡기도는 가능하면 숨을 많이 들어 마셔야 합니다.

배꼽아래까지 바람이 들어오도록 들이마셔야 합니다. 부르짖는 기도와 비슷합니다.

7) 깊은 호흡기도는 천천히 호흡합니다. 마음 가라앉히고 조용히, 코를 통하여 깊이 숨을 들여 마시고 내쉬고 합니다.

8) 정지 호흡기도는 히6:4-6절의 내세의 능력을 맛보는 기도, 성령의 깊은 임재(입신)상태같이, 숨을 멈출 수도 있습니다. 숨을 멈춘다는 것은 자신이 숨을 쉬는 것을 느끼지 못한다는 말입니다. 보통 성령으로 사로잡힌 상태에서 일어납니다. 은사는 영의 영성 아닌 육체의 영성입니다. 은사는 육체로 나타납니다. 은사에 치우치면 영이 안자라고 영에 치우치면 삶은 아름답지만 무능합니다. 그러므로 양자가 균형을 이루어야 합니다.

9) 배 호흡기도는 배에는 공기가 들어갈 수 없지만, 아랫배에 의식을 두고 생명력이 배에 충만하도록 코로 숨을 들이 마십니다. 강한 호흡기도와 비슷합니다. 성령의 권능과 영적파워 힘이 생깁니다. 담대함 자신감이 생깁니다. 요한복음7장 38절 말씀과 같이 배에서 생수의 강이 흐릅니다. 처음에는 뜨겁지만 후에는 시원하고 평안하여 자유와 행복을 느낍니다.

10) 가슴 호흡기도는 영감, 사랑, 심장기도로서 내적 온몸 기도와 비슷합니다. 감정이 섬세하고 눈물 많아집니다. 내적 기름부음을 일으켜줍니다. 부드럽고 온유한 성품이 됩니다. 불안할 때 호흡을 하며 낮은 발성 기도를 하면 5분 안에 평안해집니다. 성령이 충만하기 때문에 불안이 떠나가는 것입니다. 머리가 혼란할 때는

배에서 나오는 소리로 조금 높은 찬양을 하면 시원해집니다. 가슴 답답할 때는 배에 힘주고 배에서 나오는 소리로 방언하면 후련해집니다. 처음에는 배기도, 강한기도 후 심장기도로 진행합니다. 아름답고 사랑스러우며 따뜻한 사람 됩니다.

11) 머리 호흡기도는 주의 이름을 부르며 머리에 마음을 집중하고 호흡합니다. 코로 호흡을 들이쉬고 코로 내쉬면서 합니다. 머리가 혼미하고 생각이 복잡한분에 효과가 있습니다. 악몽은 머릿속 정화 과정입니다. 환상이나 신비한 체험 동반할 수도 있습니다. 머리는 영적 문 역할을 하기에 주의가 요망됩니다.

12) 성경으로 성령을 마시는 호흡기도는 반복되는 짧은 문장으로 영적인 능력이 무의식에 잠기도록, 처음3,000번, 그 다음 6,000번, 12,000번 후에는 자유롭게 합니다. 평안과 자면서도 임재 느낍니다. "주님, 저를 불쌍히 여기시옵소서" "예수님 사랑합니다." 반복할 때 긍휼과 자비 느낍니다. 성경 전체를 할 수도 있습니다. 성경을 간절한 마음으로 소리 내어 읽는 영성훈련 방법도 있습니다. 소리는 안 내고 강하게 부드럽게 호흡하며 마시는 것도 좋습니다. 말씀을 눈으로 보며 코로 마셔도 됩니다.

13) 마시는 호흡을 다양하게 사용하세요. 찬양 테 잎을 눕거나 쉬는 상태에서 들을 때도 호흡기도를 사용하세요. 독서하면서도 호흡기도를 적용하세요. 간증이나 설교 테 잎을 들을 때도 적용하세요. 설교를 들을 때도 적용하세요.

14) 즐거움으로 계속 하십시오. 억지로 하는 것은 좋지 않습니

다. 기도가 노동이 되면 스트레스가 되어 기도를 하면 할수록 상처가 쌓이고 면역력이 더 떨어집니다. 즐거움으로 습관이 되게 하십시오. 호흡으로 기도를 하는데 불안하고 즐거움이 사라진다면 재고해 보아야 합니다. 억지로 하거나 성령으로 하지 않기 때문입니다. 영혼 깊은 곳의 즐거움과 기쁨은 주님의 감동과 인도입니다. 주님은 우리에게 기쁨을 주시는 분입니다. 마음을 열고 주님을 부르면서 성령의 감동을 받으면서 기도를 하시기를 바랍니다. 마음을 열어야 성령께서 감동하십니다.

3. 걸으면서 숨을 쉬며 마음으로 기도하라. 시편 77편 6절에 "밤에 부른 노래를 내가 기억하여 내 심령으로, 내가 내 마음으로 간구하기를" 이라고 말씀하십니다. 걸으면서 숨을 쉬면서 예수님을 생각하면서 마음으로 기도하는 습관을 들이라는 것입니다. 걷기를 시작하려면 바른 자세부터 익혀야 합니다. 바른 자세가 중요한 이유는 첫째로 뇌가 활성화됩니다. 정신이 건강해집니다. 바른 자세로 걸으면 근육이나 감각기관에서 신경계로 전달되는 정보량이 많아져서 대뇌가 더욱 자극을 받기 때문입니다. 둘째로 걸음걸이가 바르면 걷기 편하고 쉽게 지치지 않습니다. 자세만큼 중요한 것이 바로 숨을 쉬는 방법입니다. 걷기는 유산소 운동이므로 산소를 충분히 받아들이며 숨을 쉬지 않으면 그 효과가 나타나지 않습니다. 그러면 어떻게 숨을 쉬어야 혈중 산소가 충분해질까? 숨의 '호'가 '숨을 내쉬다.'라는 뜻이라는 데서 알 수 있듯 내쉬는 숨

이 먼저입니다. 일단 폐에서 이산화탄소를 한껏 내뱉지 않으면 산소를 받아들일 수 없습니다. 따라서 걸을 때는 먼저 숨을 내쉬는 데 의식을 집중해야 합니다. 숨의 리듬이 발걸음과 조화를 이루어야 합니다. 오른 발은 내딛으면서 숨을 들이쉬고, 왼쪽 발을 내딛으면서 숨을 내쉬고, 좌우지간 본인이 하기 쉬운 방법으로 걸으면 됩니다. 이 방법이라면 숨과 보행의 리듬을 맞추기 쉽습니다. 그렇게 걸으면서 마음으로 성령님을 생각하거나 부르면서 걷는 것입니다. 필자는 십 수 년을 이렇게 실천하며 걷고 있습니다. 마음속에 세상 것들이 들어오지 않고 영감이 풍성해지는 효과가 있습니다. 집중력이 좋아집니다. 폐활량이 강해집니다. 심장이 튼튼해집니다. 생활 속에서 운동하는 습관이 되어야 영적-정신적-육체적인 건강을 유지할 수가 있습니다.

4. 숨을 쉬며 기도하면 생기는 영육의 효과

1)온몸이 성령으로 충만해진다. 마음을 이용하여 예수님을 찾음으로 인하여 성령이 충만하게 됩니다. 자연스럽게 영이신 예수님을 찾음으로 영적인 상태가 되는 것입니다. 영적인 상태가 되니 성령께서 전인격을 사로잡음으로 영력이 강해지게 되는 것입니다.

2)스트레스 해소 효과. 이러한 방법으로 숨을 쉬면서 기도를 할 경우에는 자율신경이 조절되어 부교감신경이 활발해져 마음이 편안해지기 때문에 우울증, 불면증과 같은 불안 장애를 완화시켜주고 스트레스를 해소 시켜 줍니다.

3)집중력 향상 효과. 두뇌로 산소공급이 활발해지면서 집중력을 향상하는 효과를 느낄 수 있어 학업 및 업무의 능률이 오르지 않는 사람에게도 도움이 됩니다.

4)장운동 활발 효과. 배를 사용하는 숨 쉬는 것이니 장의 운동도 활발해지기 때문에 소화 장애와 변비를 없애주는 역할을 합니다. 원래 복식호흡하며 기도하면 심장이 강해지고 장이 튼튼해집니다. 1년이상 해야 심장이 건강해지는 것을 느낍니다.

5) 혈액순환 원활 효과. 혈액순환을 원활하게 도와주어 혈관 내 콜레스테롤을 줄여 심혈관 질환을 예방하고 심폐기능을 향상시키는 효과가 있습니다. 실제로 필자는 복식호흡 기도를 장기간에 걸쳐서 한 결과 심장 기능이 강화되어 장이 튼튼해졌습니다. 그리고 배에서 올라오는 소리로 설교를 함으로 성대가 상하지를 않았습니다.

6)다이어트 효과. 가슴으로 숨을 쉬는 것 보다 배를 이용하여 숨을 쉬는 것이 칼로리 소모가 높고 신진대사를 활발하게 하여 체중감량에 도움이 됩니다. 숨 쉬는 것이 이제 얼마나 우리의 몸에 영향을 끼치는지 잘 아시겠지요? 건강을 위해서 복식 숨(호흡) 효과를 잘 숙지하시고, 습관처럼 가슴이 아닌 배로 숨을 쉬면서 예수님을 찾는 기도할 수 있도록 하는 것이 좋습니다.

23장 시작과 끝맺음이 명확한 사람이 된다.

(전 3:1-4)"범사에 기한이 있고 천하만사가 다 때가 있
나니 (2) 날 때가 있고 죽을 때가 있으며 심을 때가 있고
심은 것을 뽑을 때가 있으며 (3) 죽일 때가 있고 치료할 때
가 있으며 헐 때가 있고 세울 때가 있으며 (4) 울 때가 있
고 웃을 때가 있으며 슬퍼할 때가 있고 춤출 때가 있으며"

하나님은 알파와 오메가이십니다. 시작과 끝이시라는 것입니
다. 우리 성도들도 성령의 인도로 인생을 성공적으로 살아가려면
시작과 끝맺음을 명확하게 해야 합니다. 이는 어려서부터 몸에 배
여야 하고 습관이 되어야 합니다. 많은 수의 사람들이 시작은 하
는데 끝맺음을 하지 못하는 경우를 많이 봅니다. 시작도 신중하게
해야 하지만 시작했으면 끝을 보려는 마음의 자세가 중요한 것입
니다. 사소한 것이라도 무엇을 시작했으면 끝을 보는 습관을 들여
야 합니다. 하나님은 "네 시작은 미약하였으나 네 나중은 심히 창
대하리라."(욥 8:7)고 말씀하십니다.

필자가 인생 70년을 살면서 공직생활도 해보고 목사도 해보
니까, 살아오면서 어떤 일에 성공을 하면 다른 성공을 부른다는 것
입니다. 성공했기 때문에 일에 대한 자신감이 생기기 때문이라고
생각합니다. 그 성공은 또 다른 성공을 부르면서 나선형 성공의
선순환 고리가 형성 되더라는 것입니다. 이 선순환 고리는 계속해
서 성공경험을 쌓아 성취감을 고취시키더라는 것입니다. 일에 성

공은 시작이 위대한 것이 아니라 그 일을 끝까지 해내는 것이 중요한 것입니다. 일을 끝까지 해냈을 때 성취감을 느낄 수 있습니다. 자신감이나 잠재력을 개발할 수 있더라는 것입니다.

성취감은 어려움을 극복하고 자신의 능력을 발휘하여 곤란한 일을 해결하고, 목표를 달성하려는 의자가 결부될 때 성취동기를 높여줍니다. 일을 할 때 끝까지 해 내는 사람 즉 일에 끝을 보는 사람은 과업 지향성, 미래 지향성, 자신감, 자기 책임감, 모험성, 활동성이 높다고 합니다. 일을 시작하면 끝을 보는 습관은 개인의 인생을 바꿀 수도 있습니다. 유아기, 아동기 습관은 평생을 좌우할 수도 있습니다. 범을 그리라고 하면 고양이가 된다 하더라도 끝까지 그려내도록 해야 합니다. 자녀들을 부모 중심의 온실 안의 화초로만 키우기 보다는 모든 일을 자녀들이 끝까지 해 내는 습관을 길러주는 것은 매우 중요합니다. 이렇게 끝을 보는 습관을 길러주려면 이렇게 해야 합니다.

1. 꿈을 품어야 합니다. 꿈이 있어야 끝을 보는 것입니다. 성경에는 잠언서 29장 18절에 꿈이 없는 백성은 망한다고 했습니다. 우리 한국어 번역에는 "묵시가 없으면 백성이 방자히 행하거니와 율법을 지키는 자는 복이 있느니라" 했습니다. 이삭의 첫째 아들에서는 묵시가 없습니다. 꿈이 없습니다. 꿈이 없으므로 방자하게 행하고 그는 결국 하나님께로부터 버림을 당하고 만 것입니다. 가슴 속에 꿈을 가지는 것과 꿈을 가지지 않은 것은 천양지차가 있습니다. 하나님께서는 꿈이 없는 개인이나 꿈이 없는 백성은 버리

시는 것입니다.

야곱의 12 형제 중에 유독 요셉만이 꿈이 있었습니다. 열한 형제들은 그냥 짐승치고 먹고 사는 것만 즐거워했지 그 가슴속에 내일의 꿈이 없었으나 하나님은 요셉에게 내일에 대한 원대한 꿈을 넣어 주셨습니다. 그 결과로 그들은 요셉을 죽이려고 했으나 꿈은 하나님의 전능한 능력으로 꿈을 가진 사람을 보호하고 만들어 가고 이끌어 가는 것입니다. 그가 형들에게 버림을 당하고 종으로 팔리고 보디발의 집에서 잔뼈가 다 굵도록 고생을 하며 종살이 했지만, 그리고 그 억울한 누명을 쓰고 감옥에 들어갔으나 꿈을 가슴속에 품고 있는 이상 결코 그는 소외될 수 없고 버림을 받을 수가 없었습니다. 결국에는 그의 가슴에 품은 꿈대로 그는 애굽의 국무총리가 되었던 것입니다. 꿈을 품은 자녀가 방황하지 않습니다. 꿈을 이루기 위하여 노력하는 것입니다.

2. 긍정적인 사람이 되어야 합니다. 우리의 자녀들을 긍정의 사람이 되게 지도해야 합니다. 할 수 있다는 긍정의 사람이 되었을 때 잠재력을 발견하여 개발하는 자녀가 됩니다. 그래서 하나님에게 쓰임을 받고 인생을 성공하게 됩니다. 우리의 자녀가 생각과 말의 힘을 발견하고 항상 긍정적인 생각과 긍정적인 말을 할 때 놀라운 일을 이룰 수가 있는 것입니다. 생각한대로 됩니다. 이 세상을 살면서 어두운 눈으로 보면 온 세상이 어둡게 보입니다. 생각하는 대로 되고, 꿈 꾼대로 되고, 믿음대로 되고 말하는 대로 됩니다. 보통 우리가 말을 하잖아요. 아무 관심 없이 부정적인 말,

비평적인 말, 손가락질하는 말을 합니다. 그러나 나중에 보면 말하는 대로 됩니다.

그것이 그 생활에 다가오도록 환경에 변화를 끌고 오는 것입니다. 결국에는 내가 집요하게 생각하는 대로 되고, 늘 마음속에 소원을 하고 바라보는 대로 되고 내 믿음대로 되는 것입니다. 믿음대로 되고 말하는 대로 되는 것입니다. 그러므로 생각을 긍정적으로 하고 항상 긍정적인 꿈을 꾸고 긍정적인 믿음을 가지고 긍정적인 말을 하면 긍정적인 생활의 결과를 얻게 되는 것입니다. 죽고 사는 권세가 우리 속에 주어주신 달란트에 있는 것입니다. 하나님은 우리를 통해서 역사하시는 것입니다. 믿음도 하나님이 우리에게 믿음을 주셨기 때문에 믿어야 역사가 나오지 안 믿으면 안 됩니다.

그러므로 주님께서 내가 너를 고쳤다고 말 안하시고 '네 믿음대로 될지어다.' 라고 말씀하셨습니다. 이미 하나님은 믿음을 주셨기 때문에 믿음을 우리가 사용해야 되는 것입니다. 믿음, 소망, 사랑, 의, 평강, 희락은 이미 주어진 은사인 것입니다. 하나님이 주셨기 때문에 평안 하라. 담대해라. 두려워하지 말라. 하십니다. 왜 그렇습니까? 이미 그런 은사가 마음속에 주어져 있기 때문인 것입니다.

3. 건강한 자화상을 가져야 합니다. 우리 자녀들에게 주안에서 건강한 자화상을 갖도록 지도해야 합니다. 내가 못나고 사람들에게 무시당하고 천대받고 박대 받는 자기 모습을 생각하면 안 됩니다. 하나님의 사랑을 받고 사람들에게 인정을 받고 자기 꿈이 이

루어지는 승리의 자화상을 가지라는 것입니다. 그래야 끝을 보는 습관이 길러지는 것입니다. 사람들은 흔히 관상이나 팔자는 타고 난 것이라고 말을 합니다. 그러나 그렇지 않습니다. 관상이나 팔자는 타고 나는 것이 아니라, 스스로 만들어 가는 것입니다.

옛날 중국 오나라시대에 20살의 청년 베도가 관상을 보러 갔습니다. 그의 관상을 봐준 사람은 뜻밖에 그가 죽을상이니 결혼도 하지 말고 좋은 일이나 하면서 살라고 말하는 것입니다. 그래서 그는 관상쟁이의 말을 듣고 결혼도 하지 않고 궂은일을 하고 남을 도와주며 10여 년을 살았습니다. 어느날 그가 길을 쓸고 있는데, 한 사람이 지나가다가 그 사람을 보더니 그의 얼굴에 광채가 남을 보고 놀라 다가옵니다. 그 사람은 길을 쓸고 있는 사람에게 '당신의 관상은 오나라를 책임질 관상이다'라고 말하는 것입니다. 베도가 고개를 들고 보니 그 관상쟁이는 바로 10년 전 자기에게 죽을 상이니 결혼도 하지 말라고 말한 그 사람이었습니다.

베도는 '당신은 10년 전에 나보고 죽을상이니 결혼도 하지 말라고 해놓고, 이제는 오나라를 책임질 관상이라고 말하는가?'고 묻자, '아닙니다. 분명히 오나라를 책임질 관상입니다.'라고 말하는 것입니다. 그리고 그는 실제로 33살에 오나라 재상이 됩니다.

이것은 무엇을 말합니까? 바로 베도의 관상이 바뀐 것입니다. 당신은 어떠한 관상을 만들어 가고 있습니까? 어떤 팔자를 만들어 가고 있습니까? '내 팔자야'하며 팔자타령만 하고 스스로 실패할 관상, 실패할 팔자를 만들어 가고 있지는 않습니까? 관상은 타고 나는 것이 아니라 바꾸는 것입니다. 관상은 자기가 책임지는 것입니다. 관상을 바꾸십시오. 근심어린 관상, 실패할 관상을 버리고, 행복하고 성공할 관상을 만드시길 바랍니다. 자아상도 마찬가지입니다. 부정적이고, 실패할 자아상을 버리고, 긍정적이고, 성공할 자아상을 만드시기 바랍니다.

4. 독립심을 길러야 합니다. 부모가 원하든 원하지 안 든 엄마와 연결된 탯줄을 자르는 순간부터 아이의 독립은 시작됩니다. 독립심은 시간이 지나면서 길러지는데 아이는 태어나서 얼마 안 가 독립을 위한 과정을 시작합니다. 아이가 갖고 있는 기질적 특성은 독립하는 과정에 상당한 영향을 미칩니다. 아이는 선천적 기질과 후천적 환경이 섞여, 기질을 형성하기 때문에 아이가 집에서 하는 행동과 유치원에서 보이는 행동이 다를 수 있습니다. 부모는 같은 형제라도 아이 각각의 기질에 맞게 기대를 조절할 필요가 있습니다. 소극적인 성격의 아이는 어떤 상황에서 독립적으로 행동하지 못할 것입니다. 집이나 잘 아는 사람들과 어울리는 익숙한 환경에서는 독립적이지만 새로운 환경이나 유치원에서는 그렇지 못할 수 있습니다. 반대로 적극적인 성격의 아이가 있습니다. 활달하고 어디서나 사람들과 잘 어울립니다. 하지만 이런 아이를 독립적이라고 단정 지을 수는 없습니다. 적극적인 아이 역시 주변 상황이나 숨어 있는 상황, 상호작용의 인과관계를 인식하지 못할 수 있기 때문입니다. 이런 아이 역시 분별력을 갖고 독립적으로 행동하는 법을 배워야 합니다.

아이의 주변을 맴돌며 일일이 간섭하는 부모를 일컬어 '헬리

콥터 부모'라고 부릅니다. 부모나 다른 보호자가 항상 옆에 있으면 아이는 혼자 노는 법을 배우지 못합니다. 아이에게 혼자 노는 법을 가르치기 위해서는 무엇이 필요할까요? 잠깐씩 아이가 혼자 놀 수 있게 합니다. 부모는 늘 아이를 보살펴야 하지만 그렇다고 항상 놀아주어야 하는 것은 아닙니다. 아이에게 안전한 세상을 혼자 탐험할 수 있는 시간을 주자는 것입니다. "엄마가 설거지를 하는 동안 혼자 놀 수 있겠지?" 엄마가 옆에 있지만 다른 일을 해야 한다는 것을 이해시킵니다. 혼자 노는 것에 익숙해지도록 합니다. 부모의 전적인 관심을 받던 아이가 갑자기 혼자 노는 것은 쉽지 않습니다. 언제나 부모가 함께 있는 것에 익숙한 아이라면 이제 새로운 규칙에 적응하는 시간이 필요합니다. "엄마가 책을 읽는 동안 ○○는 장난감을 갖고 놀자"라고 시작해서 "엄마가 다른 일을 하는 동안 장난감을 갖고 놀았구나. 아주 잘했어"라고 칭찬해주고 점차 혼자 노는 시간을 늘려갑니다. 부모가 아이 혼자 있는 것에 대해 부정적 감정을 드러내면 아이는 이를 바로 알아차리고 부모 곁에서 떨어지려고 하지 않습니다. 독립심을 배우는 것은 아이가 성장하는 동안 계속 진행되는 과정으로 독립을 위해서는 무엇보다 자신감이 필요합니다. 아이의 독립심을 길러주기 위해서는 부모의 신중함, 일관성, 인내심이 요구됩니다.

일상적으로 하는 일은 스스로 하도록 합니다. 아이가 자기 일을 스스로 하고 혼자 노는 기회를 줍니다. 이 닦기, 혼자 놀기, 혼자 잠드는 법을 배울 수 있습니다. 부모의 일관성 있는 기대는 아이에게 혼자 할 수 있다는 믿음을 갖게 합니다. 규칙적인 생활을 통해 일과를 예측할 수 있고 무엇을 어떻게 해야 하는지 파악할 수 있습니다. 이는 아이에게 일일이 무엇을 어떻게 하라고 지시할 필요가 없음을 의미합니다. 아이는 규칙적인 생활을 실천하면서 독립적인 행동을 보이게 됩니다.

성취감을 맛보게 하라는 것입니다. 아이 혼자 할 수 있는 작은 과제를 주라는 말입니다. 운동화 끈 혼자 묶기, 바지 혼자 입고 벗기 등 작은 과제를 주어 스스로 무언가 해냈다는 성취감과 기쁨을 느끼게 합니다. 성취감과 기쁨을 맛본 아이는 혼자서 할 수 있다는 자신감을 갖게 됩니다.

선택권을 기르는 것입니다. 아이에게 지나치게 많은 선택 사항을 제시하면 부담을 느낄 수 있으므로 둘 중 하나를 선택하게 하는 것만으로 충분합니다. 아이는 선택을 하면서 결정 과정에 참여하는 것처럼 느낌과 동시에 독립심을 배울 수 있습니다. 문제 해결을 위해 아이가 힘들어하는 모습을 보면 당장 대신 문제를 해결해주고 싶은 게 부모 마음입니다. 하지만 부모의 이런 행동은 아이를 의존적으로 만듭니다. 해결책을 제시하는 것이 아니라 접근 방법을 제시합니다. "문제를 해결하려면 방법이 있을까?" "지금까지 어떤 방법을 시도해봤니?" 등과 같은 질문을 하면서 아이 스스로 문제 해결 방법을 찾을 수 있도록 도와줍니다.

5. 끝을 보는 습관을 길러야 합니다. 시작한 일에 끝을 보는 것은 앞으로 인생을 살아가면서 중요한 습관 중의 하나입니다. 이런 습관은 그를 가장 고집스런 인간을 만들면서 인생에서 성공을

보장하는 열쇠이기도 합니다. 되도록 자녀들에게 할 일을 메모하는 습관을 들이도록 지도하세요. 스스로 할 일들은 꼼꼼하게 챙기고 반드시 완수하도록 지도하세요. 하나를 마무리하고 다음 일을 시작하는 습관을 갖게 하세요. 이것 했다가 저것 했다가 하면 되는 것이 하나도 없습니다. 인생은 그렇게 하루하루 최선을 다하는 속에 성공을 보장합니다. 하루아침에 모든 것을 이루려 하는 것은 부질없는 욕심입니다. 계획성 있게 하루하루 마무리를 잘하면서 사는 것이 성공을 보장하는 것입니다.

옛날 명언에 이런 글귀가 있습니다. '앞으로 한 자만 더 파면 나올 우물물을 파지 않고 근심만 하고 있도다.' 이제 한 자만 더 파면 물이 콸콸 나오게 될 텐데 그만 도중에 단념해 버립니다. 이런 상태에서는 지금까지의 노력이 모두 수포로 돌아간다는 교훈입니다. 여기서 '우물을 파다'는 '일을 완수하다'로 바꾸어서 해석해야 한다고 생각합니다. 무슨 일이든 계속 노력함으로써 이루어지게 됩니다. 정말 중요한 것은 재능이 아니라 끈기라고 말할 수 있을 것입니다. 어떤 일이든지 시작하기란 쉬운 일이지만 그것을 단념하지 않고 계속하기란 결단코 쉬운 일이 아닙니다.

어째서 계속할 수 없는 것일까요? 도중에 싫증이 나기 때문이라고 생각합니다. 혹은 나태한 마음에 사로잡히기도 할 것입니다. 도중에 자신의 한계나 어려움을 느끼고 내팽개치게 되는 경우도 있으리라 여깁니다. 저는 어려서 부터 좌우명이 있습니다. "일을 시작했으면 끝을 보아야 한다." 그래서 군 생활하면서도 저 나름대로 성공적인 군 생활을 했다고 자부합니다. 일이 떨어지면 반드시 끝을 보았기 때문입니다. 다른 한 가지는 "어려운 과제가 떨어지더라도 못한다고 하지말자. 그냥 하다가 보면 하나님께서 할 수 있도록 지혜를 주신다." 저는 참으로 하나님의 사랑을 많이 받은 목사입니다. 군대에서 병과가 보병이지만 23년 군 생활 중에 참모생활을 15년을 했습니다. 참모 생활을 오래할 수 있었던 것이 어떤 일이 저에게 주어지더라도 할 수 있다고 생각하니까, 과제를 지혜롭게 해결하니 지휘관들이 저를 써주셨기 때문입니다. 이런 생활이 몸에 배여서 지금 목회에도 유용하게 사용하고 있습니다. 필자의 잠재력입니다.

이것은 우리 자녀들 인생에 있어서도 재산이라고 생각합니다. '이 세상의 모든 일은 끈기에 달려 있습니다. 끈기가 강한 자만이 최후의 승부를 얻는다.'라는 말이 새삼 절실해집니다. 자신을 채찍질하면서 '계속'이라는 자기지배력이 끈기를 지속시키는 포인트입니다. 일상생활 속에서의 사소한 일일지라도 하겠다고 마음을 먹었으면 계속하는 일이 무엇보다 중요합니다. 이 '계속 한다'는 기력을 가리켜 끈기라고 하는 것입니다. 일을 시작했으면 끝을 보는 습관을 어려서부터 길러야 합니다. 그래야 직장에서나 가정에서 학교에서 살아갈 때 남에게 뒤떨어지지 않습니다.

즉 일을 시작하면 끝까지 해 내는 사람은 ①내적 동기가 높고 ②자신의 실수를 기꺼이 인정하고 사과하며 ③자신에게 진실하고 ④ 어려움에 부딪쳐도 자신의 목적 달성을 위해서는 편한 길을 선택하지 않으며 ⑤ 늘 새로운 것을 탐색하며 배우기를 멈추지 않고 ⑥ 장애를 만났을 때 포기하지 않고 해결해 나가며 ⑦ 자신의 행동과 선택에 대해 다른 사람을 비난하지 않고 자신이 책임지고 ⑧ 정상에 이르기까지 자신이 노력해야 할 시간을 가져야 한다는 것을 알고 ⑨ 잘되는 일과 성공에 초점을 맞추며 ⑩ 성공과 실패를 객관적으로 관찰하고 이를 통해 배우는 사람이 된다고 합니다.

6. 포기하지 않는 습관을 들여야 합니다. 세상에서 인생을 살아가노라면 여러 가지 예상하지 못한 험로와 난관에 봉착하게 됩니다. 자기 힘으로 해결하지 못하는 난관에 봉착하더라도 포기하지 않고 하나님에게 기도하여 난관을 뚫고 나가는 의지력이 중요합니다. 저는 지금 인생의 육십 고개에 들어선 목사입니다. 세상에서 공직생활도 해보았습니다. 그런데 지금 저의 인생의 뒤를 돌아보면 여러 가지 어려운 난관에 봉착한 경우가 한 두 번이 아닙니다. 저는 군대생활에 모든 것을 걸고 몰두했습니다. 처음에는 우수한 분들 밑에서 근무를 해서 청렴결백한 공직생활을 배웠습니다. 제가 항상 외치는 공명정대 광명정대의 논리가 통하지 않아서 군대에서 더 이상 승진할 수가 없게 되었습니다. 희망이 없어진 것입니다.

그러나 저는 좌절하거나 인생을 포기하지 않았습니다. 반드시 군대에서 보다 더 귀하게 쓰임을 받는 일이 있다는 믿음이 생겼습니다. 군대에서 전역한 다음 코스가 예비군 관련 일을 하는 것입니다. 제가 아무리 기도를 해보아도 예비군 관련 일을 하면 인생이 끝이 난다는 생각이 저를 주장했습니다. 그래서 기도를 하니 하나님이 목회자가 되라는 감동을 주셨습니다. 저는 주저하지 않고 저의 잠재력을 개발하기 위하여 도전한 것입니다. 40대 초반에 말입니다. 세상에서 쓰는 말로 표현하면 인생을 투기한 것입니다. 좋은 표현으로 말한다면 도전한 것입니다. 그것이 바로 신학을 하여 목회자가 되는 것입니다. 정말 생소한 일입니다. 그러나 반드시 군에서 보다 더 잘 된다는 확신이 생겼습니다. 그래서 희망이 없는 군대에서 명퇴하고 나오면서 많은 분들에게 나는 더 큰 일을 위하여 공부를 선택한다고 선포하고 군문을 나온 것입니다. 그 당시 모두 무모한 도전이라고 했습니다. 나이가 많다는 것입니다. 한마디로 안 된다는 것입니다.

저는 하나님의 뜻(말씀) 만을 믿고 신학을 해서 지금 이렇게 목회를 잘하고 있는 것입니다. 아주 귀하게 쓰임을 받고 있습니다. 제가 권면하고 싶은 것은 자신이 전력을 가지고 투자했던 것이 마음대로 되지 않았다고 쉽게 포기하지 말라는 것입니다. 좌절하지 말라는 것입니다. 반드시 하나님이 예비하신 다른 길이 있다고 믿어야 합니다.

그리고 자신의 잠재력을 찾아서 길러야 합니다. 절대로 현실 안주는 자신을 패망하게 합니다. 도전하면 길은 열립니다. 절대로 나이를 생각하지 마십시오. 단지 나이는 인생을 살아온 년 수에 불과한 것입니다. 인생을 포기하지 말고 과감하게 현재보다 나은 것을 찾아 도전하십시오. 하나님은 창조의 하나님이십니다. 절대로 포기하지 마세요. 잠재력을 기르면서 도전하세요. 도전하면 인생은 반드시 성공합니다. 도전을 해야 자신의 잠재력을 알게 됩니다. 자신 안에 숨어있는 잠재력을 깨워야 합니다.

24장 자신을 하나님의 최고의 보물로 관리한다.

(고전 6:19-20)"너희 몸은 너희가 하나님께로부터 받은바 너희 가운데 계신 성령의 전인 줄을 알지 못하느냐 너희는 너희 자신의 것이 아니라 (20) 값으로 산 것이 되었으니 그런즉 너희 몸으로 하나님께 영광을 돌리라."

예수를 믿으면서 죽고 다시 살아나신 예수님으로 살아가는 우리는 하나님의 최고의 보물입니다. 하나님은 "너희 보물 있는 곳에는 너희 마음도 있으리라"(눅 12:34). 말씀하십니다. 자신이 하나님의 나라 보물이라는 것을 깨달은 성도는 자신을 보물로 만들기 위하여 자기관리를 철저하게 할 것입니다. 자기관리하면서 신앙생활하면서 직장도 다니며 돈도 벌고, 재산도 늘려갈 것입니다. 모두 자연스럽게 하나님의 것이 됩니다. 자연스럽게 하나님께서 보호하십니다.

반대로 돈이나 보석이나 권력을 보물로 여기는 성도는 자기관리보다 돈이나 보석이나 재산을 늘리기 위하여 몸과 마음과 정력을 투자하며 살 것입니다. 이 사람의 인생의 끝은 하나님께서 "하나님은 이르시되 어리석은 자여 오늘 밤에 네 영혼을 도로 찾으리니 그러면 네 준비한 것이 누구의 것이 되겠느냐 하셨으니"(눅 12:20). 라고 말씀하십니다. 모아둔 것들이 귀신이나 다른 사람의 차지가 된다는 것입니다. 나중에 한탄하기를 내가 인생을 잘못 살았구나하며 탄식한다는 것입니다.

"여러분은 하나님께서 값을 치르고 산몸입니다. 그러므로 여러분의 몸으로 하나님께 영광을 돌리십시오."(고전6:20). 하나님께서 값을 치르고 사신 내 몸입니다. 그 값을 치르신 하나님께선 내 몸의 주인 되십니다. 나의 시간도 건강도 물질도 다 하나님의 것인데 자신이 주인 되어 무절제하며 살아갑니다. 내 몸 안에 계신 성령님의 음성을 들으며, 분별하며 하나님 기뻐하시는 삶 살길 원합니다. 제 자신을 잘 컨트롤 할 수 있는 성령의 능력을 부어 주시기를 소원합니다. 거룩한 몸 된 성전에 무시로 기도의 향기로운 제사를 올려 드릴 수 있는 자녀 되길 소망합니다.

"너희 몸은 너희가 하나님께로부터 받은바 너희 가운데 계신 성령의 전인 줄을 알지 못하느냐 너희는 너희 자신의 것이 아니라"(고전6:19). 이 당연한 진리의 말씀을 너무나도 쉽게 까먹습니다. 내 몸은 나의 것이라 착각하며 내 마음대로 생각하고 행동하기 일쑤입니다.

나의 몸은 하나님께로부터 받은 것인데, 나의 몸은 하나님의 것인데, 나의 몸 거룩하게 지켜야할 성령의 전인데, 돈으로도 환산할 수 없는 값을 치루시고 사신 몸이라는 것을 잘 알지 못하고, 대부분 삶의 초점을 하나님이 아닌 나 자신에 두고 살곤 합니다.

자유의지가 주어졌다고 내 마음대로 행동하고 내 멋대로 살며 먹고 치장하기 위해, 가정을 위해, 노후를 위해 삶의 목표를 두고 열심을 다합니다. 제게도 세상에 주어진 자유에 의해 잃어서는 안 되는 가장 중요한 진리를 잊어버리는 어리석은 모습을 종종 발견하곤 합니다.

오늘 고린도전서 6장 19-20절 말씀을 통하여 나는 하나님의 것이며 하나님께서 값을 치루시고 산몸이기에 하나님께 영광 돌리기 위해 사는 삶이 나의 사명이며 나의 삶의 목적과 목표가 되어야 함을 다시 한 번 가슴에 새길 수 있었습니다. 나의 삶이 내 마음과 내 멋대로 향하지 않으며 오직 하나님께 기쁨이 되기 위해 행동하며 생각하며 살아가는 믿음의 삶이 되기 원합니다.

오늘은 어떻게 하나님께 영광을 돌려야 할지, 내일은 또 어떻게 하나님께 기쁨을 드리며 살아야 할지 참된 유익함이 가득한 생각을 하며 나의 몸과 마음을 온전히 하나님께 드리길 원합니다. 하나님 중심이 된 삶이되길 소망하며 오늘하루 내가 아닌 하나님을 위하여 사는 삶 되길 기도합니다.

하나님은 우리의 몸이 주님의 거룩한 도구가 되기를 원하십니다. 우리는 그리스도의 대속의 죽음으로 인해서 자유를 얻었습니다. 그리스도는 '죽음'이라는 값을 치르고 죄인인 우리를 살리셨습니다. "하나님이 주를 다시 살리셨고 또한 그의 권능으로 우리를 다시 살리시리라"(고전 6:14). "너희 몸이 그리스도의 지체인 줄을 알지 못하느냐 내가 그리스도의 지체를 가지고 창녀의 지체를 만들겠느냐 결코 그럴 수 없느니라."(고전 6:15). 바울은 성도란, 즉 그리스도인이란 예수님과 합하여 영적으로 하나가 된 사람이라고 합니다. 우리 몸은 그리스도의 지체입니다. 바울은 그리스도와 연합한자는 그리스도의 지체라고 강조합니다.

그러나 음란한 자들은 그리스도의 지체이기를 거부하는 자들입니다. "창녀와 합하는 자는 그와 한 몸인 줄을 알지 못하느냐 일렀으되 둘이 한 육체가 된다 하셨나니"(고전 6:16). "주와 합하는 자는 한 영이니라."(고전 6:17). 창기와 연합한자는 창기와 한 몸이지만 그리스도와 연합한 자는 그리스도와 한 몸입니다. 거룩하신 그리스도와 연합한 성도는 그분을 따라서 거룩한 삶을 살아야 합니다. 성도는 자신의 몸이 음행의 도구로 부끄러운 그릇이 아니라 하나님이 쓰시기에 합당한 거룩한 그릇이 되도록 자신을 지켜야 합니다.

"음행을 피하라 사람이 범하는 죄마다 몸 밖에 있거니와 음행하는 자는 자기 몸에 죄를 범하느니라."(고전 6:18). '피하라'는 말은 반복적으로 찾아오는 음행의 유혹으로부터 철저하게 떠나는 것을 의미합니다. 음행은 그리스도의 몸인 자기 자신에게 해를 입히기 때문에 피해야 하는 것입니다

"여인과 간음하는 자는 무지한 자라 이것을 행하는 자는 자기의 영혼을 망하게 하며"(잠 6:32). 음행은 하나님께서 가증히 여기는 죄이기에 음행을 하게 되면 그 영혼이 하나님과 분리되게 됩니다. 성도는 그리스도와 연합함으로 성령의 전으로 그리스도인 닮게 인생을 살아야 합니다.

그리스도와 연합한 우리의 몸은 성전입니다. "너희 몸은 너희가 하나님께로부터 받은바 너희 가운데 계신 성령의 전인 줄을 알지 못하느냐 너희는 너희 자신의 것이 아니라."(고전 6:19).

성도된 우리는 이 땅에서 '성령의 전' '살아계신 하나님의 성전' 답게 살아야 합니다. 성령의 전으로서 합당하게 몸을 거룩하게 지킴으로 성령을 모독하거나 근심시키는 악한 일을 하지 말아

야 합니다. 성령님이 개인의 인격 속에서 거하십니다. 하나님이 허락하신 몸과 마음을 음행의 도구가 아니라 거룩하시고 살아계신 하나님의 성전으로 하나님께 영광을 돌려야 합니다. "값으로 산 것이 되었으니 그런즉 너희 몸으로 하나님께 영광을 돌리라." (고전 6:20). '값으로 산 것' 즉 예수 그리스도의 피의 값으로 지불된 생명이라는 것입니다. 우리의 몸값은 지불이 되어 예수 그리스도로 주인이 바뀐 것입니다.

우리가 성령의 전으로 결단으로 살아갈 때, 성령님께서는 보혜사로서 이 세상 끝날까지 항상 우리 몸을 성전 삼고 우리와 함께 하실 것입니다. 연은 연줄에 매여 있을 때 바람을 타고 자유롭게 날 수 있습니다. 그러나 연줄이 끊어지면 연은 땅으로 곤두박질치고 맙니다. 연과 같은 존재인 우리는 주님께서 그 값을 치르셨기에 성령의 연줄을 매여 하나님 아버지의 뜻에 따라서 자유롭게 나는 것입니다. 오늘도 우리는 우리 자신의 몸을 거룩한 성령께서 거하시는 전답게 세워져 가는 것이 사명임을 깨닫고 내 몸 사용설명서인 하나님의 말씀에 순종하며 세워져가기를 기도합니다.

나의 육신도 내 것 아닌 성령의 전이라고 말씀하십니다. 건강하게 지켜야하고, 죄에 빠져 더러운 것에 오염되지 않게 지켜야 할 것입니다. 내 몸이라고 내 마음대로 할 수 없음을, 깨끗하고 정결하게 하여 하나님께 영광을 돌리라고 하십니다.

우리의 몸에 관한 정의와 함께 우리 인간이 왜 살아야 하며 무엇을 위해 살아야 하는지, 인생의 존재 이유와 목적을 알려주고 있습니다. 한마디로 말해서 우리의 몸은 그리스도의 지체요, 성령의 전이기 때문에, 그리스도를 위하여 살고 하나님께 영광을 돌리는데 사용해야 한다는 것입니다.

1. 우리의 몸은 신성합니다. 이와 같은 본문말씀을 통하여 첫째로 우리가 들어야 할 말씀은 우리의 몸은 신성하다는 사실입니다. 다시 말해서 우리의 몸은 거룩하고 존엄하다는 말입니다. 왜 우리의 몸이 신성하겠습니까? 우리의 본문은 세 가지 근거를 지적합니다. 왜 우리 몸이 신성하냐하면….

첫째로 우리의 몸은 그리스도의 지체로서 부활의 영광에 참여할 몸이기 때문입니다. 본문 14절과 15절에 보면 우리의 몸은 그리스도의 지체라 했고, 하나님께서 우리의 몸도 살리시리라고 했습니다. 여러분, 지체란 말이 무슨 뜻입니까? 지체란 팔 다리와 같이 몸의 한 부분이라는 뜻입니다. 우리의 몸은 그리스도의 몸에 붙어 있고 연결되어 있는 몸이라는 말입니다. 우리가 예수님을 우리의 주님으로 믿고, 그에게 의지하고, 예수님의 이름으로 세례를 받으면, 우리는 예수님과 연합된 관계에 들어가는 것입니다. 그리고 그리스도와 연합된 관계에 있는 자는 그리스도와 함께 다시 살게 됩니다.

오늘 우리의 본문이 기록된 당시의 희랍사상에 의하면, 영혼은 선한 것이요 몸은 악하며, 영혼은 불멸하지만 몸은 소멸 된다는 것이었습니다. 이런 주장을 철학에서는 이원론이라고 합니다. 그런데 몸이 악하다고 하는 자들은 몸의 부활도 인정치 않고, 몸이 범하는 죄에 대한 책임을 회피합니다. 그래서 몸이 짓는 죄를 대수롭게 여기지 않습니다. 요즘 구원 파에서도 그런 주장을 합니다. 무슨 말이냐 하면, 우리가 죄를 범하는 것은 내 마음이 원하는 것이 아니고, 내 육신이 약해서 지은 것이요 또 육신은 썩어질 것이기 때문에, 내가 구원 얻는 데는 지장이 없다는 것입니다. 그러나 이것은 기독교 진리가 아닙니다. 기독교는 인간을 영과 몸의 통일체로 보고, 몸도 선한 것으로 봅니다.

그러므로 우리의 본문은 우리의 몸도 그리스도와 연합된 지체요, 따라서 우리의 몸도 부활하여 주님의 영광에 참여하게 되리라고 주장합니다. 따라서 우리의 몸도 그리스도의 몸과 같이 신성하고 거룩합니다. 왜 우리의 몸이 신성합니까?

그 두 번째 이유는 우리의 몸이 성령의 전이기 때문입니다. 본문 19절에 보면 "너희 몸은 하나님께로부터 받은바 너희 가운데 계신 성령의 전"이라고 했습니다. 이 말씀은 우리의 몸 자체가 성령께서 임재 해 계시는 성전이라는 것입니다. 여러분의 몸은 하나님의 영이 거하시는 성전입니다. 따라서 여러분의 몸은 거룩하고 신성합니다.

고린도전서 3:17에 보면 "하나님의 성전은 거룩하니 너희도 그러하니라"고 했습니다. 여러분, 성전은 거룩한 곳입니다. 살아 계신 하나님께서 계시는 곳이기 때문입니다. 거룩이란 말의 본뜻은 구별되고, 분리되었다는 것입니다. 하나님의 성전은 거룩하신 하나님을 위하여 속된 것에서 구별된 것이기 때문에 거룩합니다. 따라서 여러분의 몸이 성전이라고 한다면, 여러분의 몸도 거룩한 것입니다. 여러분의 몸도 속된 것에서 분리되고 죄악에서 분리되었습니다.

　여러분은 몸을 신성하고 거룩하고 깨끗하게 보존해야 합니다. 왜냐하면 여러분의 몸이 바로 성전이기 때문입니다. 성령께서 여러분의 몸 안에 들어와 계시기 때문입니다. 예수님을 알지 못하던 시절에는 죄가 우리 안에서 왕 노릇하고 사탄이 왕 노릇 했으나, 그러나 이제는 성령께서 우리 안에 오셔서 우리를 다스리시고 인도 하십니다. 그러므로 성령의 지배를 받은 우리의 몸은 성령과 같이 신성합니다. 왜 우리의 몸이 신성합니까?

　그 세 번째 이유는 우리 몸의 소유권이 하나님께 있기 때문입니다. 본문 19절과 20절에 보면, "너희는 너희 것이 아니라 값으로 산 것이라"고 했습니다. 우리 성도들의 몸은 자기 자신의 것이 아닙니다. 성도들의 몸은 그리스도의 고귀한 피로 값 주고 산 것입니다. 따라서 우리의 몸의 소유권은 우리 몸을 사신 하나님의 것입니다. 우리 온몸은 하나님의 소유입니다.

　여러분, 하나님은 거룩하시고 신성하신 분입니다. 그런데 그 거룩하신 하나님께서 우리를 그리스도의 피로 사셔서 하나님의 소유로 삼으셨습니다. 따라서 하나님께서 거룩하시고 신성하신 것처럼, 하나님께 속한 우리도 신성하고 거룩합니다. 사실 우리의 몸은 벌써 성별되어 하나님의 소유이기 때문에, 우리 자신들이 우리의 몸이라고 해서 우리 마음대로 할 수 없습니다. 신성한 우리의 몸을 더럽히거나 손상시켜서는 안 됩니다.

　이제 본문을 통하여 두 번째로 우리가 들어야 할 말씀은 신성한 우리의 몸을 더럽히거나 손상시키어서는 안 된다는 말씀입니다.

옛날 어른들은 자녀들을 가르치면서, 말씀하시기를 "야, 우리 집 안은 옛 부터 양반 집안이요, 뼈대 있는 집안이니 네 처신을 바로 하라"고 하셨습니다. 양반의 체통을 지키라는 것입니다. 그래서 양반은 물에 빠져 죽어도 개헤엄을 치지 않고, 양반은 얼어 죽어 도 겻불은 쬐지 않는다고 했습니다. 이것이 양반의 자존심입니다.

저는 우리 그리스도인들도 이런 자존심이 강해야 한다고 생각 합니다. 내 몸은 성령의 전이니까 더럽힐 수 없다는 자존심을 가 져야 합니다. 특히 오늘 우리의 본문말씀은 음행으로서 우리의 몸 을 더럽혀서는 안 된다고 했습니다. 음행이란 성적인 범죄를 의미 합니다. 당시 고린도 지방은 음행이 성행했습니다. 당시에도 동성 연애자들이 많았고, 우상에게 제사를 지낸 뒤에도 신의 이름으로 음행을 하기도 했고, 심지어 고린도 교회 교인들 중에서 자기 아 버지의 아내를 취한 경우도 있었습니다. 옛날에 서울에서 청량리 588하면 사창가로 이름났던 것같이, 고린도 역시 음행과 부도덕 으로 이름나 있었습니다.

그러므로 오늘 우리의 본문은 음행을 멀리하라고 교훈하고 있 습니다. 왜냐하면 우리 성도들의 몸은 이미 성별되어 그리스도의 지체요, 성령의 전이요, 하나님의 소유이기 때문에, 그런 몸을 음 행으로서 더럽힐 수 없기 때문입니다. 우리의 몸이 그리스도의 지 체라고 한다면, 그리스도의 지체를 가지고 창기의 지체로 만들 수 없기 때문입니다. 특히 음행은 자기 몸 안에서 일어나고, 자기 몸 에게 죄를 범하는 것이기 때문에, 이를 멀리 해야 합니다.

사랑하는 독자여러분, 여러분의 몸을 깨끗하게 하고 정결하게 보존하시기를 바랍니다. 여러분의 몸을 음행으로 더럽히지 마시기 바랍니다. 비록 우리 주변에서 성적인 범죄가 홍수를 이루고, 우리를 유혹하는 손길이 가까이 오고, 가정주부들까지도 유혹의 그물에 빠져 든다고 할지라도, 그러나 여러분은 그리스도의 지체가 아니며, 여러분의 몸은 성령의 전이 아닙니까? 그리스도의 고귀한 피로 값 주고 사신 여러분의 몸을 거룩하게 간수하시기 바랍니다.

오늘 우리의 본문이 음행은 자기 몸에게 죄를 범하는 것이라고 했습니다만, 저는 이 시간에 자기 몸에 범하는 죄를 하나 더 지적하고자 합니다. 그것은 곧 음주와 흡연과 약물중독입니다. 약물중독은 더 많은 설명시간이 필요하기 때문에 다음기회로 미루고, 오늘은 우선 음주와 흡연에 관해서만 말씀드리겠습니다.

성경에는 물론 약용으로 포도주를 조금 쓰라는 교훈도 있습니다. 그런데 하나님은 "포도주는 붉고 잔에서 번쩍이며 순하게 내려가나니 너는 그것을 보지도 말지어다."(잠 23:31). 라고 말씀하셨습니다. 만약 술을 마심으로 여러분의 건강을 해치고, 담배를 피움으로 그것이 여러분의 건강을 해친다고 하면, 그것은 분명히 죄를 짓는 것입니다. 그래서 하나님은 "포도주는 붉고 잔에서 번쩍이며 순하게 내려가나니 너는 그것을 보지도 말지어다."(잠 23:31).라고 말씀하신 것입니다. 여러분이 술을 마심으로 여러분의 정신이 흐려지고, 실수를 하게 되면, 그것은 여러분의 몸에 죄를 짓는 것입니다. 여러분의 몸은 그리스도의 지체요 성령의 전인데, 흡연과 알코올 중독으로 건강을 해친다고 하면 그것은 분명히 몸에 죄를 짓는 것입니다. 그런데 분명한 사실은 음주와 흡연이 우리의 건강에 너무나 해롭다는 것입니다. 담배가 다른 사람에게도 피해를 준다고 해서 공공장소에서 피우지 못하게 하는 것을 보아도, 그것이 얼마나 해롭다는 것을 알만하지 않습니까? 여러분의 건강을 해치고, 여러분으로 하여금 범죄와 실수를 하게 하는 것은 음행과 음주와 흡연뿐만 아니라, 그것이 무엇이든지 피하기를 바랍니다.

마지막으로, 우리의 몸을 하나님의 영광을 위해 사용하십시오.

본문을 통하여 우리가 마지막으로 들어야 할 말씀은 우리의 몸을 하나님께 바쳐 하나님의 영광을 위해 사용하라는 말씀입니다. 이것이 바로 우리의 몸이 세상에 있어야 할 존재 이유요 목적입니다. 본문 13절에 보면, 몸은 "오직 주를 위하여"라고 했습니다. 그리고 20절에는 "그런즉 너희 몸으로 하나님께 영광을 돌리라"고 했습니다. 이 말씀에 따르면, 우리 몸의 존재 이유는 주님을 위하는데 있고, 우리 몸의 제일 목적은 하나님께 영광을 돌리는 데 있습니다. 그러면 우리의 몸을 어떻게 해야 주님을 위하고, 하나님께 영광을 돌리겠습니까?

첫째로 우리의 몸을 건강하게 보존해야 합니다. 건강한 몸이야말로 하나님께 영광을 돌리고 좋은 일을 하기 위한 기본조건입니다. 아무리 하나님께 영광을 돌리고 좋은 일을 하려고 해도 건강이 없으면 의욕도 없어지고 자신도 없어집니다. 주님의 사업을 위해서도 몸이 건강해야 합니다.

건강의 비결에 관해서는 사람에 따라 서로 다른 이론들을 제시할 것입니다만, 이상구 박사가 제시한 내용은 이해하기 쉽고 유익한 것이어서 여러분께 소개합니다. 그는 영어로 NEW START(새로운 출발)원리를 제시했습니다. N：nutrition(영양), E：exercise(운동), W：water(물), S：sunshine(햇빛), T：temperance(절제), A：air(공기), R：rest(휴식), T：trust(신앙) 이 원리에 따르면 영양을 충분히 공급하고, 적당한 운동을 하고, 냉수를 많이 마시고, 햇빛을 적당히 쏘이고, 절제하고 맑은 공기를 쏘이고, 적당한 휴식을 취하고, 하나님께 대한 신앙심을 가지면 건강하게 된다는 것입니다. 이분의 이론 말고도 건강을 위한 좋은 비결이 많을 것입니다만, 여러분이 노력하여 건강한 몸으로 하나님께 영광을 돌리시기 바랍니다.

2. 우리의 몸을 산 제물로 삼고 예배에 힘써야 합니다. 우리의 몸으로 하나님께 영광을 돌리기 위해서는 우리의 몸을 산 제물로 삼고 예배에 힘써야 합니다. 우리의 예배는 우리의 몸을 산 제물로 바치는 것이요, 하나님께 영광을 돌리는 것입니다. 하나님께서는 예배를 통하여 그의 백성들로 부터 찬양과 감사를 받기 원하시며, 헌신과 봉사를 기뻐 받으십니다. 그러므로 우리는 우리의 몸을 산 제물로 삼아, 정성을 다하여 예배드림으로서 하나님께 영광을 돌려야 합니다.

우리의 몸으로 하나님께 영광을 돌리는 세 번째 비결은 우리의 몸과 소유를 바쳐 전도하고 봉사하는 것입니다. 물론 우리의 건전한 직장생활이나 모범적인 우리의 삶 전체가 다 하나님께 영광을 돌릴 것입니다만, 특히 우리의 몸과 시간을 바쳐 전도하고 봉사하는 것이 더욱 하나님께 영광을 돌리는 것입니다. 하나님께서 우리에게 몸을 주신 것은 자신의 욕심만을 위해 살라는 것이 아니라, 다른 사람에게 복음을 전하고 다른 사람을 봉사하기 위한 목적이 있습니다.

그런데 여러분, 우리가 우리의 몸으로 하나님께 영광을 돌리면, 사실 우리의 몸에는 더 큰 축복이 주어집니다. 우리의 몸으로 하나님께 영광을 돌리면, 하나님께서는 우리의 마음에 기쁨과 즐거움을 주시고, 우리의 몸을 더욱 건강하게 하십니다. 우리가 예배로 하나님께 영광을 돌리면, 하나님께서는 우리의 몸과 마음을 더욱 강건하게 하십니다. 우리가 전도와 봉사로 하나님께 영광을 돌리면, 하나님께서는 몸도 강건케 하시고 마음에도 기쁨을 주십니다.

사랑하는 독자 여러분! 우리의 몸은 신성합니다. 우리의 몸은 그리스도의 지체요 성령의 전이요, 하나님의 소유이기 때문에 신성합니다. 따라서 신성한 여러분의 몸을 더럽히거나 해치지 마시기 바랍니다. 특히 음행이나 음주나 끽연으로 여러분의 신성한 몸을 더럽히거나 해치지 마시기를 바랍니다. 그 대신 여러분의 몸을 하나님께 바쳐 하나님의 영광을 위해 사용하시기 바랍니다. 여러분의 몸을 거룩하게 보전하여 하나님께 산 제물로 바치고, 거룩한 봉사를 위하여 쓰시기 바랍니다. 그리하여 여러분의 여생이 더욱 강건하고 행복하시기를 바랍니다.

25장 주변 사람과 관계가 매끄럽게 관리한다.

(히 12:14-16)"모든 사람과 더불어 화평함과 거룩함을 따르라 이것이 없이는 아무도 주를 보지 못하리라 (15) 너희는 하나님의 은혜에 이르지 못하는 자가 없도록 하고 또 쓴 뿌리가 나서 괴롭게 하여 많은 사람이 이로 말미암아 더럽게 되지 않게 하며 (16) 음행하는 자와 혹 한 그릇 음식을 위하여 장자의 명분을 판 에서와 같이 망령된 자가 없도록 살피라."

하나님은 "모든 사람과 더불어 화평함과 거룩함을 따르라 이것이 없이는 아무도 주를 보지 못하리라"(히12:14). 말씀하십니다. 자기관리를 잘하는 사람은 모든 사람과의 관계가 부드러운 사람입니다. 어려서부터 모든 사람과 관계를 부드럽게 하는 것은 자기관리 면에서 하나님과의 관계에서도 아주 유익한 재산이 됩니다. 우리는 사람들과 얼마나 좋은 관계를 갖고 있습니까? 하나님의 자녀로서 정체성을 갖고, 자신 있게 행동합니까? 항상 기뻐하며 살고 있습니까? 고난을 견뎌내는 힘이 있습니까? 좋은 관계가 상처를 받지 않고 행복해지는 힘입니다. 행복하려면 두 가지 질문에 응답하는 것입니다. 하나는 자신의 일에 얼마나 만족감을 느끼는가? 다른 하나는 자신과 주변 사람들과 관계가 좋은가? 만 명의 인맥보다 믿음을 주는 한 사람의 친구가 되라는 것입니다.

사람이 좋은 관계를 맺으려면 세 가지가 필요합니다. 첫째는 상대방을 존중하는 것입니다. 존중은 경청하는 것입니다. 둘째는 좋은 매너입니다. 서로가 일을 즐겁게 집중하도록 도와주는 것입니다. 셋째는 친절한 것입니다. 언제, 어디서나 긍정하는 말투가 필요합니다. '당신을 믿습니다. 참 좋습니다.' 말투나 말하는 센스가 친절에 중요한 요소가 된 이유가 있습니다. 말투는 버릇이요, 감정의 언어입니다. 사람이 말투만 바꿔도 달라 보이기 때문입니다. 예를 들면, 나이가 들수록, 지위가 높을수록 강한 입담보다 올바른 말투를 사용해야 합니다. 칭찬하는 말투로 사람의 마음에 인정 욕구를 채워주어야 합니다. 그 사람의 말에서 품격이 드러나기 때문에 말투를 부드럽게 해야 합니다.

오늘 하나님께서 히브리서 기자를 통해서 우리에게 말씀하십니다. '모든 사람과 더불어 화평하라. 거룩함을 따르라.' 본문 14절을 다 같이 읽겠습니다. "모든 사람과 더불어 화평함과 거룩함을 따르라. 이것이 없이는 아무도 주를 보지 못하리라." 여기서 "화평하라(에이레넨/ειρηνην/eirenen)"는 말은 "결합하다"에서 유래된 말입니다. "평화, 하나가 되다, 고요, 안식, 번영, 안전, 행복, 사후의 경건하고 정직한 자의 축복된 상태"를 말합니다. "더불어 화평하다"는 말은 "함께 하나가 되라, 함께 안식하라, 함께 번영하라, 함께 행복하라, 함께 안전하라." 라는 뜻입니다. 하나님께서는 모든 사람이 함께 화평하기를 원하십니다. 모든 사람과 함께 하나가 되는 것을 원하십니다.

하나님께서는 모든 사람이 왜 함께 하나가 되기 원하십니까? 왜 함께 화평하기를 원하십니까? 사람들이 함께 화평하는 것이 하나님의 나라 천국의 산물이기 때문입니다. 선을 추구하는 것이 화목해지는 방법입니다. 마음의 화평이 육신의 생명이기 때문입니다. 마음에 시기가 있으면 뼈가 썩기 때문입니다(잠14:30). 사람들과 함께 하는 것이 아름다운 것이기 때문입니다. "형제가 연합하여 동거함이 어찌 그리 선하고 아름다운가? 거기서 여호와께서 복을 명하셨나니 곧 영생이로다."(시133:1,3). 하나님께서는 모든 사람이 함께 안식하기를 원하십니다. 하나님께서는 주신 복이 화평입니다. 모든 화평한 자의 미래는 평안입니다(시 37:37). 화평하게 하는 사람은 복이 있습니다. 저희가 하나님의 아들이라 일컬음을 받을 것이다(마 5:9). 화평하게 하는 사람들은 화평으로 심어 의의 열매를 거두게 됩니다(약 3:18). 하나님께서는 함께 번영하기 원하십니다. 함께 완전하기 원하십니다. 함께 행복하기 원하십니다.

모든 사람과 함께 화평하려면 어떻게 해야 합니까? 가장 먼저 첫째로 하나님과 화평해야 합니다. "너는 하나님과 화목하고 평안하라. 그리하면 복이 네게 임할 것이다."(욥 22:21). 하나님과 더불어 화평을 누려야 모든 사람과 함께 화평합니다(롬 5:1). 예수님께서는 모든 사람이 함께 화평하기 위해서 십자가에서 죽으시고, 하나님과 사람의 중간에 막힌 담을 헐어버리셨습니다. 그래서 예수님은 우리의 화평이십니다. 모든 사람이 예수님을 믿고,

예수님의 마음을 가지면 중간에 막힌 담을 없애고, 함께 화평하게 됩니다(엡 2:14). 두번째로 서로 마음을 같이해야 합니다. 마음을 높은 데 두지 않고 낮춰야 합니다. 스스로 지혜 있는 체 하지 말아야 합니다. 아무에게도 악을 악으로 갚지 말아야 합니다. 모든 사람 앞에서 선한 일을 도모해야 합니다. 그래야 모든 사람과 더불어 화목할 수 있습니다(롬 12:16-18). 마음이 하나가 되어야 우리 공동체가 됩니다. "우리가 화평의 일과 서로 덕을 세우는 일에 힘쓰게 됩니다"(롬 14:19).

세 번째로 함께 화평하려면 자기중심적 사고와 자기사랑을 버려야 합니다. 자기중심과 자기 사랑이 강하면 함께 하지 못하기 때문입니다. 남을 자주 비판하고, 지적하면 함께 하지 못합니다. 네 번째는 자기를 높이고 창조주를 의식하지 않으면 함께 하지 못합니다. 높아지려는 교만이 불순종의 행동을 합니다. 교만을 이기는 사람만이 하나님을 경외합니다. 사람이 교만하면 아무 것도 알려고 하지 않습니다. 언쟁과 변론을 좋아합니다. 교만에서 다툼이 일어납니다. 투기와 분쟁과 훼방과 악한 생각을 합니다(딤전6:4). 다섯 번째는 모든 사람과 함께 화평하려면 무슨 일을 하든지 마음을 다해야 합니다. 주께 하듯이 해야 합니다(골 3:23). 누구에게나 관용을 베푸는 것이 화평입니다. "너희 관용을 모든 사람에게 알게 하라. 주께서 가까우시니라."(빌4:5). 러시아의 작가 톨스토이가 말했습니다. "행복한 가정은 모두 엇비슷하고, 불행한 가정은 불행한 이유가 제각각 다르다." 지금 여러분은 모든 사람과 함께 화평하고 있습니까? 함께 화평하기 위해서 무엇을 합니까?

하나님께서는 그리스도인이 왜 모든 사람과 더불어 화평하라고 말씀하십니까? 모든 사람과 더불어 화평해야 주를 보고, 주를 만날 기회를 얻기 때문입니다. 생명을 사랑하고 좋은 날을 보기 원하기 때문입니다. 더불어 화평하는 사람은 혀를 금하여 악한 말을 하지 않습니다. 그 입술로 거짓을 말하지 않습니다. 악에서 떠나 선을 행합니다. 화평을 구하고, 화평을 따르기 때문입니다(벧전 3:10-11). 더불어 화평하면 아무 일에든지 다투지 않기 때문입니다. 허영으로 하지 않기 때문입니다. 겸손한 마음으로 자기보다 남을 낫게 여기기 때문입니다(빌 2:3). 하나님께서는 겸손한 사람을 높여주시기 때문입니다. 모든 사람과 더불어 화평하기 위해서 십자가를 지셨던 예수님께서 말씀하셨습니다. "너희 속에 소금을 두고 화목하라." 예수님께서는 왜 마음속에 소금을 두고 화목하라고 말씀하셨습니까?

소금(염화나트륨/NaCl)은 '나트륨(Na)'과 '염소(Cl)'가 화합하여 만들어진 물질입니다. '나트륨과 염소'가 따로 사람의 몸에 들어오면 생명에 해가 됩니다. 하지만 서로 다른 두 물질이 화학적으로 결합하면 인간의 생명에 꼭 필요한 물질이요, 소중한 물질입니다. 소금은 방부제와 조미료, 청정, 신성을 상징하고, 화합하여 새로운 일을 하게 합니다. 그래서 마음속에 소금을 두고 화목하면 서로 불화가 일어나지 않습니다. 전혀 다른 이질적인 사람에게 소금의 맛이 있어야 공동체가 화목할 수 있기 때문입니다.

그래서 그리스도인이 땅의 소금으로서 소금의 맛을 내라는 것입니다. 철학자 마틴 부버(Martin Buber)가 말했습니다. "현대 사회는 분열로 상처를 입고 다툼으로 병든 사회다." 그렇습니다. 세상에 계속되는 싸움과 분쟁이 미래를 망치는 무서운 악입니다. 모든 사람과 더불어 화평하는 사람은 기회주의자가 되지 않습니다.

그리스도 안에 있는 그리스도인은 화목하는 직분을 받았습니다. "하나님께서 그리스도 안에 계셔서 세상을 자기와 화목하게 하셨습니다. 그들의 죄를 그들에게 돌리지 않으셨습니다. 화목하게 하는 말씀을 우리에게 부탁하셨습니다."(고후 5:18-19). 지금 여러분은 화평하게 하는 직분을 잘 사용하고 있습니까? 모든 사람과 더불어 화평하여 주를 만날 기회를 갖게 합니까?

하나님께서는 그리스도인에게 모든 사람과 더불어 거룩함을 열심히 따르라고 말씀하십니다. "거룩함(하기아스모스/hagiasmos)"이란 "정화, 청결한 상태, 성화, 깨끗이 하는 사람"을 말합니다. '거룩함'은 '세속화'에서 분리된 것입니다. 거룩하신 하나님의 성품(神性) 자체의 본질입니다. 거룩함은 화평함의 내적이고, 본질적인 요소입니다. 거룩함은 믿음의 핵심요소입니다. 하나님의 거룩하심은 '의'로운 목적과 결부되어 있습니다. 그래서 예수님께서도 하나님의 거룩하심을 주기도에서 말씀하셨습니다. "당신(하나님)의 이름을 거룩하게 여김을 받게 하소서."(마 6:9).

거룩하신 하나님께서는 세상에 초월해 계십니다. 하지만 거룩함이 세상과 만물 안에 내재해 계십니다. "내가 거룩하니 너희도 거룩하라. 그래야 너희가 거룩하고 속된 것을 분별하며 부정하고 정한 것을 분별한다."(레10:10, 11:45). 이 세상을 구원하러 오셨던 예수님께서는 인격적인 삶을 통해서 신적인 거룩함을 보여주셨습니다. 그리스도인은 진리의 말씀과 기도로 거룩해집니다(딤전 4:5). 거룩함을 따르는 방법은 지체를 의에게 종으로 내주는 것입니다. 거룩함을 방해하는 요소가 육신이 약한 것입니다. 그래서 지체를 부정과 불법에 내주어 불법에 이르는 것입니다(롬 6:19).

그리스도인이 왜 모든 사람과 더불어 거룩함을 따르려고 애써야 합니까? 거룩함이 하나님의 뜻이기 때문입니다(살전 4:3). 거룩함은 하나님께서 함께 하시는 성품이기 때문입니다. 그리스도인이 화평함을 따르고, 거룩함을 따라 열심히 애써야 주를 보기 때문입니다. 성령님께서는 죄인을 회개시키고, 변화시켜서 성화되게 하십니다. 하나님의 거룩함을 주셔서 하나님의 아름다움을 보게 하십니다. 거룩함을 따르려고 애써야 서로 존귀하게 여기기 때문입니다. 서로를 사랑하며 분수를 넘지 않기 때문입니다.

하나님께서는 거룩함을 따르는 사람을 신원하여 주십니다. 거룩함을 따르는 사람은 따뜻한 마음을 가졌습니다. 저항할 수 없는 매력이 있습니다. 거룩함을 따르는 사람은 습관적인 순종으로 하나님의 뜻에 자신의 뜻을 맞춥니다. 거룩함을 따르려고 애쓰는 사람은 마음이 약한 사람들에게 평안과 위로를 줍니다. 힘이 없는 사람을 붙들어줍니다. 모든 사람을 대하여 오래 참고,

기다려줍니다. 모든 사람을 대할 때 항상 선을 따라 살아갑니다 (살전 5:14-15).

모든 사람과 더불어 화평한 사람은 무엇을 위해서 살아갑니까? 모든 사람이 하나님의 은혜에 이르게 합니다. 본문 15절을 다 같이 읽겠습니다. "너희는 하나님의 은혜에 이르지 못하는 자가 없도록 하고 또 쓴 뿌리가 나서 괴롭게 하여 많은 사람이 이로 말미암아 더럽게 되지 않게 하며" 여기서 "이르지 못하다(휘스테론/hysteron)"는 말은 "늦게 되다, 열등하다, 부족하다, 궁핍하다, 뒤져서, 없다." 라는 뜻입니다. 하나님의 은혜가 없으면 믿음도 없습니다. 하나님의 은혜가 없으면 육신의 사람에서 거듭날 수 없습니다. 그래서 부활의 믿음도 없고, 영생을 얻지 못합니다.

하나님께서 구원하신 은혜가 부족하면 감사와 기쁨이 없습니다. 상처의 쓴 뿌리가 되살아나서 불평과 원망과 자괴감에 빠집니다. 하나님의 은혜가 부족하면 죄의 쓴 뿌리가 나서 괴롭게 합니다. 하나님의 은혜가 궁핍하면 죄의 허물로 마음이 더럽혀집니다. 반면에 하나님의 은혜를 받으면 부족한 것 같은데 풍족합니다. 하나님과 화평한 사람은 조건 없이 사랑합니다. 모든 사람과 더불어 화목하기 위해서 겸손하게 섬기고, 한 영혼이 구원을 받기 위해서 늘 기도합니다.

거룩함을 따르는 사람은 성결의 영이 있습니다. 그래서 육체의 유혹을 이깁니다. 거룩함을 회복한 사람은 무엇을 위해 살아갑니까? 축복의 명분을 팔지 않도록 살피는 것입니다. 본문 16

절을 다같이 읽겠습니다. "음행하는 자와 혹 한 그릇 음식을 위하여 장자의 명분을 판 에서와 같이 망령된 자가 없도록 살피라." 거룩함을 잃으면 성욕의 노예가 됩니다. 망령된 사람은 거룩함을 잃은 사람입니다. 가장 소중한 가치를 모르고 물질과 바꿉니다. 음식 한 그릇에 축복의 명분을 팔아버린 사람입니다. 재물 때문에 명예를 잃고, 영생을 포기한 것입니다. 그 결과 회개할 기회를 얻지 못합니다.

프랑스와 독일의 경계인으로 살았던 작가 아델베르트 폰 샤미소가 말했습니다. "프랑스 혁명으로 귀족 집안이 몰수를 당했다. 독일로 망명해서 제2의 고향에서 독일인으로 살아야 했다. 〈그림자를 판 사나이〉라는 소설을 썼다. 모든 국민에게 매일 86,400원을 주는 나라가 있다. 방금 탯줄을 자른 아기도 받고, 100세가 넘은 할머니도 받는다. 한 명도 빠짐없이 다 이 돈을 받는다. 단 조건이 있는데 저축하지 말고 이 돈을 써야 한다. 매일 입금되는 돈을 하루 안에 다 써야 한다. 개인 통장에 매일 86,400원이 입금되지만 사용하지 않는 돈은 통장에 남지 않는다. 쓰지 않으면 사라진다. 사람들은 이 돈을 시간이라 부른다. 1분은 60초, 1시간은 3,600초, 하루는 86,400초이다. 누구에게나 이 시간이 주어진다. 누구나 공평하게 이 시간을 받는다. 하지만 저마다 다르게 사용한다. 어리석은 사람은 시간으로 돈을 번다. 현명한 사람은 돈으로 시간을 번다. 시간의 가치를 알아야 시간을 소중히 여긴다." 지금 내가 소중히 여기는 것이 무엇입니까? 돈입니까? 하나님의 구원과 영생입니까? 자신이 살아계신 하나님의 성전입니까?

여러분! 세상은 돈을 쥐어주고 거룩함을 훔쳐갑니다. 돈 때문에 사람됨의 가치를 놓칩니다. 세상이 항상 매력적으로 유혹합니다. "경제가 어려우니 믿음을 줄여라. 돈도 안 되는 신앙생활을 적당히 해라. 돈이 되는 일에 더 신경을 써라. 코로나에 감염될 수 있으니 교회에 나가지 마라." 하지만 경제가 어렵다고 믿음을 줄이면 삶이 더 어려워집니다. 영적인 질서가 무너집니다. 상황이 좋지 않다고 해서 기도하지 않으면 응답도 없습니다. 거룩함을 회복해야 소망이 있습니다. 하나님과 화평하고, 모든 사람과 화평하고, 거룩함을 회복해야 하나님의 약속을 이어받습니다. 하나님께 나와서 엎드리는 시간을 많아야 미래가 열립니다.

거룩함을 회복하여 주를 보고, 온유한 마음으로 영혼을 사랑합니다. 이제 모든 사람과 더불어 화평하여 세상을 이끌어가는 리더가 되기를 원합니다. 하나님의 거룩한 자녀로서 하나님의 약속을 이루는 축복의 통로가 되시기를 축복합니다.

결론입니다. 어떤 유형의 사람과는 원만한 관계를 유지하는데 반해 그렇지 못한 경우도 많습니다. 왜 그런걸까요?

첫째, 자기중심적인 성향을 가진 사람에게는 다가가기 어렵습니다. 특히 대화중에 "내가 해봐서 아는데…." 또는 "그건 네가 잘못 알고 있는 거야." 와 같은 표현을 자주 쓰는 사람일수록 더더욱 그렇습니다. 둘째, 지나치게 감정 기복이 심한 사람 역시 가까이 하기 힘듭니다. 조금 좋은 말을 하면 하~하~하~하다가, 조금 심기가 상하는 말을 들으면 분노하거나 혈기를 내는 사람을 말합니다. 셋째, 지나친 솔직함을 무기로 삼는 사람에게도 거부감이 느껴집니다. 넷째, 너무 완벽주의자이거나 강박증이 있는 사람도 마찬가지입니다. 다섯째, 불평불만이 많거나 항상 남 탓만 하는 사람도 멀리하게 됩니다. 아빠가 당신이 그렇게 하라고 했지 않아요. 남을 탓하는 사람을 말합니다. 여섯째, 거짓말을 일삼거나 약속을 지키지 않는 사람도 신뢰감이 떨어집니다. 순간순간 진실이 아닌 거짓말로 위기를 모면하는 사람을 말하는 것입니다. 일곱째, 이기적이고 계산적인 사람도 경계 대상입니다. 자기만 아는 것을 말합니다. 역지사지라고 상대방의 입장에서 생각하고 말하지 않고 자기편의 위주로 행동하는 사람을 말합니다. 여덟째, 독단적이고 권위적인 사람도 친해지기 어렵습니다. 다른 사람의 의견을 존중하지 않고 자기 위주로 독단적으로 대화나 분위기를 이끌어 가는 사람을 말합니다. 아홉째, 고집이 세고 융통성이 부족한 사람도 꺼려집니다. 사람은 어느 정도 융통성이 있어야 사람과의 관계가 유기적일 수가 있습니다. 융통성이 없으면 사람과의 관계가 원활해지기 어렵습니다. 자기 고집만 내세우는 사람은 외로운 사람이 될 소지가 많습니다. 열 번째, 눈치가 없고 분위기 파악을 못하는 사람도 가까워지기 어렵습니다. 말을 할 때가 있고 참을 때가 있습니다. 분위기를 잘 파악해서 대화하고 행동해야 합니다. 열한 번째, 사람을 차별하는 사람을 싫어합니다. 모든 사람을 인격적으로 대하는 사람이 되어야 합니다. 어려서부터 습관이 되어야 합니다. 하나님은 "모든 사람과 더불어 화평함과 거룩함을 따르라" 말씀하셨습니다. 열두 번째, 자기만 아는 이기주의자를 싫어합니다. 이기주의자 [利己主義者]란 다른 사람이나 사회 일반에 대해서 배려하지 않고 자신의 이익이나 행복만을 고집하는 사람을 말합니다. 자기만 아는 사람을 말합니다. 특히 정신질환환자들이 자신만 아는 이기주의 자가 많습니다. 자기관리를 잘하기 위하여 상대방도 생각할 줄 아는 사람이 되어야 합니다.

결론적으로 화평과 거룩함을 따르라고 했습니다. 화평한다고 해서 좋은게 좋다는 식으로 불의와 타협하는 그런 것은 마땅하지 않습니다. 우리 그리스도인들은 마땅 거룩을 지키고 믿음을 지키는 선에서 화평해야 되는 것입니다. 직장과 사회에서 좋은 관계를 유지하기 위해 그들에게 밉보이기 싫어서 신앙을 넘어서 술을 먹고 마시거나 혹은 세상의 죄 가운데서도 그들과 잘 지내라는 그런 의미는 아닙니다.

신앙을 벗어나거나 죄를 짓는 일에는 단호히 배격을 하고 우리는 믿음과 거룩을 지켜야 합니다. 세상의 사람들은 거룩을 알지도 못하고 좋아하지도 않습니다. 세상의 쾌락과 즐거움을 따라서 그들의 방식대로 살아갑니다. 그들과 화평을 따르기 위해 우리의 믿음을 포기하며 심지어 하나님이 금한 죄를 따르며 화평하려고 해서는 안 되는 것입니다. 우리는 신앙을 지키고 믿음 안에서 그들과 일반적인 삶의 속에서 화평을 따르는 것입니다.

26장 자기관리 잘하면 전문인이 되는 것이다.

(딤전 6:10)"돈을 사랑함이 일만 악의 뿌리가 되나니 이것을 탐내는 자들은 미혹을 받아 믿음에서 떠나 많은 근심으로써 자기를 찔렀도다."

하나님은 전문성이 있는 전문가가 되기 이전에 자기관리를 잘하기를 원하십니다. 성경에 보면 믿음이 좋은 부모에게서 태어난 자녀라도 17살이 되면 부모에게서 분리하여 광야로 들어가게 하십니다. 광야에서 혼자가 되어 자기 관리하는 훈련을 시키기 위해서입니다. 황망한 광야에서 혼자지내면서 삶에 찾아오는 온갖 고통을 극복해 가면서 자기관리를 하도록 하십니다. 하나님은 예수를 믿는 성도들이 광야나 이방 땅을 불문하고 어디에서나 잡초와 같이 뿌리를 내리고 살아가는 강한 자가 되기를 원하십니다. "내가 네게 명령한 것이 아니냐 강하고 담대하라 두려워하지 말며 놀라지 말라 네가 어디로 가든지 네 하나님 여호와가 너와 함께 하느니라 하시니라"(수 1:9). 하나님께서 어디서나 함께 하십니다.

이렇게 광야에서 온갖 어려움을 만날 때마다 보이지 않지만 함께 하시는 살아계신 하나님께 기도하면 위기를 극복할 수 있는 지혜를 주십니다. 주신 지혜대로 순종할 때 기적적으로 위기를 극복하게 됩니다. 이렇게 위기를 극복하면서 자신의 눈에는 보이지 않지만 하나님께서 함께 하신다는 믿음이 생기게 하는 것입니다.

차자로 위기를 만나도 당황하거나 두려워하지 않고 하나님께 기도하여 해결하는 자로 성장시키십니다. 자기관리를 잘하는 사람이 됩니다. 우리는 믿음을 바르게 해야 합니다. 많은 성도들이 예수만 믿으면 무엇이든 예수님이 다해주신다고 합니다. 하나님은 이렇게 역사하시지 않습니다. 자신이 기도하여 하나님의 뜻을 알고 뜻대로 행동에 옮겨야 합니다. 행동에 옮기지 않으면 아무것도 되지 않습니다. 건강을 지켜 달라고 기도하면서 운동은 전혀 하지 않고, 건강관리를 전여 하지 않고 살다가 건강에 문제가 생기면 하나님을 원망합니다. 자녀들을 하나님께 맡긴다고 기도하면서 가정에서 자녀들은 등한시하고 교회 일에만 생업에만 전념하는 분들도 많이 봅니다. 그러다가 자녀에게 문제가 생기면 하나님을 원망하기도 합니다. 자녀는 하나님께서 자신에게 맡겨 주었기 때문에 하나님의 뜻에 따라서 부모가 관리해야 맞습니다.

　의지하고 맡긴다는 것을 바르게 이해해야 합니다. 의지하는 것은 하나님의 뜻에 따라서 하나님의 말씀대로 행하는 것입니다. 맡긴다는 것은 하나님의 뜻과 말씀대로 행하고, 이루어지는 것을 맡기고 기다리는 것을 말입니다. 절대로 자기 마음대로 일을 저지르고 일을 하면서 하나님께 의지하고 맡기는 것이 아닙니다. 하나님은 광야에서 살아남을 수 있도록 훈련을 시키십니다. 광야에서 위기와 고통을 당할 때마다 하나님께 기도하니 하나님께서 해결책을 알려주시고 순종할 때 문제나 고통이 해결되었다는 것을 깨달아야 합니다. 그냥 모든 것을 다 이루어 주시는 하나님이 아니십니다.

하나님은 현실 문제의 해결을 통하여 영적인 크리스천으로 변화되게 하십니다. 자기관리를 잘하는 성도가 되게 하십니다. 하나님의 방법으로 문제를 해결함으로 살아 역사 하시는 하나님이라는 것을 체험적으로 믿게 하시는 것입니다. 하나님은 현실 문제를 성령으로 해결하게 함으로 영이신 하나님과 인격적인 관계를 열어가게 하십니다. 성령으로 자신의 현실 문제를 해결하면서 영적 전쟁을 할 수 있는 군사가 되게 하십니다. 그러니까, 자신의 현실 문제를 하나님의 방법으로 해결하면서 자신이 스스로 자기관리를 잘하는 하나님의 군사가 되어가는 것입니다. 하나님은 자신의 문제를 성령으로 해결하게 하시면서 군사가 되도록 훈련하신다는 말입니다. 하나님은 영이십니다. 영이신 하나님과 교통하면 성령으로 거듭난 영의 사람이 되어야 합니다. 그러므로 크리스천이 자기관리를 잘하는 사람이 되려면 성령의 인도를 받는 영의 사람으로 바뀌어야 가능합니다.

크리스천들이 자기관리가 효과적으로 되지 않는 것은 일부 유형교회의 직분 자들이 보이는 세상 적이고 인간적인 방법으로 현실 문제를 해결하려는 생각이 고정되어 있다는 것입니다. 사고가 합리적, 이성적으로 고착되어 있는 연고입니다. 그래서 자신 안에 임재하신 영이신 하나님과 관계를 열려고 하지 않고 벽돌로 지어진 교회예배당에 모든 것을 투자합니다. 그렇기 때문에 보이지 않는 살아계신 하나님과 영적인 면이 열리지를 않는 것입니다. 문제가 생기면 자기 스스로 하나님께 기도하여 지혜를 구하여 해결하려고 하지 않고 신령하다는 사람에게 의존합니다. 그래서 예수를 믿었어도 하나님 안에서 자기관리가 되지 않는 것입니다. 신령하다는 사람이 현실의 문제로 고통을 당하면서 신음할 때 조언하는 것이 극히 세상 적입니다. 제일 많이 사용하는 것이 기도하라는 것입니다. 무조건 기도하면 현실문제가 해결이 된다는 것입니다. 열심히 봉사하라는 것입니다. 봉사하면 하나님께서 문제를 해결하여 주신다는 것입니다. 헌금하라는 것입니다. 헌금을 많이 하면 하나님께서 감동하셔서 문제를 해결하여 주신다는 것입니다. 이것은 극히 인간적이고 샤머니즘적인 방법입니다. 현실문제에 대한 영이신 하나님의 생각하고 반대가 되는 것입니다. 절대로 이렇게 샤머니즘적인 방법으로는 현실 문제가 해결되지 않습니다. 자기관리를 할 수 없는 것입니다. 반드시 살아 역사하시는 성령께서 역사해야 문제가 해결되기 때문입니다. 하나님께 기도하여 알려주시는 지혜대로 순종할 때 문제가 기적같이 해결이 되는 것입니다. 하나님은 성도들을 광야에서도 하나님을 주인으로 모시고 자기관리를 잘하는 성도가 되도록 훈련하신 다는 것을 체험해야 합니다.

필자가 병원에 능력전도를 3년을 다녔습니다. 그때 많은 사람들을 만났습니다. 60-70대에 암에 걸려서 시한부 인생을 살고 있는 사람을 만나 대화를 하면 100명이면 백 명 모두다 인생을 잘못 살았다고 합니다. 돈과 재산이 전부 인 것으로 알고 돈~돈~돈 하면서 살아, 돈도 재산도 조금 모았는데 죽을 병에 걸린 지금 와서 깨달으니 그게 중요한 것이 아니었다고 합니다. 조금이라도 자신의 건강을 챙기고 주변 사람을 생각했더라면 후회 없는 인생을 살았을 것이라고 합니다. 불신자는 예수를 영접시키면서 기도하면 눈물을 펑펑 흘립니다. 왜냐하면 자신이 죽을 때는 이 땅에 쌓은 보물들이 아무 소용없다는 것을 분명하게 깨닫기 때문입니다. 정말 아무 소용없습니다. 그러므로 예수님은 우리에게 뭐라고 말씀합니까? 이 땅이 아니라, 하늘에 보물을 쌓으라고 말씀합니다. 하늘에 보물을 쌓으면 결코 사라지지 않습니다. 더욱이 하늘에 쌓은 보물은 우리가 죽는다고 해서 쓸모없어지는 것이 아닙니다. 아니 오히려 우리가 이 땅의 생명을 다할 때, 하늘에 쌓은 보물은 우리에게 주어지는 승리의 면류관이 될 것입니다. 그러므로 우리는 하늘에 보물을 쌓는 삶, 자기관리를 잘하는 삶을 살아야 합니다.

우리는 전문성을 개발하기에 앞서서 자기를 관리하는 것이 먼저라는 것입니다. 자기관리가 되지 않으면 전문성을 개발하기 위하여 투자한 모든 것이 바람에 나는 겨와 같이 될 수가 있기 때문입니다. 필자가 얼마 전에 이런 안타까운 청년을 만났습니다. 어머니가 데리고 왔습니다. 어머니가 하시는 말씀이 아들이 중고등학교 다닐 때 공부를 잘해서 수석을 했다는 것입니다. 그래서 돈은 없지만 인제로 길러서 전문인이 되게 하려고 미국에 유학을 보냈다는 것입니다. 그런데 미국에서 대학을 다니면서 여자 친구를 사귀었는데 여자 친구에게 차였다는 것입니다. 상처와 스트레스를 심하게 받다가 정신질환으로 발전이 된 것입니다. 이런 고통을 당한지가 2년이 되었다는 것입니다. 청년에서 상태를 말하라고 했더니 공부에 집중할 수가 없고, 무기력해져서 무엇을 할 수가 없고, 마음은 있는데 행동에 옮길 수가 없다는 것입니다. 전두엽이 손상되었기 때문입니다. 그래서 어머니에게 질문을 했습니다. 집안 어른 중에 이렇게 고생하신 분이 없습니까? 했더니 외할머니가 우울증을 심하게 앓다가 돌아갔다는 것입니다.

다음에 어머니가 하는 말이 중요한 단서입니다. 청년을 임신한 후에 7달이 되었을 때 남편하고 사이가 극도로 좋지 않아서 아이를 낙태하려고 했다는 것입니다. 청년은 이때 태중에서 생명의 위협을 느낀 것입니다.

다행하게 태어난 것입니다. 태어나서 어머니에게 잘못보이면 죽을 수 있다는 생각이 무의식에 자리 잡은 것입니다. 그래서 중고등학교시절에 공부를 잘한 것입니다. 공부를 잘하지 못하면 어머니로부터 버림을 당할 수가 있기 때문입니다. 이 청년은 공부는 잘하지만 이미 내면에 심각한 문제가 자리 잡고 자라나고 있었다는 것입니다. 하지만 어머니나 자신은 보이지 않고 내면에 잠재되어 있기 때문에 방심하며 지낸 것입니다. 이 청년은 태중에서 심장이 손상되었기 때문에 심장이 약하면, 잘 놀라고 얼굴이 쉽게 붉어지는 편이며, 심장이 쿵 내려앉는 느낌, 심장이 자주 두근거리는 증상이 나타나기도 합니다.

그렇게 지내다가 여자 친구에게 절교를 당한 충격으로 무의식에 숨었던 영적인 존재가 현재의식으로 드러난 것입니다. 필자가 왜 이일을 설명하느냐하면 사전에 자기관리를 등한이 했기 때문에 중요한 시기에 드러나서 지금까지 갈고 닦은 전문지식을 사용하지 못할 처지에 이르렀기 때문입니다. 미국에 유학을 가서 공부를 하면 무엇 합니까? 정신문제가 발생하여 사용하지 못할 처지에 이른 것입니다. 필자는 박사학위를 받은 분이 정신질환으로 박사학위를 사용하지 못하는 사람들을 다수 보았기 때문입니다. 이 청년은 우리 충만한 교회와 같은 교회에서 최소한 1년 이상을 집중치유를 받아 외가에 흐르는 정신질환의 문제를 성령의 역사로 정화시켜야 합니다. 그런데 문제는 1년 이상 집중치유를 받지 않는 다는 것입니다. 쉽게 안수한번 받아서 치유하려고 이리 돌고 저리 돕니다. 그런데 그렇게 쉽게 되지 않습니다. 혈통에 흐르는 영적인 존재가 태중에서부터 들어와 자리를 잡았기 때문에 성령치유 외에 다른 방법이 없습니다. 어머니가 영적인 눈이 열렸으면 어린 시절에 말씀과 성령으로 쉽게 치유할 수가 있었습니다.

많은 수의 사람들이 어려서나 태중에 충격으로 문제가 잠재하여 있는데 사전에 해결할 생각을 갖지 못하고 지냅니다. 이런 분들이 돈에 관심이 지대합니다. 태중에서 들어온 귀신이 그렇게 하도록 역사하기 때문입니다. 돈~돈~돈~ 돈에 온통 마음을 집중하고 돈을 법니다. 아주 돈에 미쳐있어서 자기 관리는 생각도 할 여력이 없는 것입니다. 이렇게 해서 어느 정도 추구하던 분야에 전문인이 되고 돈도 조금 모으게 됩니다. 형편이 풀리게 됩니다.

그런데 어느 날부터 몸에 이상이 생겨서 병원에 가서 검진을 받으니 암이나 혈관질환이나 불치병이 심해진 것입니다. 의사가 하는 말이 왜 이지경이 될 때까지 방치했습니까? 하늘이 무너지고 땅이 꺼집니다. 그래서 하나님은 전문성을 개발하여 전문인이 되기 전에 자기관리와 면역관리에 관심을 집중하라고 권면하는 것입니다. 하나님은 "하나님은 이르시되 어리석은 자여 오늘 밤에 네 영혼을 도로 찾으리니 그러면 네 준비한 것이 누구의 것이 되겠느냐 하셨으니"(눅 12:20). 건강할 때 건강에 관심을 가지고 관리해야 합니다. 그럼 사람들이 생각하는 가장 나쁜 질병은 무엇일까요? 암이라고 대답하는 분들이 많이 있는데, 의학박사로서의 견해는 '혈관질환'이라고 합니다. 혈관이 막히거나 터지는 것으로 뇌졸중, 심장병, 중풍 등입니다. 말기 암이라고 하더라도 인생을 정리할 여유가 있지만, 혈관질환은 갑작스럽게 모든 것을 변하게 한다고 합니다. 또 살아남는다고 하더라도 식물인간이 되기도 하고 손가락 하나 움직이지 못하고 몇 년을 기약 없이 누워있기만 해야 합니다. 이는 본인은 물론 주변사람들에게도 큰 고통을 줍니다. 혈류(피의 흐름)는 혈관 직경의 네제곱에 비례한다고 합니다. 무슨 말이냐면 찌꺼기로 혈관이 1/2이 막히면 피의 흐름은 1/16로 줄어든다는 것입니다. 따라서 피를 맑게 하는 것이 비록 혈관질환뿐 아니라 다른 모든 질환에도 도움을 준다는 것입니다.

　성도님들에게 혈관을 맑게 하고 병으로부터 자유롭게 하기 위해 단 하나만을 권합니다. 바로 '운동'입니다. 운동을 거창하게 생각하지 말고 두발로 걷는 것을 말합니다. 먹는 것도 중요하지만 운동이 이 혈관질환의 세 가지 요인인 혈압, 혈당, 콜레스테롤을 동시에 낮춘다고 합니다. 사실 꾸준히 운동하며 자신을 관리하는 사람이 폭식, 폭음 등으로 몸을 망치겠습니까? 하나만 잘 하면 나머지는 저절로 따라오게 되어 있는 것입니다. 오늘 예수님도 영적 건강을 위해 지켜야 하는 그 많은 계명 가운데 '사랑'을 추천합니다. 하나님을 사랑하고 이웃을 자기 몸과 같이 사랑하라는 것입니다(마22:39). 운동만 하면 다른 것들은 크게 신경 쓰지 않아도 되는 것처럼, 사랑의 계명만 명심하고 실천하면 다른 계명들도 저절로 따라오게 된다는 것입니다.

그런데 여러 운동 중에서도 장시간 동안 할 수 있는 저 강도의 것을 하라고 합니다. 30분 이상 하는 것이 좋은데, 그 중에서도 걷는 운동이 제일 좋다고 합니다. 사랑도 평상시에는 잘 못하다가 한 번 크게 무언가 해 주려고 해선 안 됩니다. 작은 것이지만 꾸준하게 실천하려고 노력할 때 온 영혼의 신체리듬이 아무런 질병 없이 건강하게 유지될 수 있는 것입니다. 기도도 장구하게 아뢰며 기도를 하려하지 말고 온몸으로 숨을 쉬는 것과 같이 자주 하나님을 찾으며 하나님께 감사드리고, 나중에 돈 많이 벌어 이웃에게 큰 도움을 주려하지 말고, 지금 바로 옆에 있는 사람에게 베풀며 미소를 보내십시오. 이런 작은 것이 나를 지치게 하지 않으면서도 내 피를 맑게 하고 잔 근육이 생성되게 하며 나를 건강하게 지켜줄 것입니다. 자기관리가 제일 중요합니다. 요즈음 주변에 보면 자기 관리보다 돈에 온 마음을 두고 살다가 다 늙어서 폐가 망신을 당하는 분등이 있습니다. 늙어서 감옥에 들어간 분들이 있습니다. 돈보다 더 중요한 것이 자신의 온몸입니다. 하나님은 "너희 보물 있는 곳에는 너희 마음도 있으리라"(눅 12:34). 하셨습니다.

먼저 자기관리를 숙달하고 전문인이 되는 것입니다. 자신의 재능을 자신이 발견하라는 것입니다. 아이들에게 "넌 이다음에 뭐가 되고 싶니?"라고 물으면 대부분 다음과 같이 대답합니다. "저희 아빠(엄마)가 판사 되래요." "사장님 되래요." "의사가 되래요." "전문대 나와서 기술이나 배우래요." 그런데 너는 무엇이 되기를 원하느냐? 라고 되물으면 "모르겠어요"라는 응답이 나와 말문을 닫게 합니다. 자기는 무엇이 될 지 생각해 본 적이 없고, 그저 엄마가, 아빠가 무엇이 되라고 하기에 그것이 되어야 할 줄로 알고 있는 것입니다. 그런데 아이들은 얼마 가지 못하여 자신이 판사나 의사, 사장님이 되는 것이 어렵다는 걸 알게 됩니다. 그때부터 문제가 발생합니다. 자녀들이 조금 눈치가 생기고 철이 드는 사춘기 무렵에 문제가 발생하기 시작을 합니다. 자신들의 처지를 알게 된 아이들은 마땅히 무엇이 되어야 할지 몰라 방황하고, 자녀들을 의사나 판사로 만들고 싶었던 부모들은 그런 자녀들을 용납하지 않는 경우가 많습니다.

매년 11월 중순 경에 수능이 끝난 학생들과 부모들의 마음이 바쁠 때입니다. 아직 결과가 발표되지는 않았지만, 공부를 어느 정도 했던 학생들은 자신의 점수를 대략 알 것이고, 부모들은 자녀를 어느 대학에 보내야 할지 모든 정보들을 활용하여 탐색 작전에 들어갈 것입니다. 그런데 참 희한한 일입니다. 내 인생의 상당 부분이 결정될 대학을 지원하는데 왜 그렇게 눈치가 필요한 것일까요? 내가 좋아하는 분야나 내 적성에 맞는 분야를 선택한다면 소신껏 지원해도 될 텐데 말입니다. 이것이 큰 문제입니다. 수능이 끝날 때까지 자신의 적성에 맞는 분야를 결정하지 못했다는 것입니다. 필자가 고등학교에서 우등하는 학생들을 관찰하여 보니 모두가 특색이 있었습니다. 모두 중학교 다닐 때 자신이 무엇이 되겠다는 꿈이 있었다는 것입니다. 꿈을 품고 꿈을 이루려고 노력하자 모두 우등생이 되었다는 것입니다. 필자의 자녀들은 모두 수능을 보기 전에 자신이 적성에 맞는 분야를 결정하고 대학을 지원했습니다. 한 아이는 자신의 적성에 맞는 학과에 떨어져서 재수를 하여 자신의 적성에 맞는 분야에 입학하여 졸업을 했습니다. 필자는 이것을 굉장히 중요하게 생각을 합니다. 자녀에게 자신의 적성에 맞는 분야를 결정하여 대학을 가도록 해야 합니다.

필자의 개인적인 견해로는 적성에 맞는 분야의 대학을 가지 못하면 삼수를 해서라도 본인의 적성에 맞는 분야의 대학을 가도록 해야 한다는 것입니다. 왜냐하면 자녀의 인생의 승패가 걸린 문제이기 때문입니다. 자기가 하고 싶지 않은 분야의 대학을 가면 첫 단추부터 잘못되어 자녀의 인생은 꼬이기 시작을 한다는 것입니다. 자기가 하고 싶은 일을 해야 지치지 않는 것입니다.

그렇기 때문에 자녀들이 초등학교, 중학교, 고등학교를 다니면서 자신의 적성에 맞고 하고 싶은 분야를 결정하는 것입니다. 필자는 자녀가 초등학교, 중학교, 고등학교를 다니면서 자신의 적성에 맞고 하고 싶은 분야는 성령의 인도라고 생각을 합니다. 그렇기 때문에 그 분야의 전문성을 개발하여, 그 분야를 발전시키면서 하나님께 영광을 돌리면서 쓰임을 받는 것입니다.

우리나라 대학생들이 졸업 후 관련학과에 취업하는 비율은 40~50%라고 합니다. 대부분 대학의 취업률이 70-80%대에 머무는 점을 감안하면 전공으로 공부했던 분야에서 일하는 졸업생이 절반을 밑돈다고 봐야 할 것입니다. 물론 직장을 잡기가 만만치 않아 대학생들이 전공보다는 일자리를 우선으로 찾는 경우도 있을 것입니다. 하지만 대부분은 자신이 좋아하거나 잘 할 수 있는 학과를 전공으로 선택하지 않았기 때문에 이와 같은 현상이 생겨났다고 볼 수 있습니다. 대학 4년을 공부해 놓고도 그것을 활용하여 업으로 삼지 않고, 엉뚱한 일을 하며 일생을 보낸다는 현실이 얼마나 큰 낭비이고 모순입니까? 본인은 얼마나 인생이 고달프겠습니까? 정말 살아가기에 힘이 들 것입니다.

관련학과 취업률은 직업 만족도와도 연관이 됩니다. 내가 원하지 않는 일을 하는데 그 일에 어찌 만족할 수 있겠습니까? 현재 하고 있는 일에 대한 만족도가 가장 낮은 직업은 의사와 모델이라고 합니다. 그런데 의사의 70%는 부모가 원하거나 강요해서 의대를 갔다고 합니다. 우리나라 의사들이 하루에 만나는 환자 수는 평균 100명이라고 합니다. 건강한 사람도 아니고, 온 종일 아픈 사람들을 만나야 하니 그 스트레스가 얼마나 많겠습니까? 자신이 원해서, 특별한 소명의식으로 시작했더라도 힘들다고 아우성일 텐데, 부모들의 강요에 의해 의사가 되었다면 무슨 흥겨운 멋이나 기분(신명)으로 일할 수 있겠습니까? 필자는 군대에서 장교로 23년이란 세월을 보냈습니다. 군인은 필자가 초등학교 다닐 때부터 꿈꾸었던 직업이었습니다. 그래서 인지 특수부대에서 군 생활을 했어도 제가 하고 싶은 일을 하기 때문에 즐겁게 군 생활을 했습니다.

절대로 군 생활에 실증이 느껴지지 않았습니다. 군에서 나와서 지금 목회도 마찬가지입니다. 제가 하나님께 기도하여 응답받아 결정한 일이기 때문에 아주 흥미롭게 목회를 하고 있습니다. 저는 성령으로 치유사역을 하는 것은 하나님이 지정해준 일이라고 생각을 합니다. 그렇기 때문에 성령의 역사가 일어나는 말씀을 전하고 한사람, 한사람 안수하며 치유하는 것이 정말로 즐겁습니다. 힘이 드는 줄을 모르고 사역을 합니다. 저는 일반적인 목회에 흥미가 없습니다. 개별적인 치유를 하는 것이 즐겁고 보람 있는 사역이라고 생각합니다. 또 하나님께서 하라고 승인한 목회이기 때문에 성령께서 역사하셔서 재정적으로나 영력이나 육체적으로 힘들지 않습니다.

결론적으로 자기관리와 면역력 관리를 잘한 다음에 전문성을 길러야 한다는 말입니다. 자기관리가 잘되지 않았는데 전문성만 길러서 전문인이 되면 무엇 합니까? 몇 십 년에 걸쳐서 준비한 전문성을 정신적인 문제나 육체적인 문제나 영적인 문제로 사용하며 살아갈 수가 없게 될 수가 있다는 것입니다. 전문성을 발전시키기에 앞서서 자기관리와 면역관리가 되어야 한다는 것입니다. 일부 성도들이 실수하는 것은 자기관리를 등한이 하는 것입니다. 욕심만 과하게 있어서 전문성을 길러서 전문가가 되어 돈을 많이 벌어보려고 자기관리는 등한이 하면서 전문성에만 매달리다가 어느 정도 전문가가 되어 일을 하려고 하면 잠재하여 있던 영적-정신적-육체적인 문제가 드러나서 사용하지 못할 지경에 이른다는 것입니다. 자기관리와 면역력 관리가 전문성보다 중요한 것입니다.먼저 자기관리에 관심을 가져서 인생을 건강하게 살면서 추구하는 분야에 일인자로 성공하시기 바랍니다.

이 책을 통해 예수님이 땅끝까지 전파 되기를 소원합니다.
(출판으로 인한 이익금은 문서선교와 개척교회 선교에 사용합니다.)

자기관리 잘하는 법

발 행 일 l 2023.11.04초판 1쇄 발행

지 은 이 l 강요셉

펴 낸 이 l 강무신

편집담당 l 강무신

디 자 인 l 강무신

교정담당 l 강무신

펴 낸 곳 l 도서출판 성령

신고번호 l 제22-3134호(2007.5.25)

등록번호 l 114-90-70539

주　　소 l 서울시 서초구 방배천로 2길 53

전　　화 l 02)3474-0675/ 3472-0191

E-mail l kangms113@hanmail.net

유　　통 l 하늘유통. 031)947-7777

ISBN l 978-89-97999-92-7 부가기호 l 03230

가　　격 l 16,000원